JN083448

宮崎 嘉夫
Miyazaki Yoshio

私たちはどこから来て言葉はどう生まれたか

考古学からDNAまでⅡ

文芸社

はしがき

前著『日本人と日本語のルーツを掘り起こす　考古学からＤＮＡまで』を上梓したのは２００９年でした。初めて〝総合〟を試行しましたので、検証のために発刊後も絶えず関係分野を渉猟しました。ほぼ10年で新たな裏付けを数十項目得ましたので、〝総合方法〟の正当性も確認できたと判断しました。

私は長年小企業の経営に携わってきました。経営に立ち向かうには、常に様々の事象に関して多様な事項を〝総合〟し、情況の変化に素早く対応しなければなりませんでした。同様の経験をされた方も多いことでしょう。周知のとおり、現在多くの分野で細分化が進んでいます。そうした専門家たちは専門外に足を踏み出さないことを原則とし、一人ひとりの守備範囲を狭く守りやすくしています。ところが小企業者の場合、空から槍が降ってこようとも孤独に守り抜かねばなりません。役立つことであれば、片端から味方に引き入れ、夢中で〝総合らしいこと〟を行ってきたと思います。他方で専門家たちは細分化を当然とするばかりでしたが、やっと左記の所見に出会いました。

「一つの分野に留まっているとわからないことが、分野を横断することで見えてくるようになる」

（東大大学院工学系研究科教授 西成活裕『「渋滞」の先頭は何をしているのか？』宝島社、２００９）

掛け声はそのとおりであり、反対する人はいませんが、他分野に踏み出すことがなければ、分野横断が始まることもありません。それが在野であれば、拘りなくどの分野にも自由に横断可能です。そこに一つの方法論が成り立つと考え、分野間の比較を試行したのが前著であり、さらに比較方法を進展させたのが今回のこのノートです。

前著上梓後、各分野とも大きく進展しました。その第一が縄文ヒトゲノムの解析成功で、大変な反響を呼びました。これによって大規模な渡来があったのは縄文時代とされたため、渡来の時期を一貫して弥生時代としてきた考古学は大きく齟齬を来しました。この問題整理には既成資料を再検証するだけでは駄目で、新たな資料発掘と多くの議論に予測不能の時間を必要とするでしょう。最近出版が少ないことはそうした関係と思われます。その情況については本文で詳述します。

言語学では全く事情が違い、前著上梓より随分前に比較言語学がすでに日本語の成立について議論を尽くしていました。役目を終えた後は専門家自身が「比較言語学は流行らなくなった」(『日本語系統論の現在』2003)というほどで、その後は新刊出版も長らく途絶えていました。そこに崎山理が(京都大学、国立民族博物館、比較言語学)久方振りに『日本語「形成」論』(2017)を出版しました。この出版は日本語比較言語学を総括するものになると思われます。その他の言語学関係における変化としては、比較言語学が一般比較言語学と比較印欧語学とに分離し、言語年代学が使命を終えた可能性がある、などが見受けられます。

ここで、どうしても気になることがあります。それは1982年に制定された「近隣諸国条項」です。これは高校教科書に記載する近隣諸国に関する事項について執筆者に配慮を求めたものです。これは自虐史観とも併行し、近隣諸国らには日本特有の謙譲の美徳を理解されないどころか、逆用されています。こうした混乱を収め、正すことがこの国を守る最重要の基盤整備であり、日本学術会議の協力も必要でしょう。

以上の情況に鑑み、今日的な新視点に立ち位置を定め、これまでの検討結果をこの1冊に纏めました。学界の事情に忖度することなく、特定の思想に偏ることなく、ひたすら正しい歴史を追究します。

目　次

第2章　縄文時代

第3章　弥生時代……151

私たちはどこから来て言葉はどう生まれたか

考古学からＤＮＡまでⅡ

プロローグ

言語と文字

日本列島に関する最古の文献史料は『漢書』です。『三国志』『後漢書』『宋書』『古事記』『日本書紀』『旧唐書』などと続き、古代日本の言語や社会状況を知る最古級の資料です。

『漢書』地理志に「楽浪海中に倭人あり。分かれて百余国となる。歳時をもって来たり献見す」とあります。紀元前1世紀頃に日本列島からはるばる楽浪郡（現在のピョンヤン辺り）まで使者が往復していたというのです。これは一体どういうことだったのでしょうか。その時何のために、どういう人が出張し、どのようにして意思の疎通を図ったのかなど、いろいろと疑問がわいてきます。

人間同士の交渉には、言語や文字が必要です。文字の始まりは記号であったといわれますが、それらを最も必要としたのは国家管理機構でしょう。一つの国として文字は1種類あれば充分で、それ以外は一般的に排除されます。しかし多民族国家の場合には、民族ごとに民族語があったり、文字も複数以上あったりします。公用語や公用文字を複数以上定めている国にはそれなりの事情があります。日本には、日本語とアイヌ語があります。また、漢字を公用文字として制定した記録はないので、漢字を何の疑いもなく使用していた人たちが初期の支配層であったと思われます。

最古の文字記録

『日本書紀』の応神天皇15年に、百済の王が良馬2匹を貢いだという記録があります。その馬に伴ってきた馬飼の阿直伎（あちき）がよく経典を読んだことから、王仁（わに）の渡来となり、漢字が伝わったといわれます。その応神天皇15年というのが実際にいつであったのか不明ですが、5世紀ともいわれます。しかし、文字の伝来がそんなに遅いはずはありません。すなわち江田船山古墳出土鉄刀、稲荷台古墳1号墳出土鉄剣、稲荷山古墳出土鉄剣、隅田八幡神社人物画像鏡など、いずれも5世紀の国内製品とされ、漢字が刻まれています。その代表である稲荷山古墳出土鉄剣は471年製で「金錯銘鉄剣（きんさくめいてっけん）」と称せられ、金象嵌から古代日本語が読み取られています。

　稲荷山古墳のある埼玉県行田市（ぎょうだし）は見渡す限りの武蔵野平野のど真ん中です。そこにある「さきたま古墳群」は40余りの古墳からなります。稲荷山古墳は中でも最古級で、全長120mの優美な姿をした前方後円墳です。豪華な工芸品も多数出土し、すべて国宝に指定されています。鉄剣の銘文は115文字からなり、現在

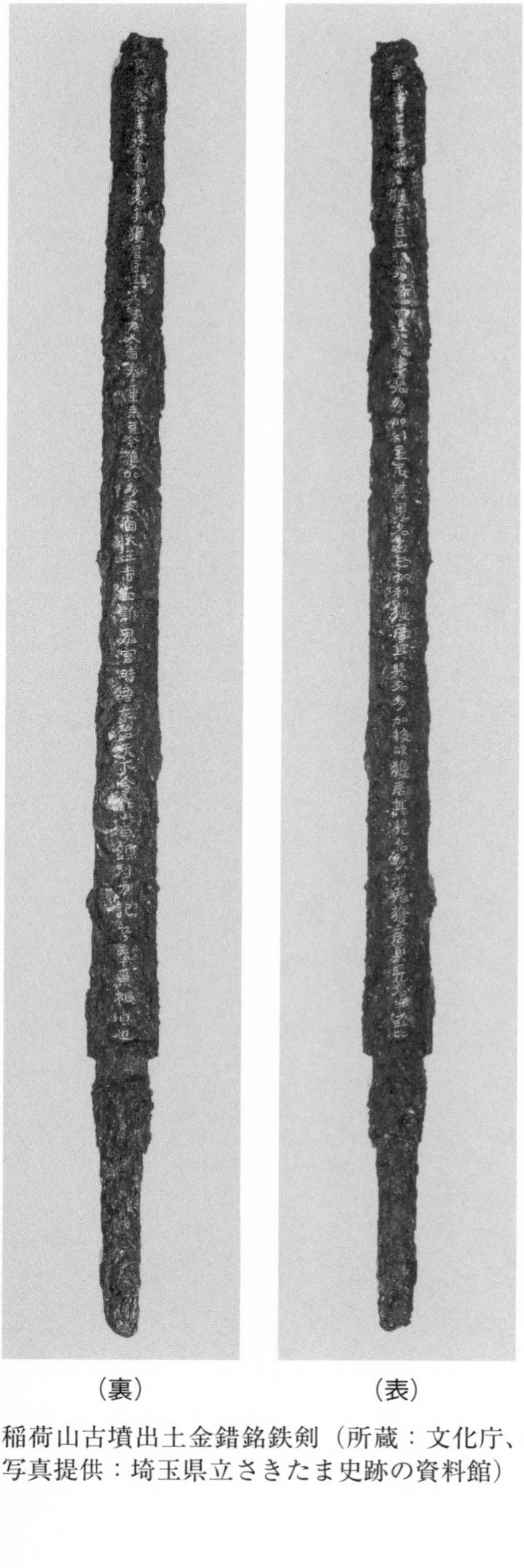

（裏）　（表）

稲荷山古墳出土金錯銘鉄剣（所蔵：文化庁、写真提供：埼玉県立さきたま史跡の資料館）

のところ最古の日本語記録とされています。当時最僻地であったこの地の首長が中央政権に出仕していた記述内容です。

また同じ5世紀には倭の五王が宋に使者を10回以上送っていました（『宋書』）。倭は政治を司るに当然文字が必要であり、また外交には往復の書簡があったはずです。さかのぼって、1世紀の金印「漢委奴国王印」も持ち帰られてから、どのように理解されて取り扱われたのか、大変興味深いところです。

「金錯銘鉄剣」のような高度な文字使用がにわかに始まるはずはなく、それ以前においても文字使用が相当に広く行き渡っていたと考えられます。

史書編纂

６２０年に聖徳太子らが『天皇記』『国記』をつくりましたが、６４５年大化改新で蘇我氏滅亡とともに焼失したといわれます。現存していれば、最古の国史となります。天武天皇は壬申の乱（６７２）を収束させた後、次々と的確な内政施策を講じ、史書編纂を命じました。それは『帝紀』（大王・天皇の系譜を中心とした記録）、『旧辞』（君臣功績神話・伝承、歌謡の記録。６８１撰修）という設定からも明らかなように、最重要の国家基盤整備であったと思われます。

天武天皇は６８６年に没しましたが、後継者らはさらに充実した史書として『古事記』『日本書紀』を編纂しました。『日本書紀』が漢文なのに対し、『古事記』は万葉仮名による記述で、古代日本語が確認できる貴重な資料です。これが「稲荷山金錯銘鉄剣」に続いて古い日本語記録です。

なお、宮内庁所管である多くの古墳が未発掘のままです。これらは一切触れてはならない伝統で貫かれているため、世界に類例のない膨大な資料が温存されていると想定されます。もし公開されれば、文物もさることながら、３世紀の文字記録も見つかるかもしれません。

万葉仮名

柿本人麻呂は６８９年に宮廷詩人として活躍をはじめ、万葉集の資料収集に取り掛かりました。収録された最古の作品は５世紀後半といわれますから、編纂まで２００年以上前から漢字使用がかなり広範囲に及んでおり、それらが何らかの方法で伝承されたことにもなります。

また文字使用を補う方法として、神話や歌謡を誦習（しょうしゅう）した伝統がありました。誦習は職業化され、その一部が「語部（かたりべ）」として公に採用されていました。天武天皇の時に語部の中から稗田阿礼（ひえだのあれ）が抜擢され、『帝紀』や『旧辞』を誦習させて天下に流布させたといわれます。この稗田阿礼の誦習が『古事記』に採用されたといわれます。

当時このような誦習が行われていれば、音韻やアクセントに一定の法則があったと思われます。『古事記』序文によれば、『古事記』の文字化作業は太安萬侶一人でなされ、比較的短期間に完了したようです。そこに太安萬侶の独自判断に基づく一定の文字変換がなされたであろうと想定され、これが本居宣長以降、古代日本語解明の糸口とされました。

一方、『万葉集』には完全な漢文もあるかたわら、いまだに読み方すら解らない文字列が多数ある有様です。つまり、『万葉集』は『古事記』と違って、文字化方式がバラバラです。柿本人麻呂や大伴家持らは、歌謡収録に際して多数の記録をすべて読むことができ、なるべく手を加えることなく編集したのではないかと思われます。

ひらがな

7世紀後半から律令時代に入ります。公文書はすべて漢文で、日本語による読み下し法があったといわれます。漢字を表音文字として使用するには画数が多くて効率が悪く、日本語の表記には不向きです。そこで漢字の崩し文字が数々自然発生しました。その歴史は200年以上に亘るといわれ、一括して草仮名といわれています。

2011年に9世紀後半の史跡である平安京右京三条一坊六町の西三条第（右大臣藤原良相(よしみ)邸）の発掘調査が行われました。膨大な出土品の中から、最古級の草仮名(そうかな)が多数発見され、盛んに使用された様子が窺えます。

905年、『古今和歌集』が紀貫之(きのつらゆき)らによって撰進されました。これは平仮名によって表記された最初の書物として画期的です。ここに草仮名は一本化され、「ひらがな革命」とさえいわれます。紀貫之のもう一つの明らかな実績は「男もすなる日記といふものを女もしてみむとてするなり」で始まる『土佐日記』の執筆です。当時漢字の使用はまだまだ男だけのものでしたが、『土佐日記』を契機として、待っていたように平仮名が女文字として女性に普及し、数々の文芸作品が生み出されました。世界の歴史の中で固有文字が誕生した後に私的使用が一般化するまでに、ほとんどの国が数百年を要したのに比べ、出色の賑わいと評価されています。

なお、日本列島と朝鮮半島との関係について、民族的にも文化的にも近い間柄ではないことが分かってきました。ハングル文字もその一例です。ハングル文字は15世紀に公布された発音記号です。ひらがなとは発生年代も構造も異なることから、日本語とは全く無縁といわれます。

言語の斉一性

倭国大乱から邪馬台国や大和王朝への一極集中が日本列島の言語における斉一性を決定的にしました。世界の国には、複数の民族語が生き残っている場合もありますが、1言語に収斂することもあります。日本にはアイヌ語が残っています。日本国による北海道統治によってアイヌ語は最終的に存在意義を失いましたが、国に保護されながら残っています。このように、言語の斉一性に政治支配が果たした役割は極めて大きかったといえます。

現在では、国の管制のもとに標準語政策が全国余すところなく普及してほぼ完璧に成功を収め、方言的特徴ですら急速に失われつつあります。この政策は明治政府が施行し、文部科学省が常用漢字を規定し、教科書を検定し、大学入試共通テストを行っています。

国による最も古い言語統制は奈良時代に始まった記録があります。その時、漢字の読みが漢音のみに限定され、呉音・唐音は禁止されました。人民を管理する政府には言語の斉一性が何かと都合よく、国民もよく理解して協力してきたと思われます。

コラム〝総合〟のすすめ

総合への取り組みはまだほとんど行われていません。

「もう一つ最後に述べたいことは、分野横断的な研究の重要性だ。これまで学問は細分化の方向へと進んできたが、関連分野との連携も忘れてはならない。しかし各分野でそれぞれの研究の蓄積も膨大になり、またその内容も高度に積み上がってきた現在、多くの分野に精通するというのは至難の業だ。しかし我々の目の前にある課題は、どれをとっても単純なものはなく、複合したものばかりだ。環境、資源、エネルギー、人口、経済システム、雇用、社会保障などの問題は、とても１つの分野の専門的知識だけで解決できるものでない。そうなるとまず考えるのは、多くの異なる専門家を集めて議論させることだ。しかしこれはほとんどの場合、失敗する。なぜかといえば、専門家は専門領域には詳しいが、それ以外はほとんど予備知識もないくらいの人が多いからだ。」（西成活裕、前掲書）

引用文はちょうど前書上梓の年に書かれたものです。当時の分野横断的研究の現場を反映しています。ここには各分野の専門家が一堂に会する方法が示されています。話がそこで止まっていることは、分野横断的な研究が必要であっても、実行が困難であることを自白しているのです。異分野間で意見がぶつかり合った時、議論を進行する良い方法がないはずです。その点、このノートは自由に発言し、諸分野の見解を比較します。それが何よりの特色です。

総合する方法は2つあるでしょう。1つは上記のように、複数以上の関係分野の専門家が会合を重ねて結論に持ち込む方法です。もう一つは一人の専門家が幾つかの関係分野の専門家を兼ねて独りで論究するというものです。いずれにしても、問題意識をもち、体を張って分野横断的な研究を受け容れる研究者がどれほどあるかが問われます。だから、在野による試行が必要となります。

序章　日本語の成立

1．歴史比較言語学

語族と系統樹

これまで述べたのは主として国語学で、これからは言語学です。ヒトと言語は原則として共存しますが、長い歴史の中では共栄したり、離別したりしました。言語学の専門領域に若干触れてみます。

世界中にたくさんある民族（人種）は現在ＤＮＡによって客観的に説明されています。また、民族は使用言語の違いによって分けられます。言語には発音記号がありますが、決して世界共通ではなく、説明や分類の道具になりません。したがって民族や地域によって間接的に説明することも一方法であり、それが民族語や地域語です。

それらはアルタイ語族、ウラル語族、印欧語族、セム・ハム語族などのグループに分類されます。この分け方は諸語の現在形態から類推された一分類法であり、必ずしも何千年何万年の昔にそれぞれが同族であった関係を説明するものでないといわれます。しかしながら、この分類法は大雑把に系統をたずねるのに便利です。図０‐１はその一例です。

図0-1　ユーラシア東部の言語地図　佐々木高明『日本史誕生』1991より。服部四郎の原図を佐々木高明が一部修正。ある地域の実用的な言語は大多数が使用するものに収斂する。その結果が現在の地域語を形成する。上図はその分布状況を表している。

言語に親子関係が認められるとする見方から言語の系統樹が案出されました。初めに主幹をなす言語の祖先があり、そこから子言語が次々と枝分かれして現在にいたる順序を説明する方法です。アルタイ語族は日本語と一致する要素が多いといわれますが、アルタイ語族の系統樹に日本語は入っていません。

図0-2はアルタイ語族の系統樹です。アルタイ共通祖語が二つに分かれてトルコ・蒙古・ツングース共通語と原始朝鮮語になっています。しかしその後の新しい説では、トルコ語、モンゴル語、ツングース語の類似点はすべて地域伝播の結果であり、同じ祖先から引き継いだ（共通語から分岐した）ものではないとみなされています。

地域伝播とは、隣接する異言語同士が互いに干渉しあって共通要素を取得しあう現象をいいます。シベリアはロシアに編入された16世紀以前はどの国にも支配されていませんでした。先祖代々そこにいた遊牧民族は本来の生業活動に国境の概念をもたず、後から勝手につくられた国境を意識しません。最近までかなり広域を自由に移動・往来したために、言語要素を交換する機会も多かったようです。国が徴税などのために国境管理を厳しくすれば、言語事情も変化をきたします。

系統か干渉か

シベリア平原に限らず、一般的に大陸ではヒトの交流と共に言語干渉の機会が多く、どの言語も一つの系統樹で説明できるほど単純ではなさそうです。日本語の成立過程が比較的単純なのは島国の閉鎖性が幸いしましたが、それでも一つの系統樹に成立過程のすべてを書き込むことはできません。なぜなら、言語の変容は意外に早く、日本列島に関連付けられそうな渡来言語を周辺地域に求めても、由来の説明が可能なものはないからです。

そもそも系統とはどういうものか？　筋目正しい系統に一歩踏み込むと、意外と難しいものに突き当たります。例えばチンギスハンのような有名人の場合、その子孫ならば、そのように理解しますが、系統の説明にはそれだけでは不充分です。

ロバート・フォレイ（ケンブリッジ大学、生物人類学）は膨大なデータを測定して、「集団間の遺伝的距離と言語の多様性との間には直線的な平行関係がある」ことを発見しました（１９９１）。これは狭い地域をいうのではなく、まさに広大な範囲における人類の拡散と言語に関する一元論的な見解といえましょう。次のような見方もあります。

「互いに異なる二つの言語が、音韻、語彙、文法などで少なからぬ類似性を示すばあい、それが偶然の一致でない限り、その原因を二つに分けて考えることができる。第一は、二つの言語が一つの共通祖語（中略）から分離された可能性であり、第二は、二つの言語が相互に接触し合いながら、どちらかが他の一方から影響を受けた可能性である。前者のばあ

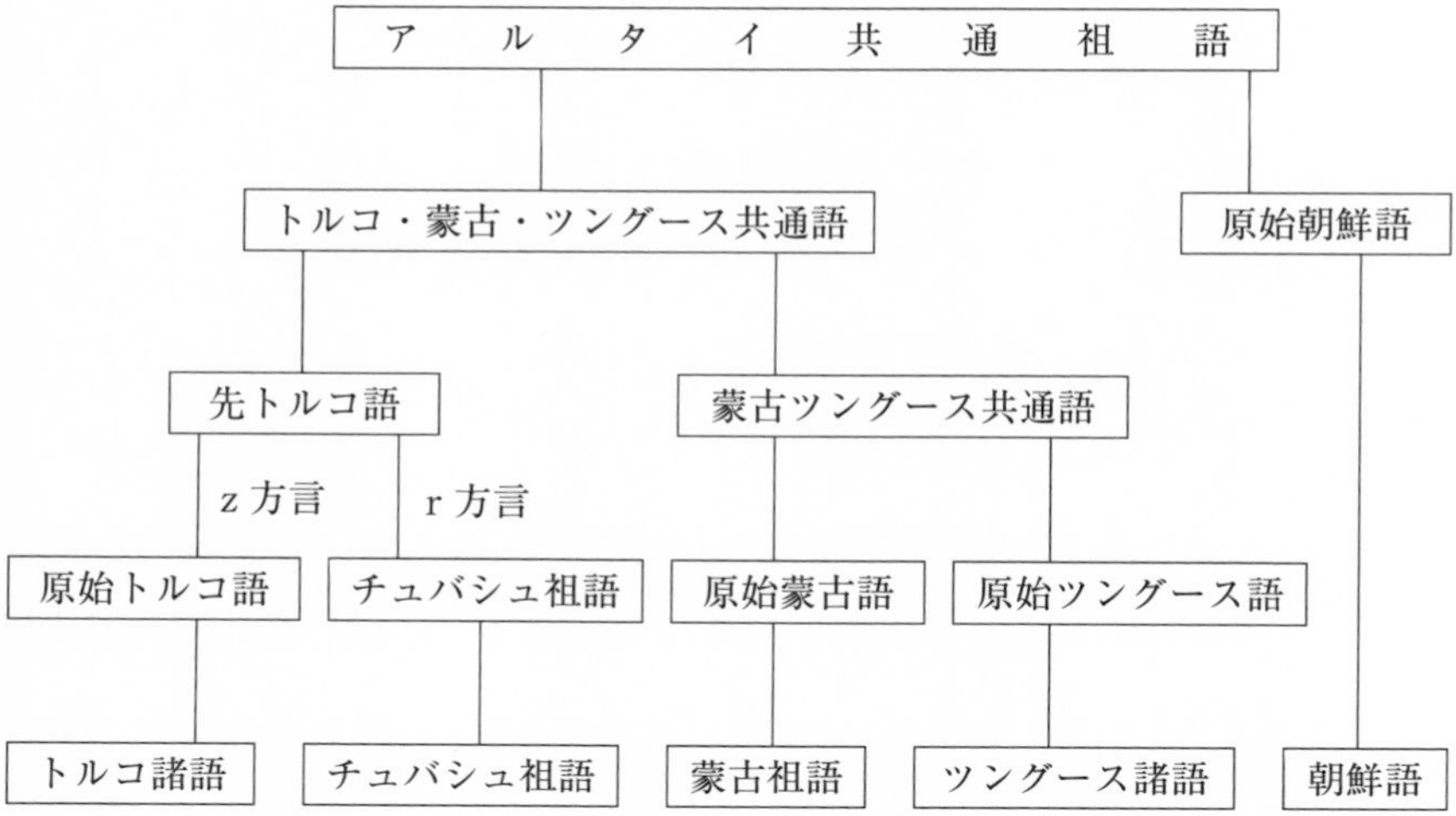

図0-2　アルタイ語系の分岐（ニコラス・ポッペ）

い、二つの言語間の類似性は、共通祖語の時代から現在に至るまで、その起源的な特質が保存された結果であり、後者のばあい、その類似性は、外部からの干渉の結果である」

（宋敏『韓国語と日本語のあいだ』草風館、１９９９）

上記は、一致要素をもつ2言語間の関係が上記第一（系統）か、第二（干渉）か、その発生原因に2通りあるといいます。一致要素がどちらに属するのか明確であれば幸いですが、これが難しい場合、歴史的な検証を通して確認することになります。その時考古学など他分野を参照する必要が生じますが、見解には独立性を遵守すべきです。

統語法

印欧語の場合、現在のインド・イラニアン諸言語とヨーロッパ諸言語とでは、語順などが大きく異なるようです。現在のインド・イラニアン諸言語の語順は日本語の語順（〔主語S〕＋〔目的語O〕＋〔動詞V〕）に近いため、サンスクリット語などとヨーロッパ語（〔主語S〕＋〔動詞V〕＋〔目的語O〕）との親縁関係について、最初の手掛かりをあたえたのは、基礎的な語彙の一致であったといわれます。

現在では英語が世界を席捲しようとしているので、世界レベルでは現代ヨーロッパ語の構文が優勢のように理解されがちですが、現代においても日本語と同じ構文の言語が半数余りを占め、古い時代においてはもっと多かったようです。アメリカの言語学者ウィンフレッド・レーマンは、英語ですら古形に〔O＋V〕構文が見られるといいました（１９７３）。

なぜ語順や構文に違いがあるのか、我々日本人がヨーロッパ語・漢語を学習する時に最も悩まされた問題であり、やはり最も知りたいところです。この変化が外的圧力によって生じたというのであればまだしも、内的変化によって生じたとなると、発生原因をさぐるのは大変難しいものとなります。

統語法は言語学の中で最も深遠な分野なのでしょう。統語法は言語の体系的構造を表すものですから、言語要素のうちで最も保守的性格を持ちます。この変容は語彙の変容とは次元が異なります。統語法の変容は思考方法にも影響するといってよく、通常の接触程度では改変の動機とはならず、生命に関わるような、よほど大きな力が働かない限り、変容しないようです。日本語の場合、日本列島に人類が住み着いて以来、〔O＋V〕構文のままで、その後変更を加えるほどの大事件は見当たらないので、当初から変更はなかったと思われます。

言語と文化

中本正智（都立大学、言語学）は「強文化圏の文化の波及が周辺の弱文化域の言語に影響する」（1985、1992）と説き、言語を文化現象の一つにおいて波及構造の理論化をはかりました。特に「話者集団が持つ勢力（政治力、軍事力、文化力など：引用者註）が自他の言語の消長に大きく作用する」は説得力があります。コリン・レンフルー（ケンブリッジ大学、先史考古学）も同様の見解であり、ロバート・フォレイも「文化的統一性は言語を共有することによってのみ得られる」（1991）と述べ、崎山理も「言語的影響を及ぼすには文化力が必要である」（2017）趣旨を述べています。このように述べられている言語と文化との関係は定理に値すると思われます。

強文化は弱文化を駆逐します。特に強文化の母体が中央集権的組織体を形成した場合に、政治力を発揮して、周辺の弱文化に影響を強めます。そして、弱文化域に対する影響力が一定以上に大きくなると、ついには弱文化を駆逐してしまいます。このようにして言語受容に強制力が働いた場合は、言語が文化と生き別れとなることがあります。そうした異常事態以外は、言語は文化の一面として文化とよく併行します。民族が違っても言語を共有する場合があり、この場合は民族が言語を選択的に受容したと説明されます。

言語間の親縁関係

歴史比較言語学は優れた方法論をもつ科学です。ある法則（グリムの法則など）をもとに子（あるいは娘）言語から不明の親言語を推定します。それを何回か繰り返して、何世代かさかのぼったある年代の祖語を推定します。異言語間を比較して親縁関係の遠近を調べるのが比較言語学であり、推定された同世代の古語同士を比較して親縁性を研究するのが歴史比較言語学です。推論に推論を重ねますから、極めて慎重な態度が要求され、言及も注意深く制限されます。

比較言語学の分析法には主として語彙構造論（音韻、形態）と統語（あるいは統辞）論（語順、構文、意味）があります。語彙では基礎語彙（数詞、身体の部位の名称など主要な語彙）がよく取り上げられます。素人受けには語彙に関する親縁性が解りやすいですが、専門家でも結局は語彙に関する研究が大部分を占めるようです。

比較言語学の要求する同系性証明の主たる条件は、音韻法則の帰納とそれに基づいた文法的諸要素の対応としています。すなわち、語彙の親縁関係を立証するだけでは言語としての親縁性を認めず、語彙だけに親縁関係が認められた場合は他言語からの借用と見做します。このように言語の親縁関係を証明するには文法・語彙双方に亘って立証することが求められ、議論を大変に難しくしています。

比較印欧語学

従来の比較言語学といわれてきたものは、ヨーロッパとイラン・インド地域の言語群における特徴の解析・

比較から発達しました。図０‐３の系統樹では、最初に「原インド・ヨーロッパ語」を据えることにより、時間の流れに従って分岐を重ねた関係が説明されています。逆にいえば、３〜５段階さかのぼれば、この語族のすべての言語は「原インド・ヨーロッパ語」に到達します。そして、それより古い領域に一歩も踏み出すことなく、他言語との混合を認めることもありません。

この方法論で全世界の言語を整理することは不可能という声があがりました。特に日本語は多元的言語なので、単元的言語群の中で成立した従来の比較言語学を厳密に適用することは無理でした。前著でそれを指摘していたところ、日本の比較言語学から比較印欧語学が分離独立しました。それまで多くの日本語系統論者らが苦しみましたが、これによって（印欧語）比較言語学から解放されました。印欧語は世界の言語の一部ですから、比較印欧語学が分離したのは、言語学発達の当然のプロセスに過ぎないでしょう。

なお、「原インド・ヨーロッパ語」の発生場所については、いろいろと議論されてきました。中央アジア・イランが候補地とされたこともあり、３３００年前頃のヒッタイトが鉄製武器の使用を始めたので、ここが中心だろうともいわれました。新しくは４

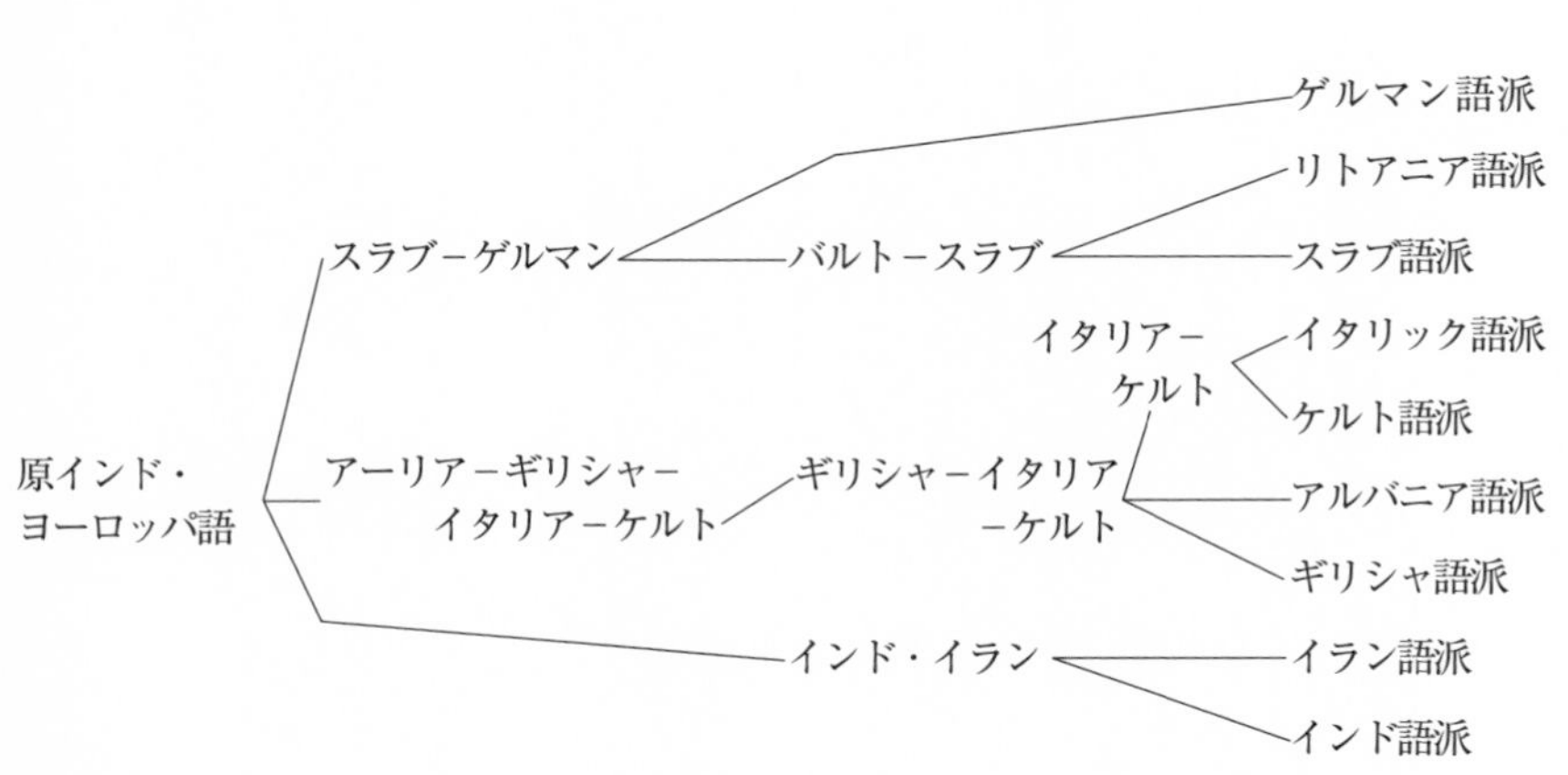

図0-3　オーガスタス・シュライヒャー（1862）とウィンフレッド・レーマン（1973）による印欧語の系統樹

500～4200年前のアナトリアの遺跡で鉄が見つかりました。印欧語の源郷についてはようやくここに落着する兆しが見えてきました。コリン・レンフルーもアナトリアを予想していました。鉄文化と印欧語の源郷が一致すれば、理解しやすくなります。昔からアーリア人やゲルマンの大移動とか、源郷とか、諸説ありましたが、新しい展開があるかもしれません。

地勢と言語

日本は極東の最も東に位置し、しかも島国です。島国らしさは今日の情報社会では若干薄れましたが、このような日本の地勢は動かすことのできない基本条件であり、日本語の形成にも強く影響したと思われます。世界中のあちこちに日本と似た地勢条件の地域があります。オーストラリア東南端部のタスマニアも代表例に相応しいでしょう。いずれもアフリカを出た人類が到達した終着点です。

4万年ほど前、日本列島という極東の僻地に最初の渡来がありました。

「最古層のアイヌ語は、次に渡来したツングース系諸語と大きく影響し合うことはなく、独自の文化と言語を現在まで保持してきたと考えられる」（崎山理『日本語「形成」論』三省堂、2017）

2万年以上前に樺太と北海道は大陸と接続しており、これを考古学の小林達雄は北海道半島と呼びました（1996）。氷期の終わり頃、北海道半島は大陸から切り離されて、現在のように孤島となりました。言語は北海道内で独自の発達を遂げました。その言語をこのノートでは上古アイヌ語とします。

歴史時代に入ってから、上古アイヌ語は樺太から南下してきたオホーツク文化人（ニブヒ）の使用するギリヤーク語に侵攻されました。そのギリヤーク語はその頃大陸東北部を席捲したツングース語に侵攻されて、大陸部に残ったのは半分となりました。

大陸側から見た本州は一番奥に位置します。そして樺太→北海道→本州の順に面積が大きくなっており、しかも気候温暖で大変暮らしやすかったという事実が、本州文化や本州語の内的発展に大きく貢献したと思われます。移入文化を完璧なまでに磨き上げるのが日本人の特性であり、島国という地勢に関係するでしょう。その現象は早くも旧石器時代に見られ、文化や言語の発達史も同様であったと推測されます。言語は文化や社会を支えると同時に、思考と共にあり、知恵や技術と共にあり、生活や身体と共にあります。

2．言語学上の問題

語彙の変容率

モーリス・スワデッシュ（Morris Swadesh　アメリカの言語学者、20世紀前半に活躍）は、語彙のうちでも最も変化しにくいとされる数詞・身体語など２００語を選定し、これを「基礎語彙」としました。実用的使用には簡略化して１００語にする場合が多いようです。

そしてスワデッシュは印欧語族において、基礎語彙が１０００年間に平均19％失われるという現象を発見しました。この率が言語変容の一般的な尺度として使用され、時には定理のように扱われました。さらに進んで、二つの言語が一つの祖語から分岐した年代を推定する尺度にも使用されました。これが言語年代学です。ところが、次のような指摘もあります。

「常に同条件の１０００年とは限らないはずだ。変容の激しい時もあり、そうでない時もあったであろう。81％はその平均を謂うものであろうが、新しい時代と古い時代とでは時間の流れが同じとはいえない。

従ってどうしても守らなければならない約束ではなかろう」

（コリン・レンフルー『ことばの考古学』青土社、１９９３）

スワデッシュの変容率は実証データを比較した結果から導出されたはずです。静態的とか内的変容というならば、強文化などの外的影響から無関係であることが保証されねばなりません。しかし、現象面のデータは大なり小なり他から影響を受けたものしか存在しません。その影響も個々の事情によって異なるでしょう。そこに純粋に静態的とか内的変容といい得られるデータを抽出することの困難さがあります。この問題を整理しないままに変容率を適用することは危険です。

「一般には孤立している言語ほど多様な方向に発達するということがいわれている。しかし、孤島などで他との交渉のない言語はたいして変化しないとする方が当たっているように思える。逆に、隣接する言語や言語群が交易などで接触する場合の方が変化するのが著しい。これはたんに外来要素を借用しあうことだけによらず、互いに隣接しあっていることだけでも変化・発達が引き起こされていると考えられるふしがあるからである。したがって、このような点を無視した言語年代学はあやまっていると思える」（R・P・アウステルリッツ「類型から見たギリヤーク語」所収『日本語の形成』崎山理編、三省堂、１９９０）

スワデッシュの変容率は異なる言語間の相関関係を計る手段となっても、分岐年代決定に利用すべきではありません。南太平洋の孤島にオーストロネシア語が広く展開していますが、そこの言語は非常に保守的といわれています。孤島では大陸部と比べて異言語同士が接触する頻度が少なく、言語は「大して変化しないとする方が当たっている」（S・R・フィッシャー『ことばの歴史』２００１）とされるものの、到底1万年以上に遡及することはありません。

大陸内では強文化が発生する機会が多く、その言語は強い影響力を持ちますが、日本列島、特に本州島は孤島として外部から遮断されていた時間が長く、影響を受ける機会が少なかったと思われます。日本語を取り巻く環境は印欧語とは異なり、上記変容率は日本語には適用できないでしょう。

統計的処理法の問題点

大変魅力的な方法論を持つために分野外からもよく取り組まれました。難解な比較言語学と違って、言語年代学は理解しやすさと歯切れの良さが目立ちます。その手法は、比較する2言語間で基礎語彙の語頭子音の一致数を求めることから始まります。

安本美典（計量比較言語学）はその著書『日本語の誕生』で、上古日本語基礎100語に対する一致数として、東京方言79、首里方言64、中期朝鮮語27、アイヌ語幌別方言22……を求め、これを元に日本語と朝鮮語・アイヌ語・インドネシア語の各言語間の親縁性を計算し、さらに分岐年代にも言及しました（1978）。しかし、この統計的手法は次の三つの問題を抱えていると指摘できます。

①分岐年代が古い場合、一致する語彙が分岐以前に存在していたと証明する方法がない。

②比較に先立って一致語彙の中から分岐後の新しい接触による借用語彙を除外すべきだが、その的確な抽出方法がない。

③残存率0・81は最近4000年の程度平均的傾向を示すものであって、それより古い時代の変容率は知ることができない（多分低いだろう）。

安本美典は日本語、朝鮮語、アイヌ語の分岐時期を7000年程度以上前としました。折角のこの成果を生かすために今この3語が分岐したと思われる史実を求めると、2万~1万2000年前の細石刃時代までさかのぼってしまいます。安本が算出した年数はどうして半分以下なのでしょうか。

一つには、分岐後の干渉で混入した借入があることが考えられます。それを取り除けば、年代はさかのぼります。ただし、除去する方法がない場合にはこの作業は不能に陥ります。

二つには、年代が古いほど残存率は0・81より大きくなると推測されます。つまり、どの1000年間に対しても残存率を一定とするところに年代が新しく算出されてしまいます。仮に分岐時期を1万年前とした場合、当時の語彙が現在まで残存する率はほとんどゼロとなってしまい、論ずる場を失ってしまうという、一種の内部矛盾に陥ってしまいます。したがって、1万年とか、それ以前について言語年代学を利用する議論は不能となります。最近、統計的処理法は聞かれなくなっています。

印欧語比較言語学の適用範囲

天文学が機器の発達によって新しい情報を手に入れ、さらなる新理論を展開して進歩を続けているのに対し、比較言語学は櫓(やぐら)を一段ずつ積み上げ、そこから月に向かって竿を届かせようとしているかのようです。

「そもそも、比較言語学という学問は、高津春繁先生（東京大学、比較言語学：引用者註）の言葉を借りれば、『この方法は、研究対象たる言語群が同じ系統の言語であることを前提とし』ているのであるから、日本語のように系統不明の言語と他の言語との比較言語学、比較文法は存在しえないことになる」

（小沢重男「モンゴル語と日本語」所収『シンポジウム　古代日本語の謎』毎日新聞社、1973）

このように比較言語学の方法が批判されたのはほぼ半世紀の歴史があります。比較言語学はもともと印欧語圏における言語間を説明するものです。エリザベスⅡ世が日本人比較言語学者にナイト称号を授与したりして、印欧語の方法論適用拡大を期待しましたが、結局印欧語族ではない日本語には無理でした。以上が前著で、以前の比較言語学を「印欧語比較言語学」とした所以です。

しかしながら、日本語を解析する手法は比較言語学以外になく、先学たちは苦しみながら工夫しました。後述するように、すでに日本語成立論の結論もそこから出されています。

3．日本語に関する諸説

日本語の特徴

日本語は、我々日本人が毎日何気なく使用していますが、かなり強い個性を持っているようです。情緒を重んずる反面、論理性に乏しいとされます。外国人が修得するのにかなり難儀するらしいですが、世界中には癖の強い言語がたくさんあるようです。日本語に関して一般的にいわれている特徴を次に列記します。

a．語彙の特徴（音韻論）

①すべて母音及び［n］終止である。
②［r］［l］が語頭に立たない。
③二重子音が語頭に立たない。
④古語では、濁音が語頭に立たない。
⑤［r］と［l］の区別がない。
⑥古語では、清音と濁音の区別がはっきりしない。現在でも濁音の出現率は決して多くない。
⑦古語には、重母音はなかった。

⑧2音節の語彙が多い。

⑨擬声語・擬態語が豊富である。

⑩母音の数が5個であり、少ない。

⑪子音の数が少ない。

b. 文法の特徴（統辞論）

①語順は〔主語S〕＋〔目的語O〕＋〔動詞V〕である。

②「助詞てにをは」がある。

③膠着語である。動詞そのものが変化せず、その語尾に助動詞がついて能動態・受動態、時相の別、可能、願望を表す。

④形容詞や副詞は修飾される語彙の前に置かれる。

⑤後置詞を多用する。

⑥名詞に冠詞がつかない。

⑦名詞に性別、単・複数の区別がない。

⑧敬語が豊富である。

⑨10進法。

⑩3種類の文字種（カナ・かな・漢字）を併用表記する。

上記の文法的特徴にはアルタイ的なものが多く、そのうえ語彙の基本構造である母音終止と2音節でアルタイ語との一致が目立つので、日本語はアル

表0-1　アジアにおける日本語と同じ構文（S＋O＋V）をもつ言語例

古アジア語群	アレウト、チュクチ、ユカギール、ニブヒ他
ツングース語派	満洲（満洲、新彊）、ナーナイ、朝鮮他
モンゴル語	モンゴル、ブリァート他
テュルク語派	トルコ、チュバッシュ、ヤクート他
ウラル語族	マジャール他
チベット・ビルマ語族	チベット系、ビルマ系
インド・イラニアン語派	イラン、イラク、アフガン、インド他

タイ的特徴を持った言語といわれます。

日本語と同じS＋O＋V語順の言語を表0‐1に集めてみました。この語順の言語は世界中に決して少なくなく、特に北東ユーラシア少数民族の言語はそればかりです。チベット・ビルマ語群も同様であり、その故地はイェニセイ・満州辺りで、そこから南方に向かって移動したといわれます（S・R・フィッシャー）。ヒトの頭脳に自然に浮かび上がるのはVよりOが先のようです。ついでながら、朝鮮語にも敬語がありますが、日本語とは使い方が全く異なり、文化の違いが歴然です。

3文字種は前章で述べた特徴であり、世界に類例がありません。朝鮮半島は漢字を排除したように、日本列島とは民族性の相違が目立ちます。

原（始）日本語

村山七郎（九州大学他、比較言語学）は「原始日本語」を唱えました。服部四郎（東京大学、比較言語学）や崎山理（広島大学・国立民族学博物館、比較言語学）の場合は「原日本語」です。同様の目的の概念が研究者によっていろいろ提供されましたが、用語の意義は必ずしも一致しません。当時の比較言語学では、原（始）日本語がいつどこで使用されていたのか、説明する必要はなかったようです。

素人の素朴な気持ちとして、原（始）というからには、つい始原期を

表0‐2　村山七郎の用語説明　村山七郎『日本語の起源と語源』1988より作表

古代日本語（OJ） Old Japanese	古事記（712年）、日本書紀（720年）、万葉集（8世紀）などの、奈良時代の言語
先古代日本語（Pre OJ） Pre Old Japanese	アルタイ的構造要素の原始形とOJとの中間段階のもの
原始日本語（Proto J） Proto Japanese	「日本語の原始形。ツングース系の言語が南洋語の後に入ってきて、南洋語要素を素材としてツングース語的な組織の中に織り込んだと考えるのが道筋であろう」とするもの

想像してしまいますが、村山七郎は原始日本語の定義を表０‐２のように解説しました。要約すれば、原始日本語はツングース語的組織に南洋語要素が織り込まれて形成されたというのです。

この説明からさかのぼれるのはせいぜい数千年です。それ以前の日本列島には言語はなかったのか、始原期で使われていた言語は言語でなかったのか、ひいては比較言語学とは一体どういうものなのかという疑問が生じてしまいます。始原期の言語と「原始日本語」との関係について、村山は説明していませんが、このノートでは各分野を総合して述べてまいります。

シュミットのX、Y、Z

Ｐ・Ｗ・シュミット（牧師、民族学・言語学）は初めて日本語の系統について論及した外国人学者でしょう。シュミットは日本語の基層にまず不明の言語X、Y、Zなどがあったとしました。重畳構造説といわれます。

「日本語には最初X語なる所属不明の言語があり、これが純然たる母音（及びｎの）終音、極めて単純化された言語の構造、及びある割合の語彙とをもたらし、これがまた名詞の第二格を前に置く式を使用した。之に続く要素はオーストロアジア要素（狭義の意味、即ちモン・クメール語族〈東インド〉）であり、之に続いてアルタイ要素及びオーストロネシア要素が相前後して入ってきた。アルタイ要素とオーストロネシア要素のうちどちらが先か決定できないが、恐らくオーストロネシア要素が先らしい」

（Ｐ・Ｗ・シュミット、１９３０）

シュミットのこの仮説は、混合言語説として受け継がれました。X、Y、Zは単なる仮想ではなく、歴史上のどこかのグループによって実際に使用されていた言語を指します。これは比較言語学の推論が届かない領域の言語を仮に定める方法です。これは村山より古く提示された、ユニークな見解です。この方法であれば、古い時代の不明の言語を取り扱えます。後世になって考古学の発達を見れば、不明の言語をどの時期の文化に比定するのかも可能ですが、現在に至るまで解答はほとんどありません。また、「オーストロネシア要素が先らしい」は村山と一致しますので、後述します。

大部分の学者にとって手の届くはずの原（始）日本語の成立年代について、歴史的に言及することは決して多くありません。多分それが専門家たる所以であり、学問上の良心なのでしょう。

その他の説

これまでに数々の日本語起源論や成立論が発表されました。代表的な説をみていきましょう。

a．古アジア語説

日本語の最下層には、旧石器時代にシベリアから移住して日本列島に住み着いたヒトに由来する言語層があるとする説です。

北方語専門家たちはシベリアなどの少数民族の居住地に出張して、死滅直前の古アジア語を収録するなどの努力をしています。その目的は日本語系統論とは必ずしも関係しないかもしれません。日本語が古アジア語の一員である可能性の声は大きく聞こえてきませんが、そうであってもよいと考える人は少なくありません。

「シベリアの東北部に分布する民族は、従来『旧アジア族（Paleo Asiatics）』と呼ばれて来た。（中略）その『旧アジア族』に属するといわれるギリヤーク語は、類型的には『アルタイ型』の言語であり、朝鮮語や日本語ともある類似を示していて、この2つの言語も『旧アジア語』の中に入る可能性はある。『旧アジア族』はかつて現在の分布地域よりもずっと西方、すなわち、旧満洲に広く居住していた形跡があり、日本語や朝鮮語の起源を探るに際し、その存在を当然考慮に入れるべきものと考えられる。このように、『北の言語』は我々の母語の源流を明らかにする上でもその究明が求められる」

（河野六郎　所収宮岡伯人編『北の言語―類型と歴史』三省堂、１９９２）

現在もシベリアの極東に住み続けている少数民族は旧石器時代と同系統の子孫と考えられ、その言語は古アジア語といわれています。

考古学では、以前は日本列島人の最も古い層は北海道と九州とほぼ同時に入ったとしてきましたが、最近では北海道に３万年以上前の人類活動が認められないといって、北海道ルートには懐疑的です。アイヌ語は孤立語といわれ、古アジア語の所属ともいわれていません。この問題は極めて重要ですので、後述します。

b．アルタイ語起源説

服部四郎は村山より先輩です。日本語に混合現象を認めながら厳格な議論を展開し、比較言語学界に君臨しました。日本語は北方系言語の流れを汲むとしても、日本語の系統は未詳である。決めるにはまだまだ議論の積み重ねが必要であるとしました。

その他多くの優秀な専門家がアルタイ語に起源を探りましたが、アルタイ語族そのものの系統性が崩されたために、折角の努力も実を結びませんでした。そうした批判意見は印欧語比較言語学から出され、かつ強力であったために、射程距離の短い範囲に議論が制限されました。アルタイ語の範疇をツングース語とかトルコ語など比較的新しい言語にしぼれば、日本語との関係を探る範囲も偏ってしまいます。

c．オーストロネシア語族説

泉井久之助（いずいひさのすけ）（京都大学、言語学）、村山七郎、中本正智、崎山理、川本崇雄（上越教育大学、比較言語学）らがそれぞれにオーストロネシア語族伝来を説きました。

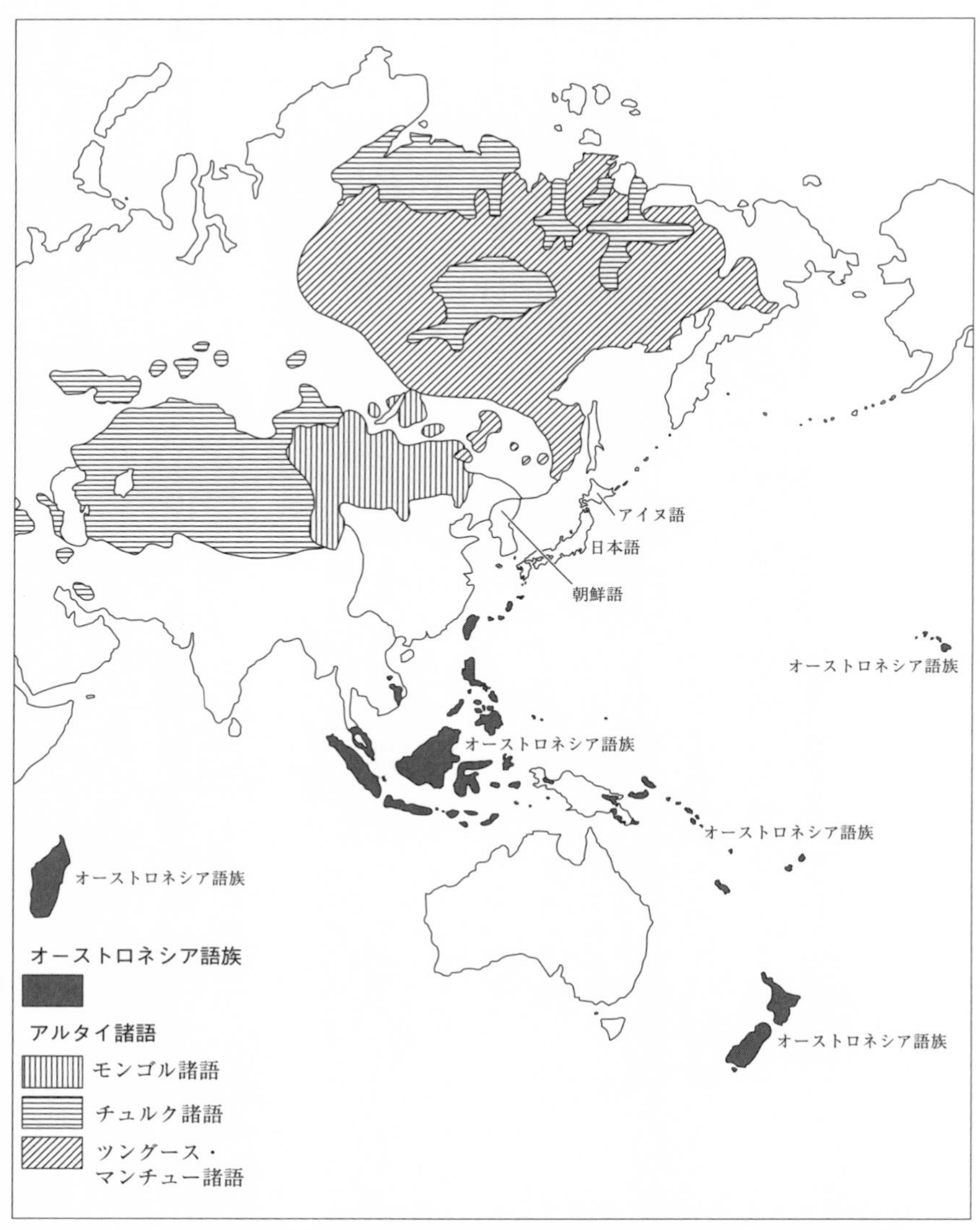

図0-4　オーストロネシア語族とアルタイ諸語の分布　崎山理『日本語の起源』1999より

泉井は日本語の混合言語論に踏み入ろうとした最初の日本人学者かもしれません。泉井は日本語の構造について重層説を唱え、基層語と上層語を定めました。そして、基層語によって系統を定める立場をとり、インドシナ半島の言語が系統に関係すると唱えました。

村山は頑固に比較言語学手法を守りながら（それでも服部から方法論を批判された）、はっきりと混合言語説をとりました。それは従来の壁を破ったものでした。

「沖縄列島をも含めた日本列島（その言語は音楽的アクセントを持つ）、台湾（その大部分の言語は音楽的アクセントを持つ。但しその位置は一定）、フィリピン（その言語のアクセントはストレスともピッチとも言えないが、その位置は自由）から近い大陸南部海岸地帯に非常に古い時代に音楽的自由アクセントを持つ南洋系言語が行われていた可能性を推定してみたい。このように考えて、非常に古い時代（縄文時代）に中国南部から南洋語使用民族が日本列島に到来した可能性を考える。」

（村山七郎『日本語の起源』弘文堂、1974）

「日本語はツングース語的要素と南洋語要素を内包していることは疑いをいれず、その意味で、『混合言語』と言えるが、（中略）ツングース語要素が中核を形成している。ツングース語的中核が南洋語要素を吸収した結果、日本語が成立するにいたるのである。」

（村山七郎『日本語の起源と語源』三一書房、1988）

日本語の起源を「縄文時代」としたのは村山七郎が最も早かったでしょう。しかも「中国南部から」と出発点を特定しました。村山は「オーストロネシア語が先に到来し……」と述べたように、それ以前に日本列島で使用されていた言語を無視しています。どうして無視したのかも説明しませんでした。なお、オーストロネシア語伝来以前の日本列島語に関して、村山は談話の中で何らかの言語の存在を示唆しましたが、シュミットのような言及はありませんでした。

村山に少し遅れて登場したオーストロネシア語学者として崎山理がいます。崎山は基本的に比較言語学の手法を守り、混合言語説をとる点では村山と一致しています。その業績については適時後述します。それぞれオーストロネシア語族（南島語）が日本語の基層に入ったと主張し、混合を巡って印欧語比較言語学とするどく対立しました。

「日本・沖縄列島の南半分を取り囲む言語はオーストロネシア語族である。この言語については、従来、いくつかの語派的特徴を無視してアット・ランダムに日本語と結びつけられてきたが、インドネシア語派とオセアニア諸語（とくにメラネシア語派）とを区分することは、日本語の形成に時間をおいて流れ込んだ要素として考える場合にも必要である。

メラネシア語派は、東へ移動したインドネシア語派が先住民族（パプア系民族）とピジン化して形成されたとする仮説（Ray,1926:24 - 25）は、系統論者から厳しい反論をあびたものの、いまもその理論的根拠を失ってはいない。この東漸は紀元前４０００～３０００年に行われたと推定され〔Wurm,1975〕、日本列島にもっとも初期の影響を与えたのは、この一派であろう」

（崎山理「日本語の混合的特徴」所収『日本文化の源流　北からの道　南からの道』小学館、１９９１）

村山と崎山の二人は、弥生の数値年代の発表に先駆けて縄文時代の渡来を予見していたのでした。崎山は日本への伝来が考古学によって裏付けられるべきだといいましたが、揚子江下流域からの直接渡来を認めたのは樋口隆康（京都大学、考古学）と寺沢薫（奈良県教育委員会、考古学）だけでした。自然科学からは、佐藤洋一郎（静岡大学、植物遺伝学）や徳永勝士（東京大学、分子遺伝学・ＨＬＡ分析）らのかなり多数が江南から直接渡来を想定しました。しかし、すべての分野が一致する状況には至っていません。

オーストロネシア語の波及について次のような言及もあります。
①東はオセアニアから西はマダガスカル島へと地球を半周した。
②日本列島には中国南部・朝鮮半島・台湾・フィリピン・オセアニアなどから伝播したとする諸説がある。

d．朝鮮語同系説

新井白石、白鳥庫吉、金沢庄三郎らの碩学が唱えました。
日本列島と朝鮮半島とは地理的に隣接しているので、多くの人が密接な交流や接触があったはずだと直感的に思い込みがちですが、実態はほぼないというべきです。朝鮮国は日本に併合された歴史があって「日鮮同祖論」が唱えられたり、終戦後長らく教育の現場が乱れたりしました。これらが正しくリセットされないと、まともな議論が始まりません。考古学においても朝鮮半島が何かと優位な説がありましたが、ごく最近になって改善の兆しが見えてきています。

ここで、朝鮮語の日本語との関係に若干触れます。
日本語（西縄文語）がオーストロネシア語から大きな影響を受けた頃、朝鮮半島西側でもほぼ同様の言語現象が起きたと思われます。その言語は西部朝鮮半島語などと称すべきであり、以上の意味においては日本語と親縁性があったと想定されます。

そして弥生時代には遼寧語話者が朝鮮半島に少数入り、日本列島にも渡りました。古墳時代には百済が日本と緊密な関係をとり、それまでは言語的親縁性がありました。７世紀の朝鮮半島統一によって、百済語が異言語の新羅語（朝鮮語の祖先）によって駆逐されてしまい、その後は親縁性がほぼなくなってしまいました（後述）。

e．高句麗語同系説

数詞その他数十の語彙の一致が何人かによって説かれてきました。日本語に高句麗語要素が存在することは勿論認めるべきです。ただし、日本列島に伝播したのは高句麗語そのものと限らず、遼寧語、扶余語、百済語の関与が混在していると思われます。

もし高句麗族が言語的影響をもつ規模で渡来したとすれば、可能性がありそうな時期は弥生時代後半期初めと古墳時代です。騎馬民族が日本に来たというのは、江上波夫（東京大学、考古学）がうまく踊っただけです。ほかに新村出（しんむらいずる）（京都大学、言語学）、李基文（博士、朝鮮語学）、板橋義三（九州大学、言語学）らの研究があります。

f．タミール語（インド南部のドラヴィダ語系）伝来説

大野晋（おおのすすむ）（学習院大学、国語学）が生涯をかけて唱え続けましたが、専門家、特に比較言語学者に賛同者はいませんでした。タミール語説が成立するとすればということで、小沢重男（東京外国語大学、モンゴル語学）が大野晋に進言したことがありました。すなわち、大陸のどこかに然るべき言語的中心点があり、そこからインドの南端と日本列島の双方に渡来し、大陸部における存在はほかの言語勢力に駆逐されてしまったというストーリーを考えてみたらどうかというのです。

タミール語は現在でもスリランカやシンガポールで使用されており、日本語とは感動的なほどよく似ているといわれます。

g．チベット語伝来説

日本語にチベット語の要素があることは言語学からいわれていました（西田龍雄〈京都大学、言語学〉）。これがいつどのルートから渡ったのか、長年の疑問でした。それに立ち上がったのが安田徳太郎でした。安田は

本業が医師であり、比較言語学は専門ではありませんでしたが、『日本語の祖先』（1955）を著し、ヒマラヤ・シッキムのレプチャ語が習俗を伴って日本に渡ったに違いないと述べました。

近年、Y染色体ハプロタイプDが日本列島とチベットとアンダマン諸島の民族だけに保有されていると指摘されました（太平洋戦争中に日本軍がアンダマン諸島の一部を占領したことがある。その影響に関する考察は聞かれない）。Y遺伝子はD1がチベットのみに、D2が日本列島のみにあり、しかも日本人の最大の因子といわれます。

また、ミトコンドリア染色体ハプロタイプDが縄文人より弥生人に向かって増加したといわれます。ミトコンドリア遺伝子もY遺伝子も同じDですから、紛らわしく、注意が必要です。ミトコンドリアDが日本とチベットにあることから、篠田謙一（分子人類学）はこれが揚子江中・下流域から日本とチベットの双方に渡来したと考えました（2015）。

少し以前にはシッキム方面が稲作の原産地といわれていましたから、水稲渡来がチベット語を伴ったのであれば、チベット語はO＋V構文ですから、それこそ大変なことになったでしょう。また、素人の安田でなく、専門家が手掛けたのであれば、随分違ったことになったかもしれません。

日本語の起源論争

太平洋戦争終結後に日本語系統論ブームが起こりました。戦争体験者は皇国史観の呪縛から解放されて、多くの人たちは新しいアイデンティティ探しに真剣でした。こうした当時の社会風潮に受け容れられて、上記の安田徳太郎は数冊の単行本を出版して売れっ子となりました。

服部四郎は専門職の立場から安田の方法論には基本的な間違いがあると批判しました。大野晋はその後を追って、「日本語の学徒にあるまじきインチキ」と安田を猛烈に攻撃しました。安田は語彙の類似を説くという好事家的な発想であったため、大野はそこをついてとことんやっつけてしまいました。当時の週刊誌がこの論争を面白く取り扱ったために騒動が大きくなり、挙句の果てに安田自身、世の中から抹殺されたという事態に至りました。

大野にとっては、自分との専門的学識の差を示す絶好の機会であったのでしょう。安田を攻撃しながら、タミール語同系論を展開し、日本語とタミール語との親縁関係を統辞論的、語彙論的に説明しました。しかしながら、1959年には服部四郎から、国語学者の大野が言語学に口出す幕はないとまで批判されました（『日本語の系統』）。

村山七郎は純言語学的に大野の説を細部にわたって批判しました（『国語学の限界』1975他）。両者とも専門雑誌や単行本にも見解を掲載して激しく論戦を戦わせました。二人とも議論を止めないので、出版社は彼らに「原稿を書くな、これ以上書いても載せない」ということで一旦は幕引きとなりました。

このように学者たちは日本語の起源について懸命に議論しました。服部は「只の喧嘩では建設的でない、議論は学問の発展のためにあるものだ」と言い残しました。

服部没後、大野はのびのびとタミール語説を唱え続け、伝来した時期を当初5500年前としていたものを、1980年頃には弥生時代へと大きく修正しました。そして風俗習慣などの文化面を傍証に上げ、タミールのサンガム（五七五七七形式）が和歌の源流であったとしました。1990年にはなんと「弥生時代にインド南部より日本へは片舷17丁の大船（天理市清水風遺跡から出た土器の線刻画）で行き来していた」といいました。一体、誰を説得しようとしたのでしょうか。佐々木高明（国立民族学博物館、民族学）は弥生時代の日本とインドとでは総体的な文化系統が異なると疑問を呈しました（『シンポジウム　弥生文化と日本語』1990）。

それでも大野は2000年に800頁の大書『日本語の形成』を刊行しました。その時、村山もこの世にいませんでした。

最近の比較言語学界はあくまで冷静であり、血の気の多い発言は遠ざかり、喧噪など全く聞こえてきません。言語の単一起源という発想も影が薄まり、マスコミが比較言語学などを取り上げることもなくなりました。そして、確かに必要と思われる細分化された研究が粛々と進められています。もともと、日本語の起源問題を賑わしたのは言語学者ではなかったかもしれません。

長田俊樹（学習院大学、日本語学）は日本語系統論シンポジウムの報告書（『日本語系統論の現在』2003）で「日本語系統論ははやらなくなった」といいました。このシンポジウムはおよそ10年ごとに研究成果を持ち寄って開催され、その前回のシンポジウムは1990年に開催されました。その時崎山理が座長を務めましたが、2003年開催時には参加を断りました。崎山は、多分今更議論の必要はないとでもいうほど、自説に自信をもっていたのでしょう。

つまり、比較言語学の日本語系統論、あるいは成立論は20世紀の内に大方の意見を出し尽くしたと思われます。それでも結論を出したことにならなかったのは、印欧語比較言語学が絶対的な存在であったのに加え、専門家たちが異なった立場を主張したままだったことも原因したと思われます。専門家はそれでよいかもしれませんが、読者は門外に放置されたままです。一方の専門家は答えが出てしまうと、その分野は研究完了となって引き揚げなければなりません。その点、研究第一とする専門家と早く解答がほしい読者とは利害反する奇妙な間柄です。このノートはひたすら読者の立場から真理を追究します。

―付　記―　〝総合〟の方法

総合の方法論について一度は述べなければならないでしょう。

表題のような大きな問題を解くには人類全史に拡がる多くの事象を明らかにする必要があり、それには各分野を横断して広く情報を集めねばなりません。専門家がそういう研究活動をして成果を発表されればよいのですが、なかなかそういうことになりませんでした。前著の時代には専門家が複数の分野をもつことは原則なく、「分野横断的な研究」の必要性が標榜されるばかりでした。それでも唯一、分子人類学の崎谷満の実行がありましたが、大きく評価する声は聞かれません。

それというのも、各分野にはそれぞれ侵すべからざる専門性があり、ある分野の専門家が分野横断するには、他分野の専門性を身に付けねばならず、責任範囲も拡がるので、立場を守るのも容易ではありません。多くの分野を一人でこなすのは超人的と見做され、また、中心的分野以外に言及しても軽視され、一般的に他分野への介入は遠慮されます。

また、各分野の専門家が一堂に会することは、他分野と歩調を合わせる問題があり、複雑となりがちで、積極的に開かれないようです。したがって、逸早く分野横断を実行しようとすれば、みずから蛮勇を振るって試みることとなります。このノートはまさにそうした意味で始めたものです。

学問はすべてが正しい世界であり、すべての分野が一致すると予定していましたが、分野横断を始めるとすぐさま分野内や分野間に横たわる不一致に突き当たります。この難関を切り拓くことはさすがに容易ではありません。まず比較する資料の中に「証明」があれば、矛盾するものは棄却します。但しこの作業を躊躇なくできるのは多分在野に限られるでしょう。

次に関係資料がすべて推論であれば、分野内であろうと分野間であろうと、とりあえず不一致のまま両立させ、一致する新説が現れるのを待ちます。そして、いずれかに一致した的確な説が現れれば、真理性が前進したとします。真理性を保証するには比較資料それぞれが完全に独立した理論であることが基本です。つまり循環論を避けたいのです。自然科学が先行する中で、考古学が「考古学的に」を遵守しようとするのもそこに正当性があります。

真理性を安定させるために、推論の場合の一致資料は3個以上が望まれます。学問の進歩によって、学説は崩されることがあり、本来余裕をもつべきです。しかしながら現状は2個以下です。一般的な社会現象から帰納する場合と違って、学説ですから、ここでは2個以上の一致で帰納します。また、資料の周辺に述べられる解説などは推論の成分が増えることがあり、注意を払う必要があります。

総合は大変魅力的な所産を伴います。つまり真理性が定立されているところには、他分野において将来一致資料の誕生を予定できます。このノートではヒト・言語のルーツを総合的に論究します。そのために関係する各事象を分野横断的に論究します。この手法が総ての事象の問題解決に資することを期待します。

なお〝総合〟とするか、〝統合〟とするのか、用語の問題があります。総合は各分野から一致要素を抽出するわけですが、諸説の特性を比較して議論するには統合より総合が相応しいとして、このノートでは仮に〝総合〟を採用します。方法論等についてはなお専門家によって検討されるものと期待します。

コラム　文化の宝庫

日本列島は文化の宝庫ともいわれます。世界に有名な正倉院があり、古くも、新しくも、世界中の文化を受け容れ、保存してきた歴史が残っています。中でも珍しい渡来例として、高松塚古墳の壁画に使用されていた絵具がアフガニスタン産であったとか。また、京都の鶏鉾保存会が毎年市中に繰り出している山車の絨毯が13世紀のペルシャ産であった（世界最古）などがあります。日本語にペルシャ語要素があるともいわれます。

これらは比較的新しい時代に朝鮮半島経由で、即ち斎藤成也のいう第三波で入ったでしょう。しかし、朝鮮半島には残留していません。朝鮮半島が日本列島と比較できる歴史は、統一国家の誕生が日本の3世紀に対して朝鮮7世紀、固有文字発生が日本の10世紀に対して朝鮮14世紀などです。日本列島の文化に有効に関与した半島経由は第三波のみとしてほぼ間違いないでしょう。それ以前の古い時代ほど人口が少なく、影響力が小さいことにも留意すべきです。

朝鮮半島はチュチェ思想を元にして建国しています。教科書で日本をこき下ろし、自国の都合で学説を出し、歴史を改竄し、国際法でさえも勝手にし、他方の拉致も気ままにします。日本との乖離が大きすぎます。

日本はどの国とも海を隔てていますので、外国に対して一歩下がってしまう性癖があるようですし、自虐史観を知的とする風潮もあります。日本学術会議からいろんな発言が飛び出しましたが、それが韓国や諸外国からどのようにみられているのでしょうか。最近近隣諸国との問題がことさら大きくなっているのは、こうした在り方が原因と思われます。

日本列島には分厚く蓄積された文化があるはずですが、一体いつ力を発揮するのでしょうか。近年日本語の変容が目立ちます。人の心も変容しています。変容が非常に大きくなると、機能不全に陥ります。

第1章　旧石器時代

1．ホモ・サピエンスの誕生と拡散

（1）出アフリカ

アフリカ単一起源説

世界の現生人類の歴史は中期旧石器時代のアフリカ大陸で始まったといわれます。日本列島に人類の足跡が見つかるのは後期旧石器時代、４万年ほど前といわれています。現在に繋がるヒトと言語はいつ、どのようにやって来たのか、ともかく人類誕生の昔に戻って足跡を辿ります。

「Charles Darwin（１８５９）が推論したとおりに，地球上に現存する全生物は，約40億年前に存在した単一のプロジェノート（全生物の祖先）に由来し，全生物は歴史的に血縁関係にあることには疑いの余地がない。地球に存在する多大な生物の多様性は，突然変異と自然選択により各生物がそれぞれの環境に適応してきた結果の賜物である」（根井正利、Ｓ・クマー『分子進化と分子系統学』培風館、２００６）

近年ＤＮＡ研究が大きく前進して旧石器時代の人類の動向に言及されるようになりました。20世紀半ばに分子系統学が登場し、１９７０年代にタンパク質多型分析が行われ、１９８０年代にミトコンドリア染色体遺伝子解析法、１９９０年代にＹ染色体遺伝子解析法が始まり、今世紀に入って核ゲノム（全染色体を構成するＤ

NAの全塩基配列）解析に成功しました。現在、DNA遺伝子解析は数多くの分野に分かれて研究を進めています。

上記4つの解析法の結果には現在不一致の部分がありますが、核ゲノム解析の発達によって解決されていくと期待されます。

人類の脳や言語器官は音声言語を使用することによって、数十万年かけて進化し続けてきたといわれます。ホモ・サピエンス・サピエンスが突然変異によって誕生した時、そこにはある音声言語がありました。動物や鳥の鳴き声にも文法があるといわれるように、かなり早くから言語は発達していたと想像されます。

「単一起源説」によれば、現在の世界の語族はすべて比較的新しいアフリカで使用されていた言語に端を発することになります。これに対し、もし「多地域進化説」が正しいとすれば、それらの語族はずっと古く、100万年以上もかかって発展した複雑な発達過程を想定しなければならないことになります。このように、「単一起源説」は様々な研究分野において鋭い切れ味を発揮します。

ホモ・サピエンスの揺り籠

現在生存している総ての人類（現生人類）は700万年前にチンパンジーとの共通祖先からアフリカ大陸で分岐して誕生したといわれます。これが「アフリカ単一起源説」です。現生人類の誕生は20万年前、主要な出アフリカの時期は7万年ほど前といわれています。これが「アフリカ単一起源説」です。そうであれば、出アフリカ以前の13万年間、一体どうしていたのでしょうか。

a．種の定着期

日本純正のトキが絶滅したのは古い話ではありません。それを復活させようと努力され、2014年に定着羽数（放鳥して1年以上生存した数）が第一目標の60羽を超え、続いて２０１８年6月に２０２０目標（２２０羽定着）を超えたと報告されました。大自然の中に定着するにはこれらは単なる通過点とみられています。このことからも、すべての種が当然定着するとは考えられていません。初期のホモ・サピエンスも個体数が少なく、手厚い保護を受けているトキと違って、自力で運命を切り開かねばなりませんでした。

ホモ・サピエンスはホモ・ハイデルベルゲンシスから突然変異によって誕生したといわれます。その後の拡散ルーツ解析に深く関わってきたものにミトコンドリアＤＮＡ解析があります。ミトコンドリアＤＮＡ遺伝子はY遺伝子やヒトゲノムに比べて分子量が断然小さく、取り扱いに手間が少なくて済むのが大きな利点といわれています。

ミトコンドリア遺伝子は女性だけに遺伝するので、ミトコンドリアＤＮＡ解析が行われるようになった当初、「イヴの誕生」といわれました。その時にイヴの周囲はすべてホモ・ハイデルベルゲンシスです。一方で、ホモ・ハイデルベルゲンシスとの交雑の問題が問われます。一般的に交雑は、子供ができなかったり、できても若死にしたりするといわれ、成功することはむずかしいとされてきました。しかしながら、ホモ・ハイデルベルゲンシスの貢献がなければ、ホモ・サピエンス種の定着もなかったと思われます。篠田謙一は当初のイヴを数十人として議論を始めています。

b．安定増殖期

篠田はさらに「ミトコンドリア・イヴを包含する集団は数千人規模であった」という環境を考えました。つまり、ミトコンドリアから考える場合は、一系統しか追究できず、それもどこで途切れるのか保証がありません。しかし、お母さんに子供を産む娘が生まれる限りその系統は続きます。したがってある程度大きな集団であれば、途切れることなく継続する合理性が生じます。これが安定増殖の条件でしょう。

先述のトキの保護飼育を終了してよい条件として個体数が充分多い必要があります。その個体数は種によって異なり、ホモ・サピエンスにおいても、人口増殖が安定する人口規模があるはずです。その一定数をここでは限界個体数とします。この考え方は、地球上のあらゆる種に適用できるでしょう。限界個体数を超えて指数関数的増加が始まりさえすれば、数万年間で全人口は数十万人にふくらむ可能性があります。

リチャード・ドーキンス（オックスフォード大学、動物行動学）は『利己的な遺伝子』（1976）を著し、「生存を争っているのは種ではなくて、本当は遺伝子ではないか」と唱えました。全ての種は遺伝子の乗り物ということになります。たとえ種は亡びても、そこにいた遺伝子は別の種に乗り移って永遠に生き延びるのですから、個体の死とは関係せず、ミトコンドリアにあるような絶滅の心配はありません。人口も全く問題となりません。しかし、この説は様々に批判されました。

HLA（ヒト白血球抗原）研究分野から、交配可能な多数の私たちの祖先が、ある日突然地上に現れたといいます。多田富雄（東京大学、免疫学）は「人類が誕生する以前から別の動物にすでに存在していたHLA多型性を、人類が発生と同時に受け継いだというのだから、多種類のHLA遺伝子を引き継ぐことができるほどの多数の個体が突然人間に進化したことになる」と説明しました（1997）。それも遺伝子のなせる業でしょう。

ネアンデルタール人、デニソワ人、クロマニョン人

ネアンデルタール人はホモ・サピエンスにとって長らく系統的に無関係とされてきましたが、『SCIENCE』（2010・5・7）に「ヒトの遺伝子の1～4％はネアンデルタール人に由来している可能性がある。ホモ・サピエンスに分岐後、ネアンデルタール人の遺伝子が再混入したようだ」と発表され、問題の再検討が迫

られました。ネアンデルタール人は広く世界各地に広がっていました。この因子がアフリカ人にはないことから、出アフリカ後に混入したとされています。

シベリアの中央部にデニソワ遺跡があり、ネアンデルタール人の遺跡といわれています。人間に交雑はないものとされていた時代に、そこの石器文化がホモ・サピエンスに伝承されたのではないかと疑われたことがありました。最近はそれに留まらず、デニソワ人との交雑が報告されました。デニソワ人はネアンデルタール人との共通祖先から分岐した人たちで、東南アジアからメラネシア・オーストラリアの先住民に1～6％受け継がれているといわれます。

遺伝学の斎藤成也（なるや）（国立遺伝学研究所、東京大学）は、デニソワ人は原人・旧人の因子を持ち、ネアンデルタール人より遠く離れた存在といいます（2017）。これらDNAの再混入があれば、その分多地域進化説を取り入れることとなり、それによってホモ・サピエンスの歴史は複雑になります。

ドイツのマックスプランク研究所（スヴァンテ・ペーボ所長）の報告によれば、現代の日本人の免疫システムにはネアンデルタール人の因子が2個、デニソワ人の因子が1個入っています（2016）。免疫システムには、他の哺乳類で蓄積されてきたMHC（主要組織適合抗原）の多様な遺伝子が受け継がれていることが知られています。

さらに、日本人におけるネアンデルタール人の因子は頻度が高いといわれます。日本列島とオーストラリアはネアンデルタール人・デニソワ人の因子を共有し、僻地の閉鎖的な地域性も共有しています。大陸中央部では混血する機会が多いのでDNAが混濁しやすく、僻地には旧い因子が残留しやすいでしょう。

クロマニョン人はホモ・サピエンスの仲間です。主たる生息地がヨーロッパであることから、過去にもヨーロッパ人の祖先といわれました。一旦は否定されましたが、再びクロマニョン人はそのまま現代人に繋がっているとされています。クロマニョン人は種族の規模が小さく、「社会集団」（後述）も小さかったので、数万年前にコーカソイドに吸収されてしまったといわれます。

ネアンデルタール人は体格や頭脳が大きかったのですが、前頭葉がサピエンスに比べてやや小さかったといわれます。クロマニョン人の知能レベルについてＤＮＡ解析による調査が行われています。

なお、デニソワ人・ネアンデルタール人・クロマニョン人らはサピエンス種の保存に貢献度が小さい上に滅亡後の経過時間が圧倒的に長く、また彼らの言語はサピエンスとは別々に発達したとされ、サピエンスへの言語的影響は全くないといわれます。

10万年ほど前に、ホモ・サピエンスは最初の分岐をしたといわれます。

ダンバー指数と社会集団

ロビン・ダンバー（イギリス、人類学、進化生物学）は「社会集団」を唱えました。その構成人数が現生人類の１５０人に対してネアンデルタール人の場合は社会集団が20人程度、小規模であったことが不利であっただろうといいます。同じ理論によって、デニソワ人はネアンデルタール人よりさらに不利であったであろうといわれます。

ダンバーは「社会脳」という仮説を唱え、ホモ・サピエンスが行動するグループの規模を平均１５０人とし、始原期から現在に至るまでの様々な例証をあげて説明しました。１５０人はダンバー指数とも呼ばれます。ダンバーの説を『人類進化の謎を解き明かす』（２０１６）から左記に要約します。

集団の平均的規模についてサルとヒトと比較すると、大脳新皮質の容量の割合が集団規模の割合と一致する。ホモ・サピエンスの歴史が始まって以来、ヒトの大脳新皮質の容量は変わることなく、平均１５０

人が仲間として意識できる能力限界であることにも変わることがない。
また、平均150人で行動する集団を維持するには時間のやりくりが大切である。構成員は全員が摂食、移動、休息のために時間をさく必要がある。まず生命の維持のために摂食時間をとる。その食物獲得のために移動時間が優先的に費やされる。そして体力温存のために休息時間が必要である。このような行動は集団で行われ、集団は社交によって成り立っている。例えば、サルはよく毛づくろいをする。集団の規模が一定以上に大きくなると、毛づくろい（社交）が充分に行き渡らなくなる。すると集団は崩壊しはじめ、やがて別個の道を行く2、3の小さな集団に分裂する。もしまた、摂食・移動にさく時間が少なくてすむようになれば、そこから生じた余裕時間が毛づくろい（社交）にまわされて集団規模は大きくなる。

出アフリカ時や現在でも始原期以来同人数というのがこの説の大きな特徴です。前著では、ヒトが行動する単位集団の規模を篠田説に基づいて150人とし、これを大集団と呼びました。ダンバーは自然科学を活用して多岐に亘って説明しています。今回右記ダンバーの他、ニコラス・ハンフリー（ロンドンスクール・オブ・エコノミー、心理学）、山極寿一（前京都大学総長、人類学）らの「社会集団」説によって大集団が補強されました。

種の保存のために、多くの種は集団で生活します。ヒトの集団は分裂した場合でも、一定の集団規模を維持しなければ、消滅してしまいます。地域で生活する各個は、生存するためにも基本的な社会性をもつ必要があり、集団に帰属する必要があります。

さらにダンバーは社会ネットワークの階層の個体数にはなぜか3の倍数の関係があるといいます。

5　家族
15　血統

50　　野営集団＝バンド
150　　バンドが三つ集まって結束した共同体＝氏族
500　　氏族が三つ集まったやや大規模な共同体＝メガバンド
1500　　メガバンドが三つ集まった民族・言語的単位＝トライブ

150人のバンドは強い結束で繋がっているのに対し、500人規模のメガバンドは臨時的な共同体で、1年に1回集合する程度だといいます。また1500人を民族・言語的単位としており、注目されます。

安蒜政雄（考古学）も日本列島の旧石器時代において、ダンバー説を支持しています（『旧石器時代人の知恵』2013）。また、篠田はアメリカ新大陸に渡った集団の人数をトライブのもう一回り大きな5000人を想定しています。大人口はサバイバル・リスクを吸収します。

社会集団は食糧獲得のために一定範囲を遊動します。また遊動は異性を求めるためにも有効です。人口が増加すれば、新しい食糧源を求めてテリトリーが膨張し、社会集団数が増加します。これが拡散の原動力です。ホモ・サピエンスは社会集団の分割を繰り返しながら拡散しました。

配偶者を供給しあう

集団規模が縮小すると、配偶者が不足したり、さらに得られなくなったりして、やがて子孫が絶えて集団は消滅してしまいます。そこに配偶者を供給しあう大きな集団の必要性が浮かび上がります。井川史子（いかわふみこ）（カナダ・マクギル大学、民族学）は、カナダのエスキモーの社会から配偶者を供給しあう範囲として大体500人規模を検出しました。実証的な成果であり、種族保存の基礎的単位として参考になります。

「彼等は『父処外婚制』（男子が他の集団から嫁を迎える：引用者註）をとるが、この習慣は狩猟者である男子が事情の分かった土地に住み続けるので、狩猟の効率が有利と考えられる。この場合父・息子・兄弟が同じ集団で協力を続けてゆくことができる。一方、他の集団と親族関係をつくるので移動する集団間の平和を保つことに役立ち、状況の悪いときには援助し合うことも可能である。配偶者を供給し合う範囲は、だいたい500人くらいの規模である」

（井川史子「古代人間像と社会に迫る理論」『科学朝日』朝日新聞社、1982・04）

ダンバーは「近親結婚を避けるためにメガバンド（500人）やトライブ（1500人）にも配偶者が求められた」といいますから、ほぼ同様に捉えられます。また井川は、500人集団では配偶者を求めるだけでなく、狩りを一緒にすることもあったといいます。

出アフリカ

ホモ・サピエンスが世界中へ拡散するにはまず出アフリカを果たさねばなりません。その基本条件は、アフリカ大陸内、特にその東北部に社会集団の数が一定以上に増大することです。さらに増大することによって、社会集団単位でアフリカ大陸を出ます。それ以降も、分裂し続ける集団があれば、逆に消滅してしまうものもあり、また少数集団同士が集合して再び膨張することもあります。俯瞰すれば、ホモ・サピエンスの歴史は分裂と拡散の繰り返しだったのでしょう。

ホモ・サピエンスは出アフリカの前夜、アフリカ大陸の出口近くには充分大勢いたのでしょう。そこには社会集団がたくさんあり、集団内や集団間に交流（配偶者を得るなど人のやりとり）と交渉（物や情報のやりとり）が行われ、意思疎通をはかる言語や言語要素を交換する作用が常に働いていたと思われます。そして量・質ともに向上したサピエンスのグループは世界を制覇する素地を身に付けたと思われます。

ヒューマニズムの立場から「人類は一つ、人種に精神的能力の差異はない」といわれています。それでもDNA解析の目的は人種間の相違を見つけることです。それを表現する方法を記号とするか、人種とするか、地域によるのか、様々の手段がありますが、とにかく分かりやすいことが大切です。根井正利（ペンシルバニア大学）は、全ゲノムにおける人種に関する因子の割合は11％、アフリカのグループとそれ以外との分岐時期は11万4000年前、ヨーロッパ人とアジア人との分岐時期は5万6000年前といいます。

篠田は「人種という言葉を使うのは適切でない」とし、崎谷満も「人種に関する一切の呼称は科学的定義ができないので不適切」としていますが、斎藤成也は全く気に掛けていないようです（2017）。後述する集団遺伝学の神澤秀明も「出アフリカは人種ごとに行われた」と述べています。篠田が「現状において、アフリカ大陸内に比べてアフリカ以外における人種の差は非常に小さい」といったりしています。やはり説明の言葉として「人種」は分かりやすく、便利です。このノートでは、汎用的な新しい呼称が定まるまで、従来の呼称を使用します。

篠田は、以前には出アフリカは人種ごとに行われたといっていましたが、2015年になって、それには触れず、「6万年前に出アフリカを成し遂げた人々の子孫は、ごくわずかな数の祖先から派生した」、「世界に広がる人類はすべて同じ体格と知能を持った人たちの子孫」と述べるに留めました。斎藤は出アフリカの回数を2回（北方にヨーロッパ系8～7万年前、東方に東南アジア系7～6万年前）だろうといっています。出発が1万年も離れていたのであれば、DNAも言語も分岐していたことは間違いないでしょう。

以前は、ホモ・サピエンスが出アフリカを果たした場所はシナイ半島（北緯32度前後）として、何の疑問もありませんでした。シナイ半島ルートには10万年前の遺跡が二つあります。そのグループは一旦絶滅しただろうとか、ネアンデルタール人に撃退されて出戻ったなどと議論される内に、新しく紅海の対岸に旧い貝塚が発見され、紅海横断ルートがクローズアップされました。

現在のバブ・エル・マンデブ海峡は、スエズ運河を行く大型船舶が通らなければならないルートで、モーゼが渡った時には海底が干上がりました。図1‐4（67頁）によると7〜6万年前の海退期には海面が75mくらい低かったので、単純に計算すれば、ホルムズ海峡辺りは陸化していましたが、バブ・エル・マンデブ海峡は海であったことになります。

シナイ半島ルートはヨーロッパやシベリアへの近道であり、紅海凹地横断ルートは東南アジアへの近道です。ミトコンドリアDNAは大きくNとMの2系統に分かれています。もし、シナイ半島ルートをN系統とし、紅海ルートをM系統とすることができれば、大変分かりやすいこととなりますが、そのような意見は出ていません。それは各グループが東行・西行・南行・北行と、行ったり戻ったりで遺伝子は混濁します。

サピエンスが全世界席捲に向かって発進した頃の生活環境は、現在では想像のつかないほど危険であったと思われます。圧倒的な大型を誇るマンモスを絶滅させ、ネアンデルタール人他、数十種いた人類をことごとく絶滅させたのもサピエンスであったと考えられています。それを可能としたのは、サピエンスが持っていた組織力が強かったとの説が有力で、『サピエンス全史』のユヴァル・ノア・ハラリはその背景に言語の発達があったに違いないといっています。言語誕生については、分子時計から4万年前が算出されましたが、これは多分別の意味でしょう。

また、16万年前の人口は1万人と想定されることもあります。これを論拠にしてよいとすれば、世界人口増加率の大まかな推計が可能となります。１９５０年の人口は25億人（２０２０年は75億人）ですので、16万年間における平均年間増加率は１・０００００８（０・０００８％）となります。また、最終氷期最寒冷期（1万8０００年前？）頃の人口１０００万人説（S・R・フィッシャー）もあり、この場合は１・０００５（０・

005％）です。二つの増加率の差は旧い時代ほど増加率が低いことに合理性があることを示しています。以上に依拠して4万年前の日本列島到着時における増加率を1・00005（0・005％）とします。のちほどこれを元に人口推計を行います。

（2）南北2系統説

原モンゴロイドの南北2系統説

さて、出アフリカを果たした人類は西アジアに進出しました。それは単なる移動ではなく、拡散です。拡散とは人口が増加してテリトリーが膨張することをいいます。グループ間の接触や交流が一定時間以上途絶えると、DNAも言語も大なり小なり乖離します。それが地域ごとの特色となっていきます。いわば、地域人と地域語です。西アジアはシナイ半島とは違って開放的です。増加する人口を養うために食糧獲得を目指し、この辺りを新たな起点として社会集団ごとに新天地に向かいます。ヒトが拡散するとともにDNAと言語は分岐・変容を繰り返します。言語は別の集団と接触して語彙や言語要素を借用しあうこともあり、また巨大な集団に遭遇すればその巨大言語に統合されたりします。遺伝子と言語とは一致することも多いですが、それぞれ勝手に変容してしまうこともあります。

このノートでは前著に引き続き、アフリカ単一起源説に続く2番目の基本理論として原モンゴロイドの南北2系統説を採用します。この説を最初に唱えたのは根井正利と尾本恵市（東京大学〈のちに国際日本文化研究センター〉、分子遺伝学）です。これが最初にして最も明快な説です。このノートでは、今しばらくモンゴロイドの呼称を使用します。なぜならば、南北2系統説を唱えた二人がモンゴロイドを使用したからです。

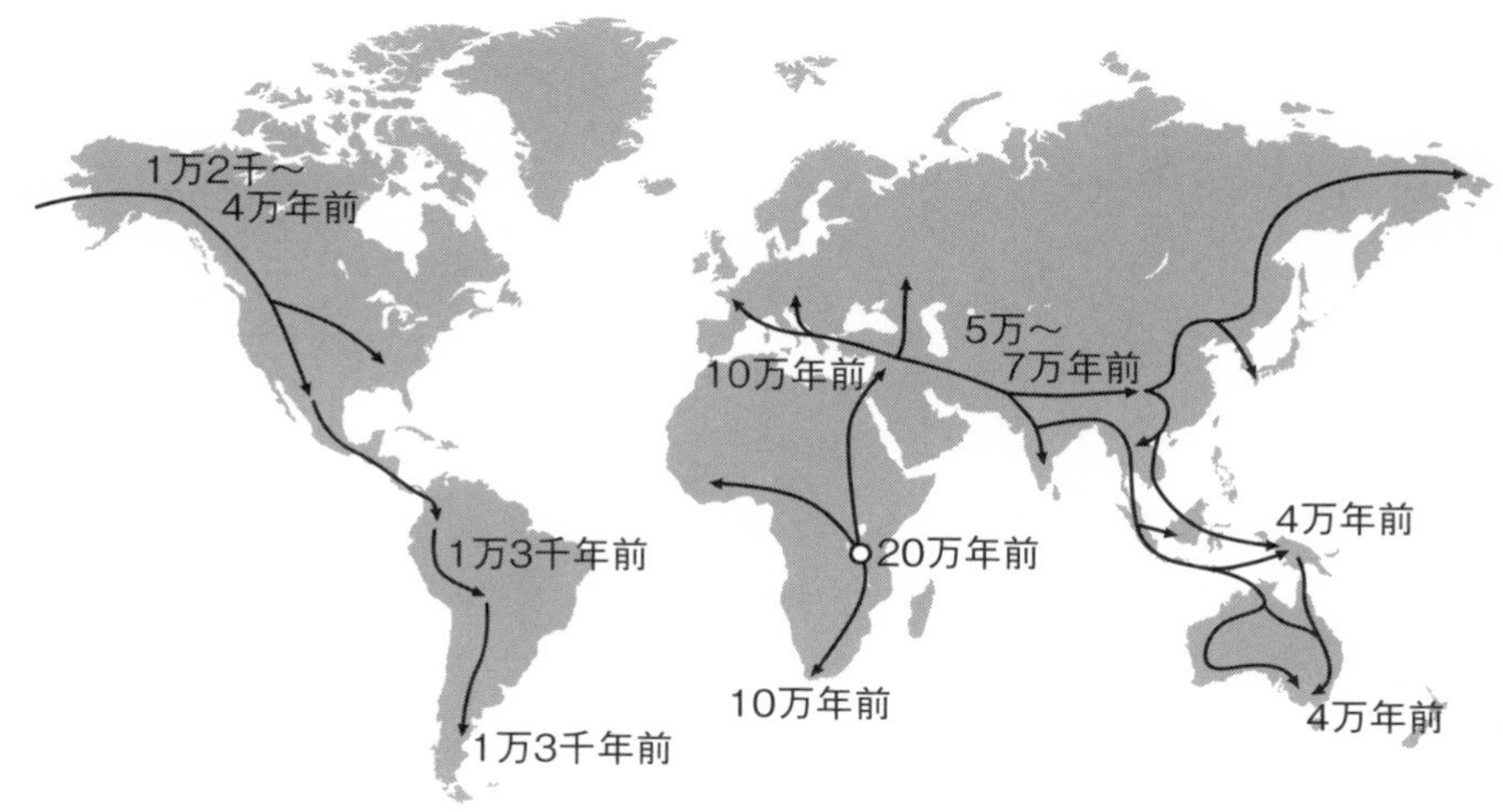

図1-1　根井正利による、化石、考古学データ、遺伝学的データに基づき推論された現代人の分布経路　尾本「分子遺伝学から見た日本人の起源」『古代史の論点⑥日本人の起源と地域性』1999 より

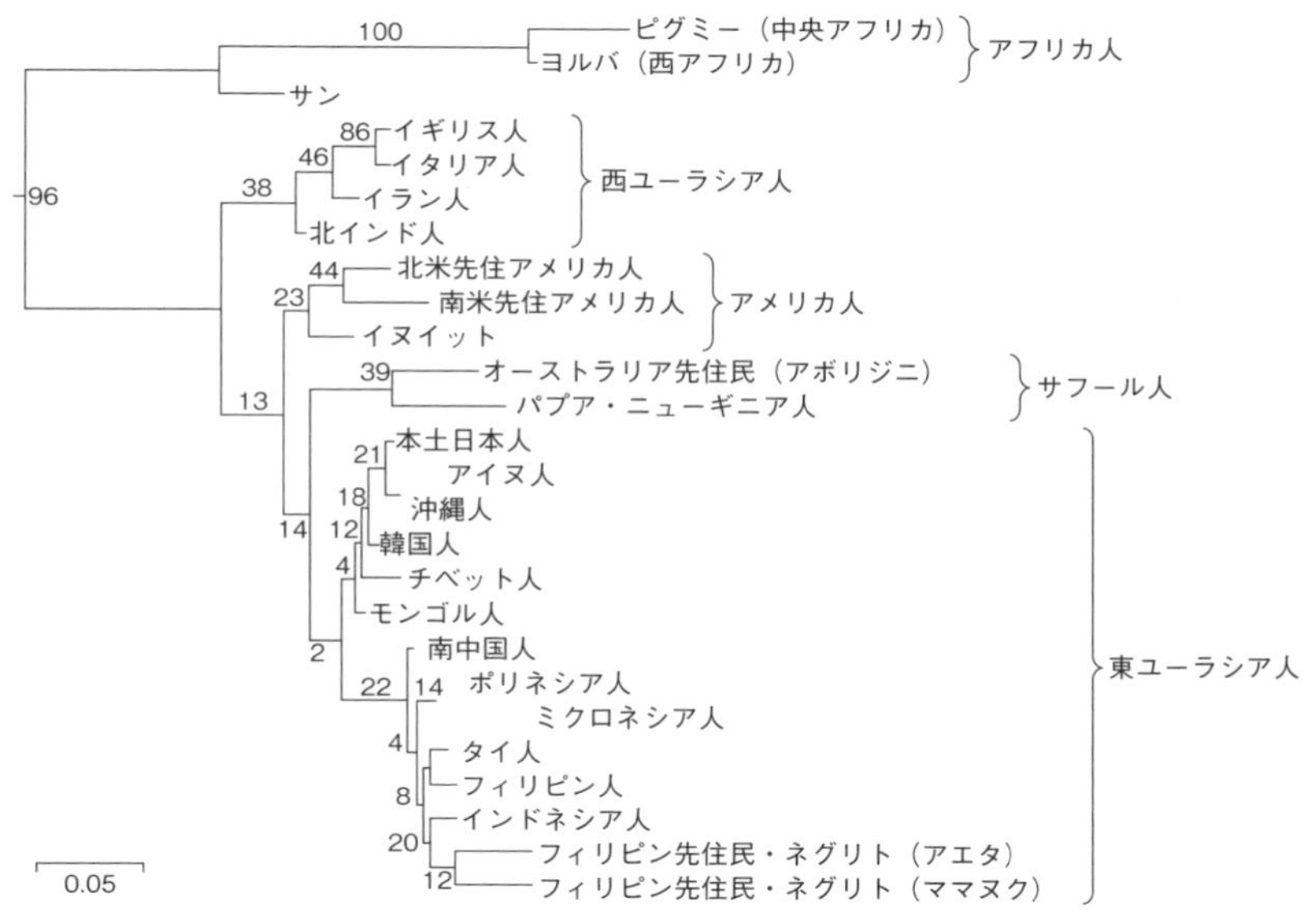

図1-2　血液型や赤血球酵素などの20遺伝子座の遺伝子頻度から26間の遺伝子的近縁図　尾本恵市・斎藤成也『日本人はるかな旅』、尾本恵一「分子遺伝学から見た日本人の起源」『古代史の論点⑥』1999より

タンパク質多型遺伝子座

根井は「分子系統学」を標榜し、18種類のタンパク質多型遺伝子座によって系統分析を行いました。特筆すべきは根井が1972年に遺伝距離理論を発表したことです。根井は図1‐1を作成して、ホモ・サピエンスの分布経路を次のように説明しました。以下、尾本恵市著『分子人類学と日本人の起源』（裳華房、1996）より趣旨を要約します。

原モンゴロイドは出アフリカを果たした後、東アジアには北方原モンゴロイドと南方原モンゴロイドの2系統に分かれて到達した。日本に来た旧石器人と弥生の渡来人はともに北方モンゴロイドである。

また、尾本は「血液型や赤血球酵素などの20遺伝子座の遺伝子頻度」から近縁関係を求めました。尾本は、根井が発表する以前から「南北原モンゴロイド」の分岐に気づいており、東北アジア系（北方）モンゴロイドと東南アジア系（南方）モンゴロイドの2系統の間に明瞭な差を認めました。そして斎藤成也の協力を得て近縁図（図1‐2）を作成しました。これによると、東ユーラシア人は二つのグループに分かれます。根井と尾本の研究は完全に独立しています。尾本はそれをよく説明したかったのだと思われます。

ミトコンドリアとY遺伝子

以上の二人の後、母性遺伝するミトコンドリアDNAと父性遺伝するY遺伝子が長らくDNA解析の主役を務め、それぞれに2ルート説を唱えました。

①篠田らがミトコンドリア染色体解析から「アジアへの二つの道すじ」を唱えた。

②崎谷満らがY遺伝子解析から「二つのルート」を説いた。日本列島への到達は3万6000年前とした。

崎谷は本来Y遺伝子の専門家ですが、ミトコンドリアDNA・成人T細胞白血病ウイルス・考古学・言語学を統合する論及を実践しました。

核ゲノム解析を行った斎藤成也は、1遺伝子しか解析しないミトコンドリアDNAとY遺伝子からの情報量は限定される点を留意する必要があるといっていますが、斎藤自身もこれらについてかなり言及しており、このノートでも独立した見解として随所で論拠としています。渡来ルートについてはY遺伝子解析が最も詳細に追究しましたが、ミトコンドリアもかなり詳しく説明しました。核ゲノム解析もこれから明らかにしていくものと思われます。

核ゲノム

斎藤成也・神澤秀明〈国立科学博物館〉は核ゲノム解析に取り組みました。核ゲノム解析は究極の遺伝子解析法といわれます。2000年に全ゲノム解読を成し遂げ、2012年に神澤が縄文人の遺伝子解析に成功しました。斎藤成也は「別々の出アフリカ」(図1-3参照)を唱えました(2015)。斎藤・神澤の説が最も新しく、最も尾本に近いのが特

図1-3　新人が地理的に拡散していった想定経路　斎藤成也『核DNA解析でたどる日本人の源流』2017より

徴です。ここに尾本恵市→斎藤成也→神澤秀明の流れが一つ見えてきます。

根井・尾本の解析した遺伝子座の数が20前後であったところ、斎藤・神澤らは少なくとも数千遺伝子の解析に発展させました。また、この方法の大きな強みは分岐年代を特定できるということです。そして日本列島に初めて入ったヒトはアメリンド、東ユーラシア人、サフール人の祖先集団が分岐していった元の古い系統の可能性があるといっています。その意味とするものは南北ルートに比較するものがないほど古いということなのでしょう。

海部陽介

人類進化学の海部陽介は、後期旧石器時代とされてきた遺跡から資料価値・年代を確認できる遺跡を抽出し、その分布状態から「ヒマラヤ南ルート、ヒマラヤ北ルート」を唱えました。両ルートともにアジアにはほぼ4万5000年前に到達としています。一般的に日本列島までに要した時間表記は5000年単位ですが、海部陽介はやや詳しく3万8000年前到達を主張しています。

前著の時代には、「二重構造モデル」を唱えた埴原和郎（東京大学・国際日本文化研究センター、形質人類学）の東南アジア単一ルート説が支配的で、かなり長期間かつ広範囲に忖度され、躊躇や混乱さえ生じていました。現在では上記のような説が台頭して2ルート説が多数意見となりました。

（3）東ユーラシアに到達

アルタイの石刃文化

5万年もの昔に、どうして人類は極寒の地に足を踏み入れたのでしょうか。ホモ・サピエンス拡散の先頭を行く人にとって、現在では想像がつかないほど捕食される危険が高かったでしょう。マンモスをも獲ろうとしたこの時期にはサバイバルが種を保存する最も基本的な要件で、そのためには集団行動が必要だったでしょう。

南ルートの温暖地帯では危険な動物が多く、非力な人間にとって寒冷な北ルートが比較的安全だったのかもしれません。また、北ルートでは寒冷のために動作が鈍くなると思われますが、草木が少なくて見通しが良かったかもしれません。また、高緯度が選択されたもう一つの理由として、狩猟した獲物を保存するのに低温が好都合だったでしょう。

外モンゴルには今でも、すべての動物に必須である岩塩や海水の5倍の濃度をもつ塩水湖があります。スイスの高地には、現在でも塩漬けした生肉を氷河で長期保存する方法があります。この方法も寒冷なシベリアでは古くから自然発生していたかもしれません。人類はあらゆる環境の変化に適応し、知恵を振り絞ってひたすら生き続けてきたようです。

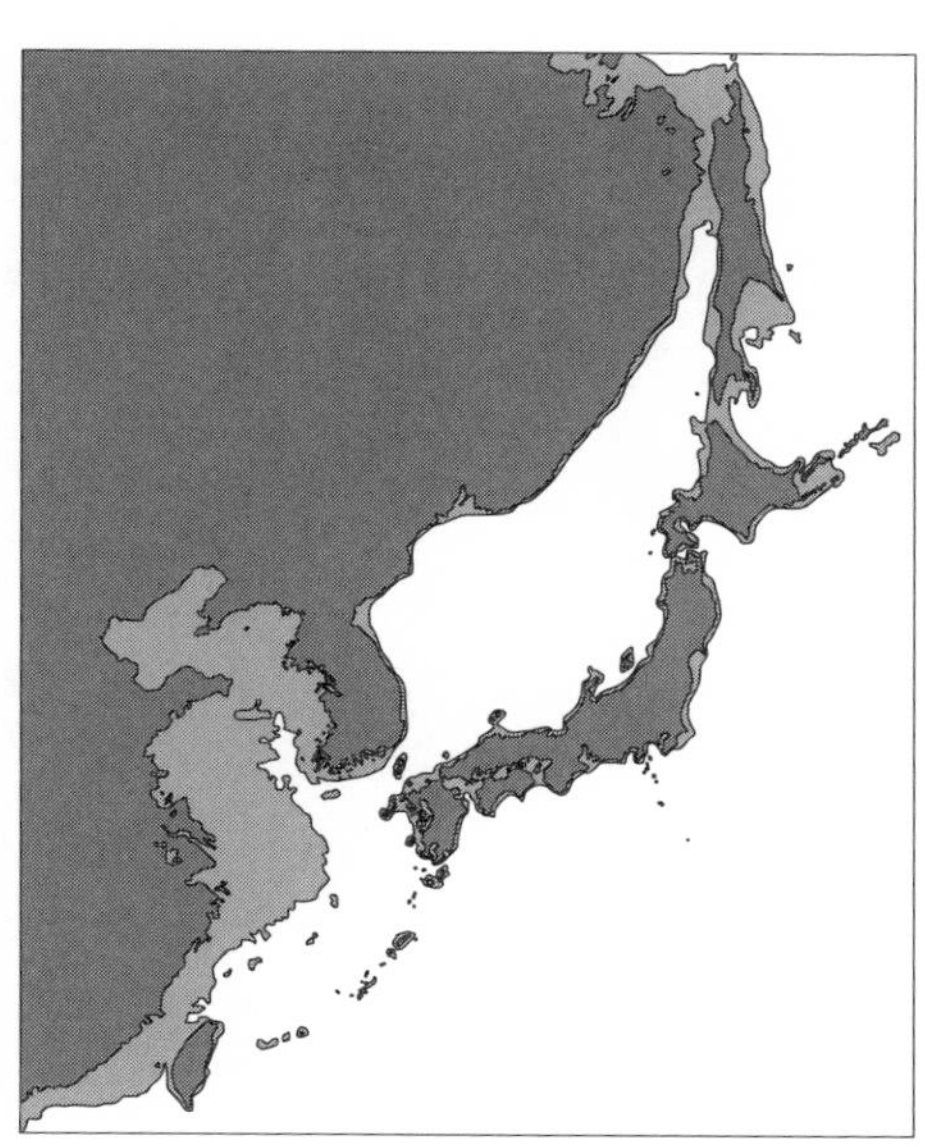

図1-4　現在より−80mの海岸線　海部陽介『日本人はどこから来たのか？』2016より

海部はシベリアへの到達時期と東南アジアへの到達時期はほとんど変わらないとしました。北ルートが南ルートより1万年も早くアフリカを出発したことがたまたまこの結果となりました。北方原モンゴロイドは独自の石刃文化を築き、5万年前から3万年前にわたってアジアの北半部を席捲しました。海部陽介が適格とした北ルートの遺跡は、カーメンカーA遺跡、ポズボンカヤ遺跡、サルヒット遺跡、トロボール遺跡、カラボム遺跡、ウスチイシム遺跡、水洞溝遺跡、田園洞、山頂洞、ヤナRHSです。

田園洞からは人骨が出土し、ミトコンドリアDNAハプログループB（以下、mt－Bと表記します）が検出されました。日本列島では、立川ローム第X層の石器文化がその流れとされ、ほぼ3万5000年前とされています。これら広い地域に石刃文化が強文化として展開し、その言語も強言語として波及していたと思われます。日本列島の後期旧石器時代における最古級の古人骨は沖縄と静岡県浜北遺跡に出土しましたが、DNAは抽出できていません。酸性土壌の多い本州島などでは、後期旧石器時代の人骨は現在のところ出土していないので、ヒトの形質やDNAを直接知ることができません。後期旧石器時代の古人骨が得られる可能性は将来とも少なく、初めて日本列島に渡来したヒトを知ろうとしても、縄文時代前期の人骨からさかのぼって類推する以外なさそうです。

細石刃文化

シベリアでは、3万年ほど前から細石刃が使用されました。これは長さ3～5㎝センチ、幅0・5～1㎝ほどの、片刃のカミソリに似た形状です。骨や角でこしらえた棒の溝に植え込まれて膠（にかわ）で固定され、鋭い槍やナイフなどの組み合わせ道具となって使用されました。この細石刃は従来の尖頭器（槍など）から発達した石刃に較べ、重量が10分の1と飛躍的に軽量になったため、移動・投擲を一層容易にした画期的なものでした。これを用いて人類は最寒冷期後半の厳しい環境に適応しました。

大型獣を狩猟するには細石刃で集団行動がとられたと考えられています。集団には統率者、勢子らの役割分担があり、身分の上下関係が存在していたといわれます。そして人類は細石刃によって北極海からヒマラヤに至る大陸のほぼ全域、朝鮮半島、日本列島、さらにはアメリカ大陸最南端にまで達する快挙を成し遂げました。

削片系細石刃は本州と北海道とは系譜を同じくすると長らくいわれましたが、非削片系については一部自生が唱えられました。この問題の最終的な結論にはなお時間が掛かりそうです。近年インドで4~3万年前の細石器が発見されました。この細石器は極東の細石刃より古く、アフリカ南・東部と似ていることから、アフリカ起源とする意見があります。これは文化の由来を追究する好材料と思われます。

シベリア中南部にある2万4000年前のマリタ遺跡から出土した子供の人骨からヨーロッパ系のDNA（mt-U）が検出されました。さらにシベリア西部にある3万6000年前のコステンキ遺跡もヨーロッパ系とされました（篠田謙一、2015）。そして、シベリアに広く展開した細石刃はヨーロッパ系の文化だといわれました。それまで東アジアの細石刃文化人にコーカソイドの因子があったと言われたことはありませんでしたが、斎藤も東アジア人には西ユーラシア人の因子が混じっていると言います。

日本列島人にはコーカソイドの因子はないので、細石刃の技術だけもらったのか、それとも細石刃は自生だったのか、ということになります。旧石器時代の東北アジアはヒトと文化の一致がほぼ常識とされてきました。それが破られる可能性が生じ、一時再検討を余儀なくされました。

なお、細石刃の終焉は本州では1万5000年前、九州では1万1000年前（堤隆〈浅間縄文ミュージアム、考古学〉、2011）、朝鮮半島では8000年前（小畑弘己〈熊本大学、先史学〉、2010）といわれます。朝鮮半島は5000年以上前までの遺跡が少なく、過疎であったといえます。

北方ユーラシアの渡航具

始原期の北方には渡航具がなかったとよくいわれますが、出アフリカ時ですら渡航具が使われたといわれるほどですから、ここになかったという理由はありません。ヒトは水のないところには暮らせません。上古のシベリアの人も水の採れる場所に住んだはずです。シベリアには大小の川もあり、大きな湖もあり、日本海もあります。漁撈も盛んだったといわれます。南方にはあったという渡航具を北方の人たちがつくらなかったというのは如何にも不自然です。

北ルートから日本列島に入るには、ひたすら歩いてきたに違いないといわれてきましたが、沿海州辺りから日本列島に来るには陸上を歩くよりも沿岸伝いに渡航具を利用した方がずっと楽です。

子孫を残すグループは常に一定以上の人口（社会集団）を維持しなくてはならず、少数に分裂する行動は不適当です。このルートには水平線の遥か向こうの、視認できない島に向かって荒海を１００km以上も漕ぎ渡るという大冒険は必要ありません。

渡航具の材料は、南方のように竹や葦ではなく、北方には大型海獣などの皮革がありました。皮革は防寒衣類・テントなどに本来的に利用され、北方に暮らす生命に直結した資材でした。漁撈のためにも皮革で舟をつくる方法はごく自然に発生したに違いありません。軽量で浸水に強く、漏水の少ない舟はテントとほぼ同じ技術で作成できたはずです。

南方モンゴロイド

南方モンゴロイドは、東南ユーラシアに到達した後、海進（カナダなどの氷床が大規模に溶けて生ずる海面上昇）と、海退（海進と反対の海面下降）を経験しました。当時は海退期で、東南アジアの島嶼はほとんど陸続きとなってスンダランドといわれる亜大陸が形成されました。海退の極限における海水面の高さは現在より１２５m低かったとされます（図１‐５参照）。

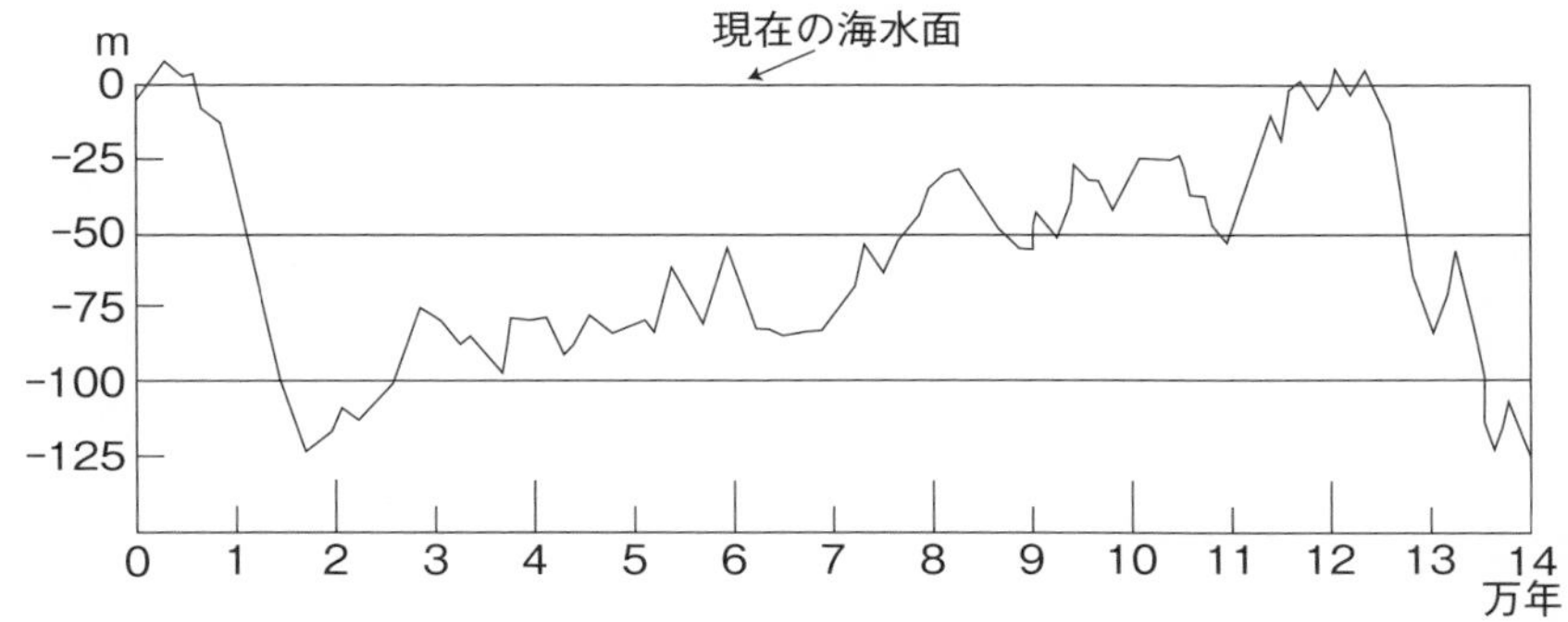

図1-5　14万年前以降の海水準変動　小野昭『シンポジウム　更新世・完新世 移行期の比較考古学』1998より

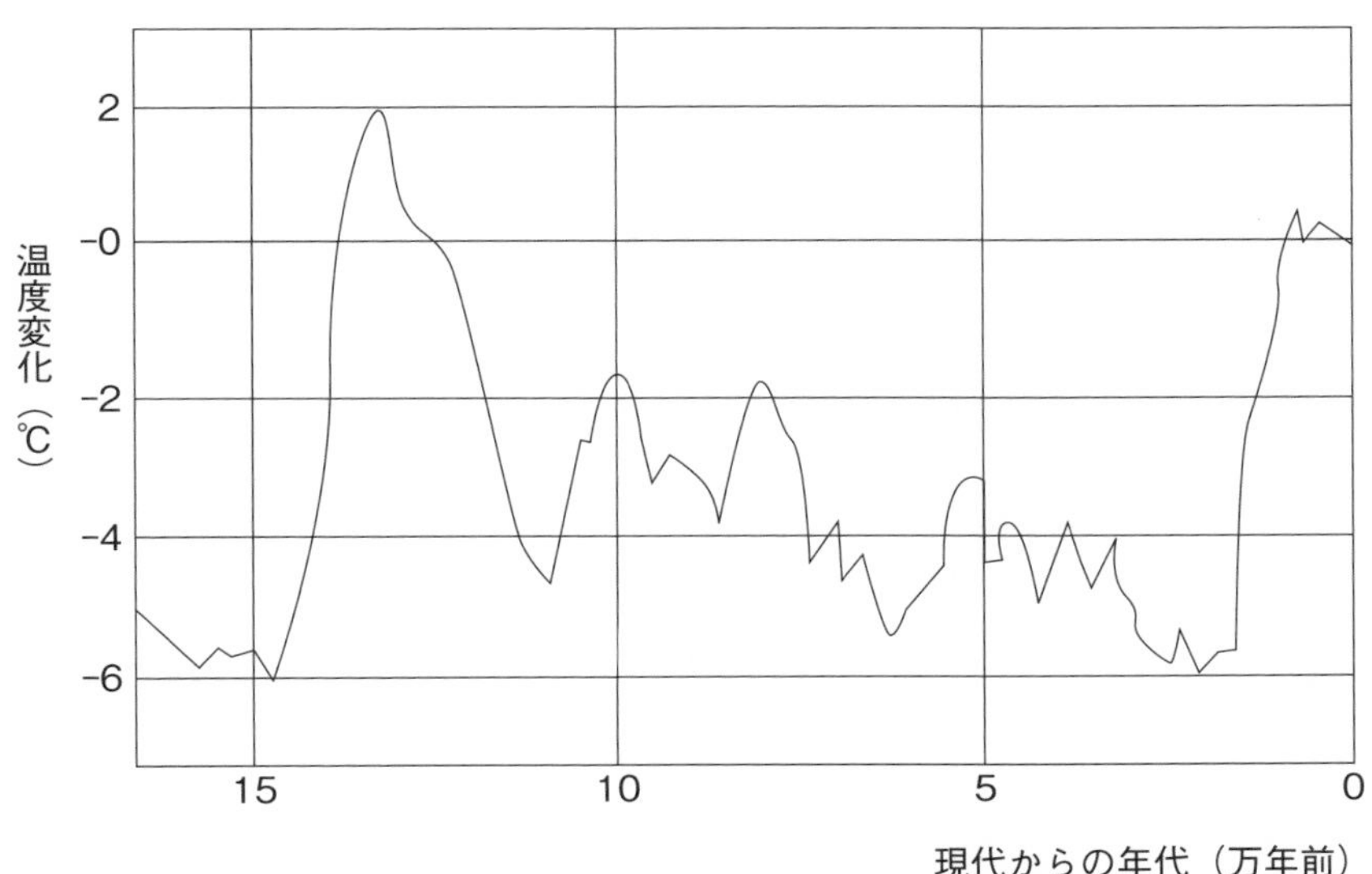

図1-6　南極の気温変化（ボストーク氷床）国立極地研究所より

海退期に陸化していた大陸棚には多くの旧石器時代の遺跡が存在すると予想されますが、海底遺跡が見つかったという報告はありません。しかし、東南アジアでは、現在でも沿岸の浅瀬に大勢の人たちが高床の家を建てて住んでいます。これなどは生きている遺跡といえるかもしれません。昔から住んでいた場所が海になっても、同じ場所に格別の馴染みをもって住み続けています。

南方モンゴロイドと北方モンゴロイドの邂逅は「南北モンゴロイド2系統説」自体が説明しています。両者は出アフリカ以来何万年も別々に行動し、再会したのは7000年ほど前です。したがって、この時期の東アジアはまだ北方モンゴロイドの領域なので、文化も北方系です。

非削片系細石刃は「華南系」といわれたことがありました。前著でこの呼称には根拠がないとしましたが、さすがに最近は聞かれなくなりました。かつて西樵山あたりに柳江人（人骨化石）とよばれる先住民がいました。以前には、これが南方モンゴロイドに似ているといわれましたが、この時代の西樵山方面の遺跡には北方系細石刃があるので、文化的にも北方系と見做されます。

2. ホモ・サピエンスの到来

(1) 日本列島の状況

最初の到達

アフリカから日本列島到達に要した時間がわずか3万年程度というのは非常な速さを感じさせます。この速さはレンフルーの新石器時代における農耕伝播速度（1年あたり720ｍ）の2分の1倍速（360ｍ）にあたります。狩猟採集の場合には農耕とは桁違いに広い縄張り（テリトリー）が必要です。その上人口が増加して縄張り争いを避けようとすれば、伝播速度が速くなります。

農耕社会における年当たりの人口増加率は、麦の場合1・005（0・5％）、米の場合1・003（0・3％）といわれました。明治時代以降ではほぼ1％の増加実績があります。これらは文明の発達によって近現代になって実現したものです。文明の発達は人口を増加させましたが、一人当たりの土地専有面積を減少させました。採集狩猟社会では桁違いでした。

長期気温変化と海水準

図1‐5は海水面の高さの変動を示します。14万年前と1万8000年前の海水面はともにマイナス125mくらい、12万年前が現在とほぼ同じとなっています。図1‐6は南極の氷床をボーリングして得られた資料から超長期の気温変化を推定したものです。

15万年前と2万年前が現在よりマイナス6℃、13万年前がプラス2℃です。両図の時間軸が反対になっていますので、どちらかを左右反対にすると、図形が大まかに一致するようになります。4～3万年前の状況は気温が現在より4℃ほど低く、海水面が80mほど低かったと読み取れます。ただし、列島の南側においては隆起が万年単位で2～30mもあり、特に太平洋プレートの影響が大きいようです。地域によって差も大きく、一律ではないので、ここではあえて無視します。

海退期の渡来

人類は発祥の地・アフリカ大陸を発し、絶えずユーラシア大陸を東へ東へと前進し続け、その最先端を歩んだグループがほぼ4万年前に日本列島に辿り着きました。後期石器時代の北海道、東北地方は樹木がまばらな、一面に広がる大草原のマンモス・ステップであったといわれます。形ばかりそうであっても、日本列島へ大型草食動物が到来することは決して多くなく、それでも人々はこれら大型獣を狩猟することを主な生業としながら日本にやって来ました。

その頃の生態系や人々の生活様式は基本的にユーラシア大陸東部と一連のものであり、日本列島の独自性はいまだはっきりしていなかったことが遺跡から推測されています。最終氷期の中でも2万年前頃が最も寒く、日本列島全体が寒冷・乾燥した大陸的気候であっ

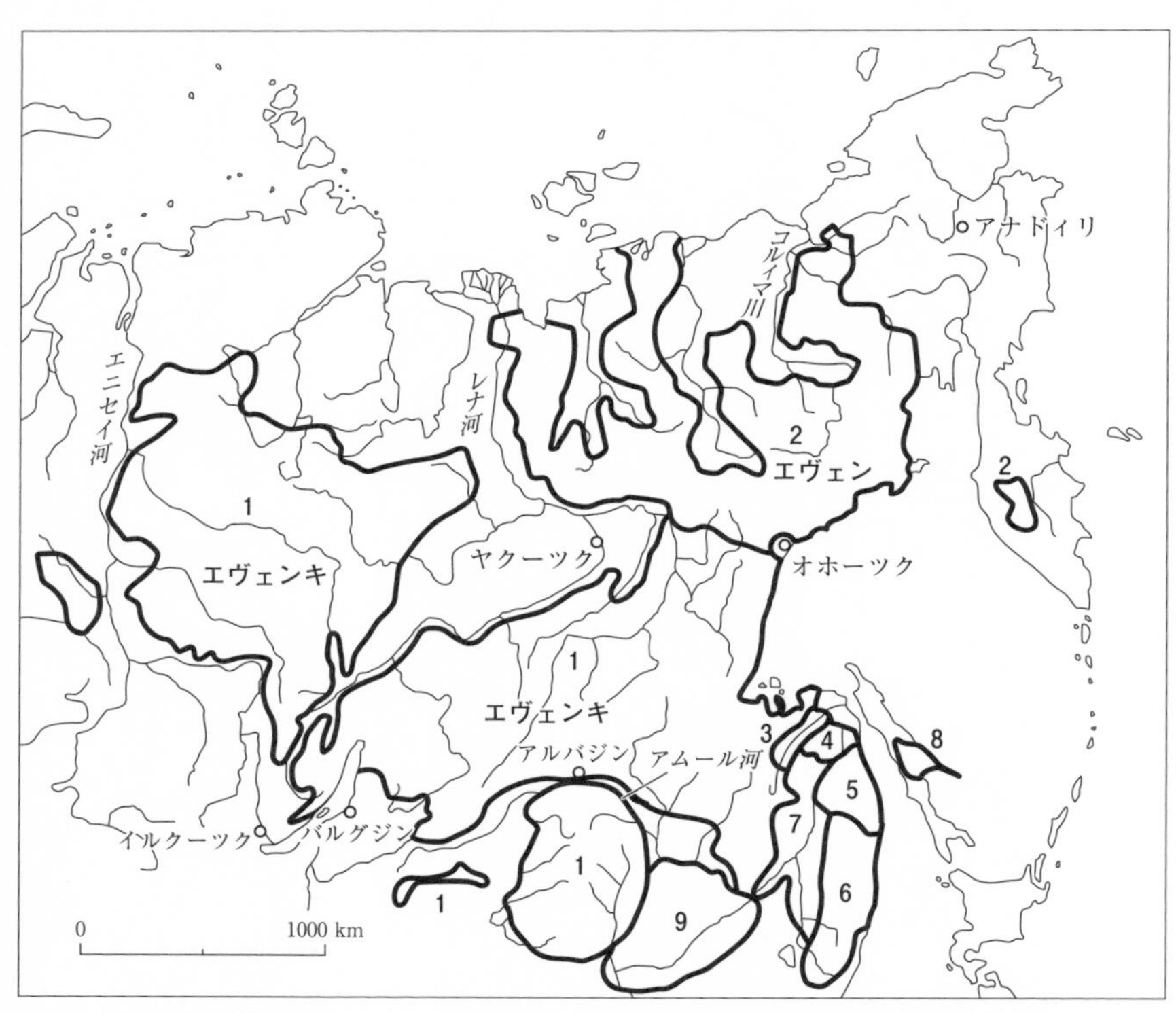

1.エヴェンキ民族　2.エヴェン民族　3.ネギダール民族　4.ウリチ民族
5.オロチ民族　6.ウデヘ民族　7.ナナイ民族　8.ウイルタ民族　9.満州民族

図1-7　ツングース諸民族の民族地域　菊地俊彦『北東アジア古代文化の研究』1995より

たといわれます。
次に、各渡来口の状況を調べてみます。主な渡来口は四つです。

a．北ロルート＝樺太経由

バイカル湖周辺は遺跡が多く、集団の一大拠点の様相を示しています。4万5000年を超える遺跡が数ヶ所あります。それらは大陸と樺太島の接合点とほぼ同緯度ですから、寒冷化が進行すれば、北海道半島方面に南行したグループもあって当然です。バイカル湖から東方へ拡散したグループは河川をさかのぼるサケ・マス類などを捕る集団ではなかったかといわれます。寒冷化の進行によってサケ・マスも南下します。

図1-8　海峡の深度（現在）

間宮海峡	40m
宗谷海峡	60m
津軽海峡	140m
対馬海峡	120m
朝鮮海峡	140m
屋久島～奄美大島間	1000m

細石刃文化の時代になると、シベリアの細石刃の源流地では骨角製の釣り針やヤスが発見され、魚骨の発見量が増大するなど、漁撈活動が盛んであったと推測されています。日本の遺跡からも釣り針が確認されています。

日本列島の遺跡からもサケ・マスの魚骨が多く出土し、それも北方ほど多いようです。

ホモ・サピエンスが日本列島に到達したのは海退期でした。樺太、北海道は大陸に接続して北海道半島を形成していましたが、津軽海峡と対馬海峡とは接続していなかったという説が有力です。ただし、寒期の冬に津軽海峡は凍結し、渡航具のなかった人もそこに生じた氷橋を歩いて渡ったといわれました。縄文時代が始まる少し前から海水面が上昇し始め、樺太と北海道はそれぞれに切り離され、氷橋も姿を消しました。渡来とか移動の一般的な動機は人口圧が上昇する自然拡散です。しかし、日本列島に来たのは、寒さから逃れようとして太陽に向かって進んだのか、ヒトは常に東へ東へと東方の無人地帯を切り拓きました。

「特に北海道と東北日本ではＮ９ｂが高頻度でみられる。（中略）アムール川下流域の先住民に比較的高頻度でみられる反面、台湾先住民、東南アジア諸国等の南方には皆無である」〈安達登〈山梨大学〉「ミトコンドリアDNAからみた日本列島のヒトの移動」所収『細石刃石器群の起源』八ヶ岳旧石器研究グループ、2013〉

この報告は南北モンゴロイドの乖離を説明し、このノートの拠って立つモンゴロイド南北2系統説を補強します。

N9bはM7aとともに縄文人骨が特徴としてもつミトコンドリアDNAです。N9bの分岐時期は2万2000年前とされています。考古学で細石刃が登場したのは北海道に2万5000年前、東北日本には2万年前といわれます。N9bの発生場所や渡来ルートは明確ではありませんが、篠田はN9bを細石刃文化人に当てています。そして、「ほかにも北方系の因子がいくつかあるが、大陸部・列島部双方に古人骨資料が整っていないので、石刃文化人の形質を特定することはできない」としています。また、崎谷満がN9bとY遺伝子C3を楔形細石刃文化人に当てています。

考古学では現在のところ、北海道には3万年を超える人類の足跡はないとしています。したがって、樺太↓北海道↓本州という渡来の証明がなく、多くの研究者がそれを認めています。遺跡が少ない原因として火山噴火による遺跡埋没が考えられますが、これに対して考古学は資料のあるものだけに基づいて議論し、埋没している蓋然性について議論することは一切ありません。

表1-1は4万年前以降の北海道における大噴火の履歴です。日本は火山国といわれる通り、後期旧石器時代以降に起きた噴火は相当数に上ります。火砕流の下敷きになった遺跡は決して少なくないはずです。特に本州への通り道である道南方面には、3万3000年前の羊蹄山の山体崩壊、2万6000年前以降に続いた支笏湖の後カルデラ火山群の噴火、1万3000年前の駒ヶ岳の大爆発があります。

ついでながら、本州島中央部に至る石刃・細石刃の経路は渡島半島ばかりでなく、本州最北部も含まれます。十和田湖の火山活動は北海道から南下する細石刃（後述）に重大に影響したのではないでしょうか。特に2万5000年前の大不動噴火と1万3000年前の八戸噴火はともにVEI（火山活動指数）6という大爆発でした。八戸噴火の火砕流は青森市付近まで届いたといわれます。この他にも数回の大噴火があり、それらが本州島北部一体の遺跡を埋没させたことは確実です。

九州でも姶良（あいら）や鬼界の大噴火が住民の生命を脅かし、遺跡を埋没させました。姶良カルデラの姶良大噴火は日本列島の人類史上最大の噴火で、3万年前に起きました。鬼界カルデラの大噴火はそれに続く規模といわれ、7300年前に起きました。これらはいずれも霧島火山帯に属します。その北端は阿蘇カルデラで、南に向かって加久藤カルデラ、姶良カルデラ、阿多カルデラ、鬼界カルデラと連なり、それ以南は海中です。姶良大噴火で形成された姶良カルデラは直径20㎞で

表1-1　後期旧石器時代以降にも噴火した北海道のカルデラと火山活動

カルデラ名	主な後カルデラ火山名	噴火年代（年前）
支笏（シコツ）	風不死岳、恵庭岳、樽前山、紋別岳、漁岳	45,000、以降十数回
倶多楽（クッタラ）	日和山	43,000
恵山（エサン）		40,000、8,700
洞爺（トウヤ）	有珠山、中島、	20,000、数回
羊蹄（ヨウテイ）		33,000、4,000
駒ヶ岳		30,000、以降3回
大雪山	旭岳	10,000、以降10回以上
十勝		10,000、以降10回以上
阿寒（アカン）	雄阿寒岳、阿寒富士	10,000、以降3回
屈斜路（クッチャロ）	アトサヌプリ、中島、	40,000、以降数回
羅臼（ラウス）		2,000、他4回
摩周（マシュウ）	カムイヌプリ、カムイッシュ島	7,600、以降2回

す。この降灰はAT火山灰といわれ、層厚は最大30m、遠く関東でも10㎝ほどあります。さらに東北でも確認されることがあり、3万年を証する層準として広い範囲で利用されます。

1万2800年前に再び噴火し、桜島という中央火口丘と薩摩火山灰層を形成しました。これだけでも大変なエネルギーですが、姶良大噴火はその桜島噴火の200倍以上という、途方もない規模であったといわれます。このような九州のAT火山灰に比べて北海道や東北地方の場合は若干小振りとはいえ、問題にされないのは総合する視点を欠いています。遺跡が古いほど噴火・埋没にであう機会も多かったはずです。

あるものだけで議論することは一般的によくあることですが、科学的理論を構築する場合に、それだけで充分とは限りません。3万年以上前の遺跡が見つからないといって、3万年より古い遺跡が存在しないと証明された訳ではありません。このノートでは北口から渡来があった蓋然性を述べています。

b．西口ルート＝朝鮮半島経由

このルートは北方文化が到来する可能性があるもう一つの経路です。朝鮮半島を通るグループには、沿海州などを南下する北方グループと、大陸北部方面から東行する西方グループとが考えられます。日本列島に到来する途中で、時間経過とともに各地域の環境に適応して変容したり、分岐したりして地域変容を生じていました。

朝鮮海峡と津軽海峡の現在の水深はいずれもマイナス約140mです。海退はマイナス125mですから、これを単純に差し引きしてよいとすれば、当時の水深はマイナス15mとなります。この場合、渤海・黄海・東シナ海の広大な面積が陸化して、朝鮮半島は半島らしい出っ張りが全くなくなり、九州西海岸とは指呼の間といってよいほどに近づきます。

対馬海峡は干上がり、朝鮮海峡は狭くなって南北に長く伸びます。干満の差で生ずる渦潮にさえ注意すれば、ここを渡ることは大した危険ではなくなります。ただし、海峡はその後の2万年間に海流によってどれだけか掘り込まれたり、逆に埋め戻されたり、はたまた陥没したり、隆起したりした恐れがあります。

熊本県下益城郡城南町の沈目（しずめ）遺跡では、AT火山灰の下からナイフ形石器などが出土しました（木崎康弘〈熊本県教育庁文化課、史学〉、２０１０）。ここは西口から石刃が入った根拠と主張できる点で非常に大きな存在ですが、前述のように3万年以上前の日本列島人の形質は不明です。3万年前の海水準は図１‐５に近く、現在より80ｍくらい低かったとして、渡海した可能性を探る以外ありません。

シナの田園洞遺跡では4万〜3万５０００年前とされる人骨からＤＮＡが検出されています。斎藤成也は「4万年ほど前にヤポネシアに到達した人々も、あるいは（これと）似かよった系統の人たちだったかもしれない」といっていますが、沈目遺跡のヒトがそこに至るルートは分かっていません。

ミトコンドリアＤＮＡ解析によれば、旧石器時代の因子とされるｍｔ‐Ｍ７ａが日本列島の中央部より西に離れるほど頻度が高くなりますが、朝鮮半島に存在しないので、半島との連続性が証明できません。他に、日本列島最大の因子であるｍｔ‐Ｄ４も朝鮮半島には非常に少ないといわれます。

以上のように、日本列島と朝鮮半島とは距離が近くても、遺伝子の関係は近くありません。上古の朝鮮半島は遺跡が少なく、居住の継続が不明瞭で、度々住民が入れ替わったという不連続説が有力です。沈目遺跡のヒトがどこから来たのか、明確にできないのが現状です。

ｃ．西南ルート＝東シナ海横断

このルートは揚子江下流域などから九州などに渡海するもので、通期で最も重要なルートです。海退期においては、前述のように、三海平原が陸化しており、究極の舟出地点は西口とほぼ同じとなります。

ｍｔ‐Ｍ７ａが朝鮮半島で過去に一度も存在しなかったのであれば、西口の可能性はなくなり、西南ルートを探ることになります。しかし、西南ルートには石刃をはじめ決定的な考古資料が出土していません。三海平原方面ならば、多くの遺跡が海没している蓋然性がありますが、現状何も見つかっていないので、一切言及がありません。当分の間、このルートに可能性は見つからないかもしれません。結局現在のところ、日本列島へ最も古く住み着いたヒトはどこから来たのか不明です。

d．黒潮ルート＝西南諸島経由

古くより西南諸島伝いのルートがあったと考えられ、大陸沿岸ルートと区別して、黒潮ルートと呼ばれます。旧石器時代においては、日本列島に南方モンゴロイドが到達する唯一のルートとなります。なぜなら、前述のように、大陸の大部分は北方モンゴロイドが占拠していたので、スンダランドが、南方モンゴロイドとして南西諸島を北上できる唯一のルートです。

沖縄には2万年前の港川人といわれる人骨化石があります。これについて、海部陽介はアボリジニ（現在でもオーストラリアに棲み、南方モンゴロイドの形質を保存していると推定される）との類似が認められるといいます。また、新しく那覇市の山下町第一洞穴から3万7000年前の人骨が発見されました。これは日本列島最古の人骨ですが、残念なことにＤＮＡがとれません。さらに、白保竿根田原遺跡が発掘されました。出土した人骨2体からｍｔ－Ｂ4とｍｔ－Ｒが抽出されました。

黒潮の流路と強弱は海進・海退とともに変化します。2万年以上前の流路に関する情報はありません。当時黒潮はなかったのか、あってもエネルギーが弱く、問題にならなかったのでしょう。そのような状況であれば、スンダランド方面から西南諸島に漂着する機会があったと思われます。尾本恵市説によって、そのヒトたちは南方モンゴロイドですから、古い時期に限って南方モンゴロイドが西南諸島に渡来したと思われます。しかしながら、最寒冷期から時代が新しくなるに従って黒潮流が強くなり、西南諸島から日本列島への渡海条件は厳しくなる一方であったと思われます。

沖縄は最寒冷期には海退によってたくさんの島嶼が集合していくつかのやや大きな島に纏まっていました。この状態では社会集団単位の人口の居住が許容されましたが、温暖化・海進によって島が矮小化した後には沖縄本島の面積はちょうど社会集団1単位分となりました。したがって、陸生食糧が不足がちとなった分は海生食糧を利用したものの、結婚相手を充分に得られるような規模ではありませんでした。すなわち、折角沖縄に漂着したとしても、種（しゅ）を残すことは保証されなかったのです。

海部陽介の強い希望によって、台湾から与那国島に至る110kmの渡海実験が繰り返されました。そこには黒潮本流が流れており、これをほぼ直角に押し渡ろうとしました。そして3回目にやっと成功しました。しかし仮に渡海に1回成功したとしても、沖縄列島にも例外なく社会集団規定が適用されるので、1艘分の人数で住民を維持することは不可能です。海部自身が沖縄島における住民の継続に疑問をもったこともあり、この実験の意図するところがよく理解できません。

奄美大島と九州との間であれば、黒潮から対馬暖流が分かれた後ですから、流量が4分の3となり、その分流速が弱まります。高宮

表1-2　後期旧石器時代の文化期区分

文化期	年代（年前）	分布地域
先ナイフ石器文化	40,000 ～ 35,000	本州以南
ナイフ形石器文化Ⅰ	35,000 ～ 30,000	本州以南
ナイフ形石器文化Ⅱ	30,000 ～ 20,000	関東地方北半部以北と関東地方以南（西）の二つの文化圏
細石刃（器）文化	20,000 ～ 15,000	中部地方東部以北と関東地方以南（西）の二つの文化圏

廣衞（沖縄大学、考古学）が縄文後半期以降にそこを往来したと認めています（第2章参照）。左記の意見もあります。

「黒潮が日本文化形成に果たした役割は、高倉のように少数の要素をのぞくと、不明な点が多い。南の世界から椰子の実は漂着しても、人間が漂着した例は多くない。大陸東南海岸から九州西部に漂着する難破船が多いことは、このルートの重要性を示している」（大林太良『海の道海の民』小学館、１９９６）

（2）独自性の発生

後期旧石器時代の特色

後期旧石器時代の文化期は4期に分けられます。日本における後期旧石器時代の遺跡数は、３万年より前は約５００ヶ所に留まりますが、それ以降は劇的に増加したといわれます。その理由の一つにＡＴ火山灰による遺跡埋没があります。２万年前以降にはさらに激増して全国津々浦々に分布するに至ったといわれます。現在、旧石器時代の遺跡は全部で1万ヶ所を超えました。こうした遺跡分布は恐らく世界最高の密度でしょう。その傾向は縄文時代にも受け継がれます。特徴的な事項を列記します。

①日本列島にはこの時代から現在に至るまで住民が続いている。
②すなわち、歴史と文化が続いている。
③ナイフ形石器文化Ⅱは後述するように特筆すべき存在である。

３万年前以降に人口増が明確になったのは社会集団の形成が本格化したと推測されます。当然ながらナイフ形石器文化域に言語域が拡がり、言語干渉（23頁）が増加するとともに、文化・言語の発達が促されたと思われます。

環状ブロック

環状ブロックは一団の住居址が環状に構成されたもので、日本列島へ渡来した初期段階に出現しました。環状ブロックは日本列島の特色として存在した、社会集団の典型でもあります。始原期においてグループから個人的に離れることは捕食される危険がありました。環状ブロックは離散や捕食を未然に防ぐために組織的防衛策として成立し、災害対策や食糧獲得における協力や結婚相手を得るなどのために集合して結束を維持したものと思われます。

安蒜政雄は環状ブロックの構成人員をほぼ150人とし、次の段階には散開したとしています。また別の視点から、「人口増加は環状ブロック群成立の主要な契機ではなく、その結果である」〈島田和高〈明治大学博物館〉2011〉という意見もあります。次の段階になって散開したのは、人口が増加して動物とのバランスが変化して捕食の危険性が薄らぎ、行動の自由度が増したのだと思われます。人々はグループから離れて採集物や狩猟物の方に近づき、移動頻度が増し、遊動範囲・テリトリーが拡大したと考えられます。

ナイフ形石器文化の特色

旧石器時代の日本の文化期区分には、シベリアに発達した「石刃」の言葉はなく、「ナイフ形石器文化」と呼ばれています。ナイフ形石器文化Ⅰ段階の際立った特徴として、石刃技法を利用した磨製の斧形石器〈磨製石斧〉が卓越します。石刃技法は日本中に広く分布します。その技法は6分類され、さらに大きく東西二つに分類されます。この東と西という二大枠組みがその後の各時代に受け継がれます。このように3万年前より日本列島独自の地域発達が認められたことを画期的に捉え、「日本列島人の誕生」とまでいわれています。

この時代を呼ぶのに、後期旧石器時代などという普通名詞ではなく、日本固有の文化を積極的に主張する意味において、弥生時代・縄文時代と同様に、日本列島における後期旧石器時代を「岩宿時代」と呼ぶ専門家も少なくありません。このノートでも今後はそのようにします。これによって日本固有の時代名称が全部繋がることになります。文化がそのようであれば、言語にも日本列島の地域特色が発生し、大陸の言語から分岐した祖形が芽生えたと思われます。

そして、岩宿時代のヒトと文化の特質が現在に直結していることも分かってきました。このように古い歴史が列島全体に分布する事実は、世界広しといえども日本列島しかありません。これはまず日本人自身が理解し、評価すべきです。

この時代の目覚ましい、突出した史実として、黒曜石交易があります。関東地方では2万1000年前に、伊豆諸島の（神津）恩馳(おんばせ)島産の黒曜石が持ち込まれています。恩馳島と伊豆半島とは海退期でも30㎞以上隔たっていたと推定されるので、渡海するにはそれなりの渡航具と渡航術と気象術などを必要とします。特にこの場合は太平洋を往復です。

また、長野県和田峠産の黒曜石が200㎞以上離れた関東で使用された報告もあり、早くもこの時代に広域交易のあったことが見出されます。それを必要とした社会があり、石材特性を深く理解する能力があり、得るための労力を評価する習慣があり、長旅の安全が保証される環境が整っていたと思われます。

図1-9　ナイフ形石器
佐々木高明『日本史誕生』1991より

細石刃の発生

最終氷期が終わりに近づいた頃、シベリアでは人類の行動が活発になり、人口が増加しました。当時の世界人口をＳ・Ｒ・フィッシャーはおよそ１０００万人としました。その頃人口増加の一翼を担ったのが細石刃です。細石刃は大陸東北部に広く波及し、日本列島では盛行しました。

「較正年代をまとめると、北海道では本州に先駆けて２５０００年前までには細石刃石器群が登場し、本州においては2万年前、九州においては本州と同様かやや先行する頃に細石刃石器群が登場した。その終末は、北海道では１４０００年前、本州では１５０００年前、九州では縄文草創期にずれ込む１３０００年前と現状ではとらえられる」

「列島内の細石刃遺跡の分布は（中略）北海道２３３遺跡（国内遺跡総数の13％）、四国を含む本州８３３遺跡（国内遺跡総数の46％）、九州７２６遺跡（国内遺跡総数の41％）となる」

「終末期である細石刃期には20倍以上の遺跡数に及んでおり、その始原から終末にいたる人口動態がうかがい知れよう」（以上、堤隆『最終氷期における細石刃狩猟民とその適応戦略』雄山閣、２０１１）

日本列島の細石刃は、削片系（楔形・舟底形細石刃核、バイカル湖系ともいわれる）と非削片系（円錐形・稜柱形・角錐形細石刃核など）に分けられます。この2系統には細石刃核の形態、製作技法に明確な相違が認められています。

削片系の分布はおよそ北海道から東北、中部、関東の北半部まで、非削片系はおよそ九州、中国、近畿、中部、関東の南半部で、双方が本州のほぼ真ん中で対峙します。この分布状態はナイフ形石器Ⅱの「日本の東と西」とおよそ一致します。中部高地から関東にかけて、削片系と非削片系が入り混じっており、非削片系が下層から出る遺跡もあります。

北海道の削片系が大陸起源であることは一致した意見とされていましたが、北海道の細石刃が本州に渡ったのであれば、本州に受容されるのに５０００年ほどもかかったことになります。これには長年不自然さが感じられていました。その後「北海道と本州の石器とは、必ずしも馴染みのよいものではなさそうだ」「伝播に大きな時間差があり、関係づけるのは難しい」といわれるようになりました。

北海道や関東で細石刃が繁栄した様相が遺跡分布で明らかにされていますが、発信地とされる道東に比べて本州島への中継地である東北地方における分布の貧弱さが目立っていました。前述のように、十和田湖を生成した超弩級の大噴火が起きています。本州東北部一帯の遺跡はほぼ埋め尽くされたと言っても過言ではないでしょう。しかしながら、これら火山の影響が問題視されることはありません。

蓋培（がいべい）（中国科学院古脊椎動物興古人類研究所）は「海退期の黄海における同類の遺跡存在を否定する謂われはなく、研究の深化にしたがって、更新世後期末に両地域間に文化の交換のみちがあったことが証明できるに違いない」といいました（1993）。未発見の遺跡に対する認識が日本考古学会とは全く違います。

加藤真二（奈良文化財研究所）はシナ史を専門とし、明らかに蓋培の説を引き継ぎ、角錐状細石核石器群の華北起源説（2009、2011）を唱え、三海平原（渤海・黄海・東シナ海が海退によって陸化した地帯）を通じて1万9000年前頃に古本州島（海水面下降により本州・四国・九州などが一体化したもの）に渡ったとしました（2013）。その頃の海水準はマイナス100mが想定されますから、人類の活動領域は三海平原にも大きく拡がっていたでしょう。蓋培のいう両地域間の文化的交流は、三海平原・九州西海岸沖に海底遺跡があることを前提に置けば、確かに遺跡が連続するようにはなります。

佐藤宏之（東京大学、考古学）は「九州方面の非削片系は南関東から西行した可能性がある」としました（2009）。八ヶ岳山麓に古い非削片系の出土例があります。九州には非削片系細石刃の遺跡数、出土数ともに非常に多く、一大文化圏、言語圏の様相を呈しています。時期が本州中央部より大きく遅れて縄文草創期です。加藤のいう1万9000年前とは時期が離れます。

仲田大人（学習院大学、佐藤門下）は南関東の非削片系について自生説を唱えました（２０１２）。ついでながら仲田は、細石刃が盛行した南関東においてさえ、石刃に対する細石刃の割合は決して大きくなく、遺跡数の割合は10％に満たないといいました。

その頃から、非削片系は押圧剥離法を削片系から受け継ぎ、製法を簡略化して各地で様々に変容を示すとされました。加藤と佐藤の説は対立したままです。

この論争を鳥瞰すれば、石器型式の具体論と海底遺跡存在の蓋然性とでは全く次元が異なります。日本の考古学は実証の科学であるが故に、未発掘の海底遺跡を論考に加えることはしません。蓋培は蓋然性を取り入れているので、議論が噛み合いません。しかし、海底遺跡存在の蓋然性に立つ推論を排除することが学問として真実正しいのか、自ら議論を狭隘ならしめているのではないか、という問題があります。

ところが最近朝鮮半島では、一つの遺跡で石刃技法が漸次的に小型化する中で細石刃製作へ進化したことが認められたため、細石刃は自生とされました。朝鮮半島と三海平原とは区別のしようもなく、半島の細石刃が列島に来た証拠もなく、日本列島で同様の現象を示す遺跡もありませんが、自生の可能性は残っていると思われます。とりあえず、この渡来はなかったとします。

３．古代ＤＮＡ

ミトコンドリアＤＮＡ

ここで、日本列島に関係すると思われるミトコンドリアＤＮＡ解析成果について、『日本人になった祖先た

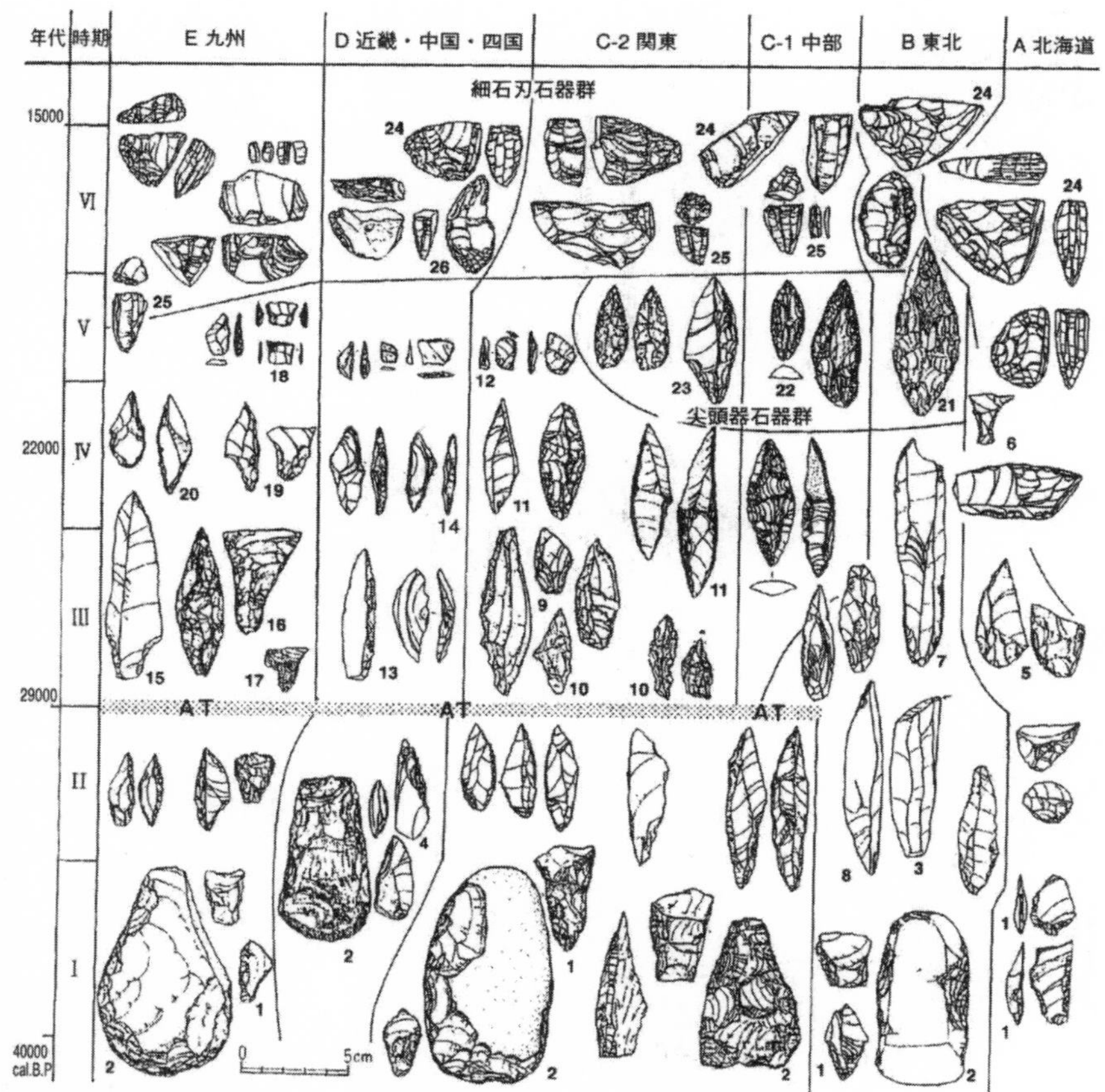

図1-10　日本列島における後期旧石器の編年と地域性　堤隆『日本の考古学』2005より。図中の29000年の区切りはその後30000年に修正された。

ち』（篠田謙一、2007）より要約します。ついでながら朝鮮半島との関係についても述べます。

A　A（L3↓N↓A〈A、Nなどはミトコンドリア遺伝子のハプログループの名称。L3はその共通祖先。矢印は分岐の方向〉）は3万年前バイカル湖付近が起源（?）。アメリカにも進出して環太平洋の北半分における多数派となる。

A5（A↓A5）は7000±2800年前分岐し、現在は日本列島と朝鮮半島だけに存在する。日本列島には縄文時代に渡来し、現在の日本人の7%を占める。

B　B（L3↓N↓R↓B）は4万年前大陸南部で誕生した。2万年前にはアメリカに向けて発進し、1万年余り前にマゼラン海峡まで到達した。また、6000～10000年前には南太平洋の多数の島嶼（オセアニア）に大進出をとげ、環太平洋の南半分における多数派となった。

B4（B↓B4）は日本列島で2番目に多く13%。オセアニア方面に拡散した状況から推しても、江南方面から縄文後半期初に入ったと思われる。

D　D（L3↓M↓D）は3万5000年前に分岐した。Dは日本列島最大の38%である。「日本に入ったのはいつとは推定できないが、あらゆる時期を考える」（篠田）。

D4、D5、D6（D↓D4、D5、D6）D

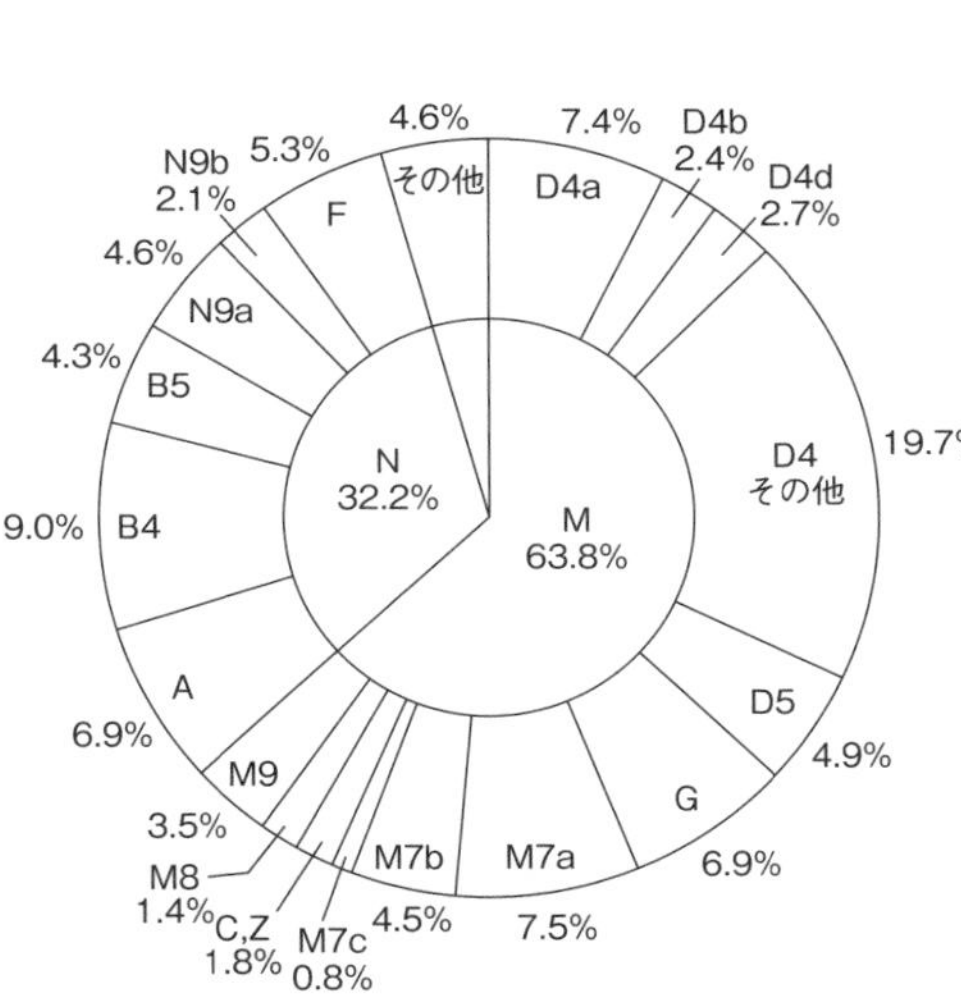

図1-11　本土日本人のミトコンドリアDNAハプログループ　篠田謙一『DNAで語る　日本人起源論』2015より

4は大陸北部とヒマラヤに高密度に分布。男性遺伝子y-C2と同じようなルートを通ったのかもしれない。

ハプログループD4は日本人全体の32%程度を占めているが、さらに多くのサブグループに分類される。ここでは、サブグループまで分類しないで、それらを合計した数値を使っている。

そのために「D4その他」が19・7%であるが、実際はこの中にD4a、D4bなどに分類されるものも含まれる。また、崎谷満の場合はすべて合計して35・6%である。研究者によってこの程度のばらつきがある。

なお、図上部にある「その他4・6%」に含まれるものも、MかNに分類される（Tanaka et al.,2004より篠田作成）。

F　F（N→R→R9→F）は4万年以上前に分岐した。寒がり屋で、東南アジア最大の集団。日本列島には5・34%。

N系統が東南アジア最大ということはミトコンドリアDNAが地域的相関をもたない証左といえる。

G　G1（L3→M→G→G1）は2万年以降に分岐し、北方に特化したが、アメリカには行っていない。アイヌには25%もあるが、本州島には7%に減少する。北方ルートから入ったと思われるが、北海道に入った時期は不明である。

M　M7a（L3→M→M7→M7a）は日本列島最古級の因子で、南ルートからとされる。朝鮮半島にも存在する。

M8a（L3→M→M8→M8a）は朝鮮半島には存在しないが、日本列島にはある。江南から直接渡来したか。

N　N9a、N9b、Y（L3→N→N9→N9a、N9b、Y）。

N9は北ルートを経由して日本列島にやって来た。列島最古級の因子である。Yはオホーツク文化人からアイヌに持ち込まれた。3種合計で8・1％。

ミトコンドリアが地域に織りなす模様はかなり複雑です。

Y染色体

ミトコンドリアDNA解析は母性系であるのに対し、Y染色体遺伝子解析は父性系です。双方とも21世紀に入ってからも大きく研究が進みました。Y染色体の塩基はミトコンドリアの3000倍もありますが、解析するのは1遺伝子に過ぎず、核ゲノムの何十億という遺伝子数の情報量とは比べものにならないといわれます。しかし、核ゲノム解析が可能になる以前においては、大変有用な手段として活用されました。現在でも、核ゲノムでは解説されない細かい部分が光っています。Y染色体遺伝子解析は下記のように日本列島に入った因子を解説しています。

C　日本列島には始原期に入った。y‐Cは三つに分かれる。

y‐C1は日本列島では本州・四国・沖縄、他地域ではインドネシアにある。縄文時代後半期初にインドネシア語を伴ったと思われる。

y‐C3は北海道に多く、北部九州にもある。朝鮮半島にもある。

D　出アフリカの前後に他の系統から分岐し、世界中で日本人とチベット人とアンダマン諸島人だけに保有された。y‐Dは系統的に近いy‐Eの多くがアフリカに在住していることから、y‐Dも古い系統と推測される。y‐D1はチベット人特有で、y‐D2は日本人男性の最大因子である。y‐D2は3万年前に日本列島で分岐し、現代日本人男性の九州から北海道までの各地域でほぼ平均的に27%以上が持っている。

y-O1及びy-O2は水稲集団にいた。y-O2bは日本列島及び朝鮮半島に存在する。y-O1bは朝鮮半島に3000年前頃入ったという説がある。その頃朝鮮半島には無文土器が入っている。

以上より要約すれば、日本列島への渡来因子はmt-N9b、mt-M7a、y-C1、y-C3、y-D2が始原期に、y-O系統が縄文後半期に入ったこととなります。y-Dは日本・チベット・アンダマン諸島にあり、ともに隔離性が高い地域で、入った因子を長く保持した点で共通しています。

y-C3とy-D2が北海道と沖縄に特に多いことは、第三波のような比較的新しい渡来が両地域になかったことを意味します。非常に大きな問題として、考古学では北海道には3万年以上前に人類の足跡がないとされているので、アイヌは東北地方から渡ったのだろうとする意見があり、斎藤成也も支持しているようです。先述の安達登報告（75頁）は大陸から北口渡来を指摘したのでした。篠田は「（そのmt-N9bは）列島の中で古い歴史を持っていると考えられる」としながら、Y染色体の地域別頻度が報告されさえすれ

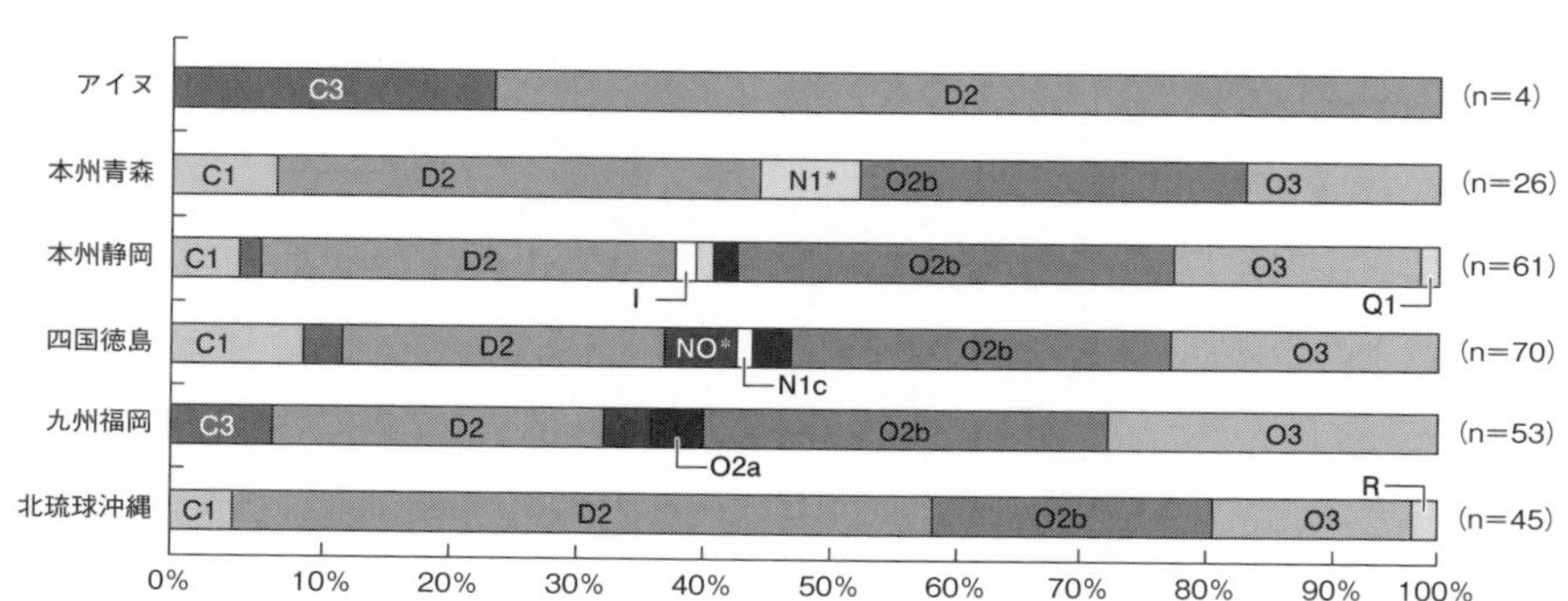

図1-12　日本列島におけるY染色体亜型の頻度　崎谷満『DNA・考古・言語の学際研究が示す新・日本列島史』2010より。Hammer et la 2006によるデータを引用・改変（*は「NOの祖型のみが含まれ、既知の下位亜型は含まれない」ことを意味する）

ば、安達説が補完されるだろう趣旨を述べました。それに応えた資料は現在のところ、図1‐12一つだけです。この問題は重要なので、ほかにも是非同目的の資料がほしいところです。複数以上になれば、第一波の北口渡来が有力となるでしょう。

核ゲノム解析への期待

篠田は、以前「アジアへの二つの道筋」を唱えていましたが、その後埴原の東南アジア一元説に傾いた大学説を発表しました。篠田は東アジアや北東アジアの現生人類の大部分が東南アジアから北行してきたヒトを祖先とするというのです。これは斎藤の第二波と同様のものを説明しているのかもしれません。では、第一波・第二波・第三波は一体どこから来たのでしょうか。

石刃文化人は北東アジアや日本列島に石刃やナイフ形石器という文化遺産をもたらしましたが、彼らは人骨を残していないので、石刃文化を担ったヒトを直接解析することができません。篠田は、出アフリカ後のヒトの状況について「歴史時代を通じて行われた様々な交流の結果、この地域における最も古い時期の人類拡散の足跡は、かき消されてしまったようです」といっています。そのままでは困ります。「N系統が東南アジア最大ということはミトコンドリアDNAが地域的相関をもたない証左といえる」と批判する核ゲノム以外に解決の道はないでしょう。

ミトコンドリア・y遺伝子解析の場合ですが、一組の夫婦に女子あるいは男子しか誕生しない場合は意外に多いらしく、出アフリカから現代まで連鎖が続いているDNAは存在しないかもしれないのです。特に2万5000年以上前においては分岐時期や拡散ルートが研究者によって相違するなど、古い時代ほど何か問題があるのかもしれません。mt‐N9bとy‐D2の由来がもう少しでもはっきりすればよいのですが、そのためには多分新たな古人骨が必要なのでしょう。

1986年に日沼頼夫（京都大学、ウイルス学）が、ATLウイルスキャリア（保有者）がアフリカと日本だけに見つかったと唱えました。そして日本列島とアフリカを結ぶ線上の西域や北方の少数民族にもこのキャリアが見つかることを期待しました。崎谷満がその後をとって、成人T細胞白血病ウイルスが出アフリカ後急速に北に向かいシベリア南部を通って九州・北海道へ流入したと報告しました。アフリカと日本列島を直結する説は現在これ一つです。この種の説が複数以上欲しいのです。

斎藤成也は「ミトコンドリア・y遺伝子ともに単一の系統樹だけの情報しかない」「ミトコンドリアは僅か16500ほどの塩基しかない小機関であり、その上解析される原単位が1000塩基ほどだけなので、情報量が小さい」「核ゲノムでは解析する最小単位のSNPでも6000の遺伝子であり、膨大な情報量からすべての系統が追究できる」と数多く述べています。

そうであれば、ミトコンドリア遺伝子・Y染色体解析では聞かれなかった詳細な解説が期待されます。ついでながら核ゲノムとミトコンドリア遺伝子・Y染色体解析との関係も早く解明されましょう。「日本列島にやって来た第一波は南北ルートに分岐する前のもの」という言及は近年最高の価値があります。斎藤こそすべてを解明する救世主に違いありません。

4．岩宿時代の言語

北東ユーラシアの言語

Ｓ・Ｒ・フィッシャーもいったように、言語の起源は１００万年も昔だったでしょう。非力な人類はその発展過程において言語を改良して組織力を強化したと思われます。そして外敵をことごとく排除して世界を席捲しました。総てを実現するためにどの生物よりも優れた言語機能をもっていました。

さて、バイカル湖辺りには石刃遺跡が多く発見されています。石刃はやがて細石刃を生み出します。この辺りに北東ユーラシアの文化的中心があったとされています。新技術を創出した集団が周辺に文化的影響を拡げながら言語的にも影響を及ぼしました。このような全体的状況はいわゆる語族・語群の存在を示唆します。大陸における激しい遺伝子交流はバイカル湖方面も例外ではなく、ヨーロッパの因子が見つかっています。日本列島に入った第一波はそれ以前のもっと古い遺伝子だったとされることから、例外的な存在と評価されています。それはすなわち、日本語にも類例のない古い要素が残っている可能性を示唆します。これは大変な意味があるはずなので、今後とも資料を積み上げて検討されるべき最重要事象と思われます。レンフルーが言語に関しても言及しています。

「主要な言語グループの分岐は４万年前で、グループ内の言語の分岐は後期旧石器時代かそれより後と考えれば納得がいくかもしれない。」（コリン・レンフルー『ことばの考古学』青土社、１９９３）

前述のように、比較言語学はアナトリアの鉄文化の言語がヨーロッパに拡散した状況を追究した学問分野です。数万年も前の言語には比較言語学はふれず、人類学が領域としています。非常に古い時代においては、ヒト・文化・言語はよく一致すると予想されます。北東ユーラシアでは言語学でいうアルタイ共通祖語などとは全く次元の異なる古い不明の地域語が使用され、その一派が日本列島に入りました。分岐前のグループですから、それに相応しい言語であったと予想されます。

岩宿人とその言語

述べてきたように、日本列島の始原期に渡来したヒトは列島内にただ散在したのではなく、社会集団を維持する中で子孫を再生産したことによって列島内に定着しました。各社会集団の遊動範囲は数十㎞四方ほどでした。そして他のムレと接触した機会に石材交換や嫁取りなども行いました。交渉がシステム化していたという説もあります。岩宿時代の遺跡、特に細石刃の遺跡は北海道、本州中央部（高地に多い）、九州に偏在する傾向があります。適質の石材を求めやすいための分布であり、それがまた種族保存目的と重なり、これらの活動を円滑に行うために広い地域に通用する言語が必要でした。

先ナイフ形石器文化人は人数が少なく、明確な最も古い祖先は磨製石器文化人といわれます。ここではそれを岩宿人と称します。よくいわれる「縄文人」は縄文時代に住んでいたヒトをいうのであって、岩宿時代の住人は岩宿人です。岩宿時代から縄文時代への移行期には新たな渡来が確認されていないので、縄文人は岩宿人の純粋な子孫となります。

岩宿人は当時の世界には珍しい磨製石器やナイフ形石器を創出し、さらに縄文土器を生み出すなど、強文化を連続して創出しました。言語の発達もそれと併行したに違いありません。

出アフリカ以前から言語は常にヒトと共に移動し、日本列島にもいくつか流れ込みました。このノートではその言語要素を時代ごとに纏めていきます。各言語の表示にシュミットが唱えたX、Y、Zなどの記号を使用します。このＸ、Ｙ、Ｚは長らく謎とされましたが、江実はシュミットの付託に応えるかのごとく、Ｘ語の在処を純トアリピ語に求めました。それを受けて南回りの言語（東南ユーラシア祖語）の系統をＸとします。したがって、系統の異なる北回りの言語（北東ユーラシア祖語）はＹとします。

略号には世代の順序を示す番号（ｎ）を付けてＹｎなどとし、下記のように設定します。この方法は強文化が支配する中に優位に立つ言語が一つあることに依拠します。一般的に後から来た文化が圧倒的に強い文化である場合、あるいは人口増加が顕著で前住民を凌駕した場合には、新住民が前住民を吸収しながら前住民の言語を統合します。

前著発行以降において、各学問分野に数々の進展がありました。それらを取り入れて、渡来した言語を下記のように整理します。

①先ナイフ形石器文化の言語をＹ１とするが、Ｙ２に統合された。

②削片系細石刃文化の言語はＹ２を継承した。

③非削片系細石刃文化の言語はＹ２を継承した。

④荒屋型彫刻刀形石器は細石刃と並行して製作され（安蒜政雄、２０１３）、かつ使用された（堤隆、２０１１）。この系統の言語はＹ２である。

したがって、岩宿時代に入った言語はＹ２のみとなり、地域別に作表すると、表１‐３のようになります。

Ｙ２：ナイフ形石器文化Ⅱ（石刃系）の言語。

表1-3　岩宿時代に入った言語

時代	渡来文化	西日本			東日本	
		九州南部	九州北部	本州南西部	本州北東部	北海道
岩宿	石刃系	Y2	Y2	Y2	Y2	Y2

コラム　極東の最先端

日本は極東の東端にある島国です。巧まずして大陸にはない独特の空間をつくっています。７万年前にアフリカを出た一群の人達がユーラシア大陸の無人の荒野を東に向かって切り拓き、４万年前に先頭集団が日本列島に入りました。そして３万年前までに、環状住宅祉、磨製石斧、ナイフ形石器を創出しました。これらは日本列島固有文化の萌芽といわれます。2.1万年前には黒曜石採取のために太平洋の海原を開拓し、続いて1.6万年前には全国各地で土器を自生させました。いずれも世界に冠たる最先端技術で、独自文化を形成していました。

「大陸部では戦争が定常化していた（183頁）」のが世界標準といわれますが、日本列島はそうではなく、前４世紀に戦争が持ち込まれるまで３万年以上もの間ひたすら平和でした。ゲノム解析でも現在の日本人には戦争のなかった時代の遺伝子が85％もあることがわかっています。日本社会は根底から戦争に馴染まないのかもしれません。そして戦争で消費される莫大な時間と経済的浪費が文化の発展となって花咲かせたのは岩宿時代以来です。

ところで、日本は江戸末期から西洋の文化・文明を取り入れて外国と戦争を始め、やがて敗戦に至りました。そしてあらゆる面が破壊され、実に多くを失いました。それでも戦後は目を見張る復興を遂げました。しかしながら、携わってきた世代が半ば去った頃、早くもデフレが始まり、最近20年ほどは低迷して、今またそこからの立て直しを迫られています。世界もグローバリズムからナショナリズムに戻るという気迷いの中にいます。野蛮な覇権主義も依然として残っています。

日本はいつ、どこで、何を間違えたでのしょうか。何を失ったのでしょうか。再び美しい日本を取り戻そうとする時、歴史に帰れといわれます。今はそれすら壊されており、先ず歴史を糺すことから始めねばなりません。

第2章　縄文時代

1．概　観

幕開け

縄文時代の幕開けは土器の発生と定義され、1万4000年前と長らく唱えられてきました。1998年7月、津軽半島中程にある大平山元Ⅰ遺跡（青森県外ヶ浜町蟹田）で何度目かの発掘調査が行われ、土器片46点その他が出土しました。この土器片の内、炭化物の付着した5点が当時名古屋大学の中村俊夫教授らによって炭素年代測定され、較正年代に直して1999年4月に1万6520年前と発表されました。傍証のために国立民俗学博物館を通じて米国の分析機関に送って調査したところ、ほぼ同結果が得られたとのことでした。

大平山元に続いて、長野県佐久市下茂内Ⅱ文化層（土器包含層、1万6250±180年前）と長野県信濃町貫ノ木遺跡（隆起線文土器、1万5600年前）の報告がありました。開始年代を修正する問題が生じたのですが、これら3遺跡のみの測定資料では不充分で、10ヶ所以上の遺跡が全国展開する必要があるといわれ、その充足が待たれました。そして2014年、待望の新情報が多数の研究者によってまとめて発表されました（『講座日本の考古学　3・4』青木書店）。ここに最下層出土の無文土器が全国で20ヶ所報告され（後述）、同時に縄文時代の開始年代も1万6000年前に改められました。

土器の発生は人類史上における一大画期です。特に日本列島の縄文土器は質・量ともに卓越した存在です。この時期が世界中で新石器時代といわれる中で、日本史だけが独自に縄文時代と称しています。命名の由来は日本列島における生業のあり方が同時代の世界標準と合わないこともありますが、縄文土器の圧倒的な存在感でしょう。

温暖化

地球は2万年前頃から温暖化に転じ、海進によって日本列島は大陸から切り離されます。列島は孤立し、その大変化によって大型動物の渡来が途絶えます。弓矢の使用がはじまりますが、狩猟成果の比重は低下します。補充として漁撈が行われ、サケ・マスが北部ほどよく獲れたといわれます。これらは河川で獲れるので海よりも安全です。現在では新潟県の三面川がサケ・マス遡上の南限とされていますが、温暖化・寒冷化によって別の川に変わります。魚類や動物ばかりでなく、植物さえも、温暖期には北上し、寒冷期には南下したといわれます。

人々もこのような自然環境の変化に巧みに順応しました。地球規模の温暖化の波に乗って自然界に人工的な改良を加え、木の実などの植物食を増加させました。さらに土器で加熱する方法がとられることによって可食植物の範囲をふやし、食糧を貯蔵するなど、需給体制を改善しました。植物栽培方法の改善は人口増をもたらしました。縄文時代の人口密度は当時の世界平均にくらべて遜色がなく、人口分布は全期を通じて東日本にかたよっていたといわれます。人口についてはのちほど検討します。

古気候学の中川毅（立命館大学）は、2万年前の最終氷期最寒冷期では現在より平均気温が10℃ほど低かった、そこから直線的に温暖化に向かい、途中のヤンガー・ドリアス期付近で現在より5～6℃低い水準で数千年間停滞し、その後再び温暖化して現在に至るといいます（2017、図2-1）。以前には縄文海進といわれるものがあり、温暖化のピークが6000年前頃で、その平均気温が現在より3℃高かったといわれましたが、これについては、図1-6（71頁）も参考となります。中川の上図の説明には縄文中期の高温も後期・晩期の低温もありません。代わりにあるのは2万3000年ごとに繰り返されるミランコビッチ理論による寒冷化の波動と地球温暖化です。

それによると現在は寒冷期に向かっている波動の途上にあるはずですが、この度だけは温室効果ガス（8000年前からメタンガス、5000年前から二酸化炭素）が増加したために、ミランコビッチ理論から唯一例外的に離れて温暖化に逆転しているといいます。その原因について、ウィリアム・ラジマン（バージニア大学）は人間の生産活動が温室効果ガスを増加させていると指摘しました。すなわち、東アジアの地表が地球規模に水田化されてメタンガスを大量に発生させ、アマゾン地帯で森林伐採や焼き払いが大規模に行われ、また近年世界的に化石燃料使用が普及して二酸化炭素を増加させているといいます。

これらは現象面として確かにいい得られますが、現在の二酸化炭素は大気中の0・04％に過ぎないことも確かです。従って、このような少量では温暖化に影響しないだろうという指摘もあります。また、二酸化炭素は温暖化の原因ではなく、温暖化の結果として暖まった海水から放出されたのだという反論もあります。

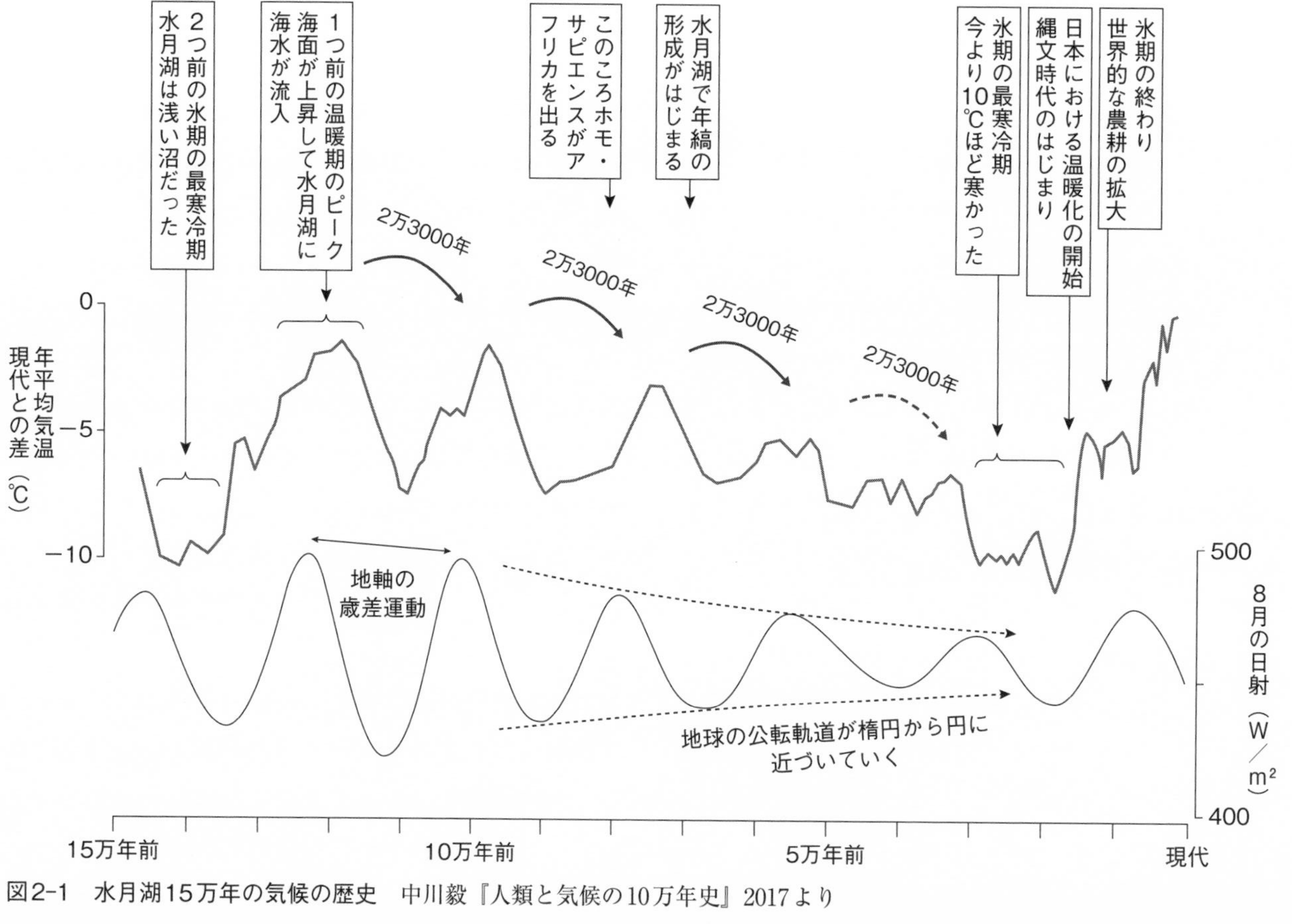

図2-1　水月湖15万年の気候の歴史　中川毅『人類と気候の10万年史』2017より

縄文時代を2区分する

前著において、縄文時代を前半期（1万6000年前〜7000年前）と後半期（7000年前〜3000年前）の2区分説を提唱しました。一般的な6小区分との関係は下記の通りです。この2区分方式は、文化的な画期を際立たせようとするものであり、文化の混在を整理しないできた従来方式から明らかに一歩出る視点です。後半期に新文化が到来して東西二大文化圏を構成し、その対峙を鮮明にすることによって、ヒト・文化を論究する新しいステージを提供しました。

前半期：草創期・早期

後半期：前期・中期・後期・晩期

考古学からは、比較的早い時期に、工藤雄一郎・佐々木由香が「後半期」における植物（資源）利用を説きました（2014）。地面を耕す作業があったとされ、共同作業や祭など社会活動の発達が認め

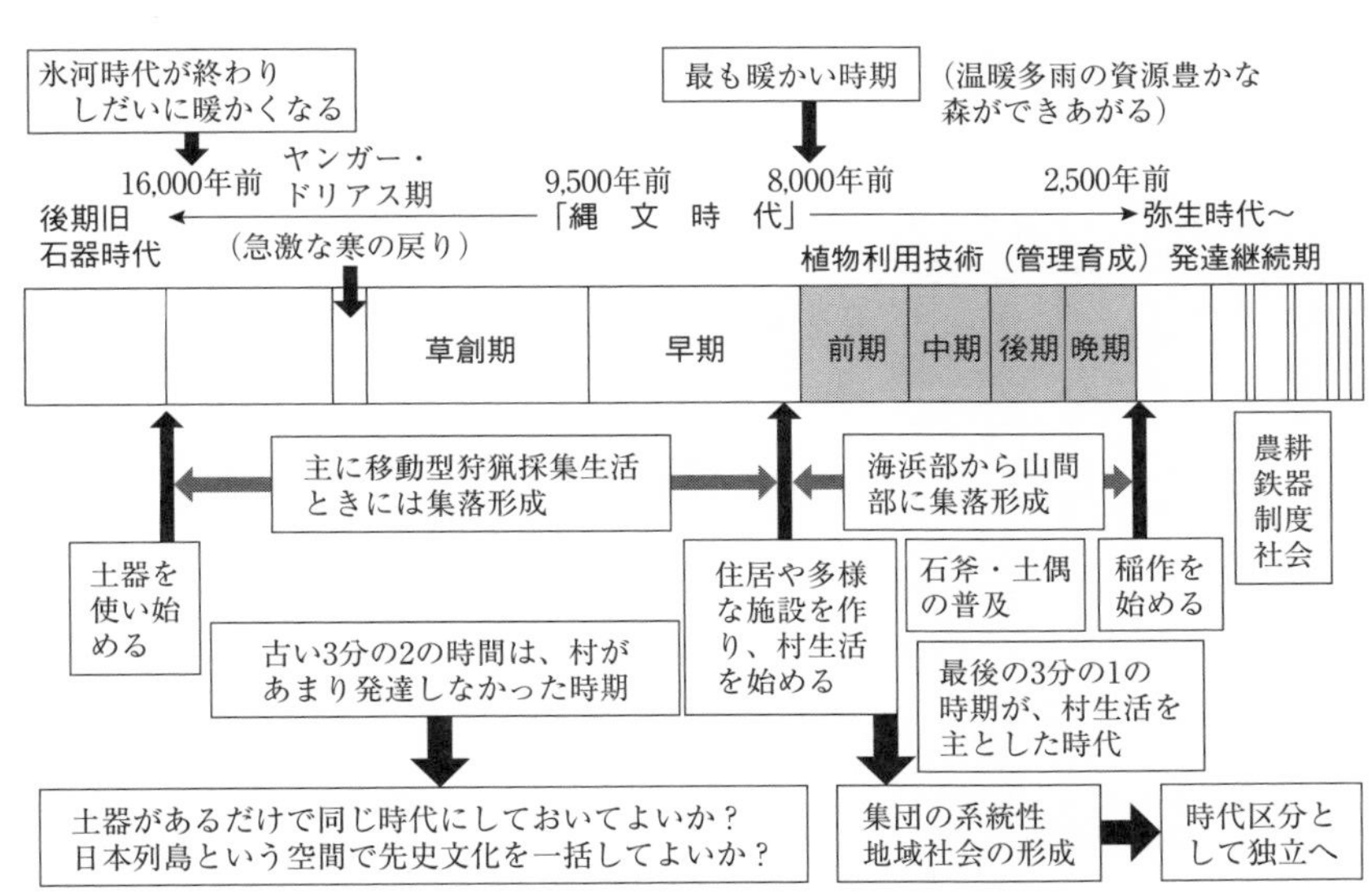

図2-2 「縄文時代」の生活方式別時代分解図　山田昌久作図、泉拓良、今村啓爾編『講座日本の考古学4　縄文時代　下』2014より

られ、前半期とは様相が明らかに変化し、人口増もあったと推測されます。そして山田昌久（東京都立大学）が後半期を独立させせようと提唱しました（図2 - 2）。縄文人骨のゲノム解析・第二波渡来説がこれらを裏付けました。

日本列島における東西二大地域性はすでに岩宿時代に発生し、縄文時代にも継承されます。縄文時代における東西文化の区分も「第二波」渡来によって明瞭となります。このように縄文時代に前後と東西という異なる枠組を設定することによって、全体像を理解しやすくします。

植物（資源）利用

ヨーロッパにおける新石器時代の幕開けは農耕と畜産の開始とされ、ほぼ1万2000年前に始まったとされています。それに対し、日本列島では漁撈採集物が豊かであったのか、農耕が明確になるのは後半期以降であり、畜産が開始されるのは弥生時代です。

縄文時代の農業を定義するのに様々な工夫がこらされました。縄文時代の農業は、弥生時代の農耕とは厳密に区別されねばならず、栽培、菜園的農耕、原初的農耕など、より適切な呼称が求められました。これらの呼称は、栽培目的とする植物の生育を助けるために邪魔ものを取り除く程度の作業を一語で表現しようとしています。また、前述の農耕方式の変化を説明することをやめた「植物（資源）利用」も登場しました。しかし、岩宿時代には植物（資源）利用がなかったと誤解されるきらいがあり、最近では「園耕」の使用が多いようです。

「縄文時代に遡ってその存在が確実に認められるのは、イネ、オオムギ、アズキ、アワであり、（中略）これら栽培植物の所属する年代は縄文時代後期から晩期にかけてであり、土器に付着した資料とも符合する。」（甲元眞文〈熊本大〉所収『講座　日本の考古学　縄文時代』青木書店、2014）

後述するように、後半期には江南方面から列島の主として西側に断続する渡来があり、日本列島でも農耕が始まりました。それによって生業が改良されました。

長江文明の到来

揚子江下流域で水田稲作が始まったのは8000年以上前といわれます。稲は食糧供給を改善して未曾有の人口爆発を起こして東アジアの人種地図を塗り変えるほどの大変化をもたらし、長江文明を花咲かせました(S・R・フィッシャー)。日本列島にも7000年ほど前から断続的に陸稲(籾圧痕、山崎純男、2005)・雑穀・玦飾(けつかざり)・高床建物などが入ってきました。これらの渡来資料はヒトによって運ばれたに違いなく、岩宿人と同形質であった縄文人の均質性はそのDNAを受容して崩れました。

比較言語学では、崎山理らがオーストロネシア語の到来を提唱しています。この言語的中心点は稲作と同じと見做されます。核DNAの解析結果で第二波渡来人は在来縄文人と同形質であったといわれます。その点は松下孝幸(土井ヶ浜遺跡人類学ミュージアム館長、人類形態学)が「縄文時代を通じて日本列島のヒトに形態的変化はなかった」(2018)という通りですが、従来より考古学が主張してきた縄文人及び弥生渡来人の意味内容が大きく変わりました。

前著(2009)で3回渡来説(始原期・弥生~古墳時代以外に縄文後半期に渡来があった)を提唱しました。特に縄文後半期には、考古学資料に民俗学資料が伴っていることから、渡来が確実にあったと述べました。当時は埴原説が盛大を極め、渡来は黎明期と弥生始期だけでした。ところが2017年、斎藤成也が核DNA解析によって縄文後半期に非常に大きな遺伝子的影響を及ぼした渡来があったとしました。これによって前著の提言は明確に裏付けられました。

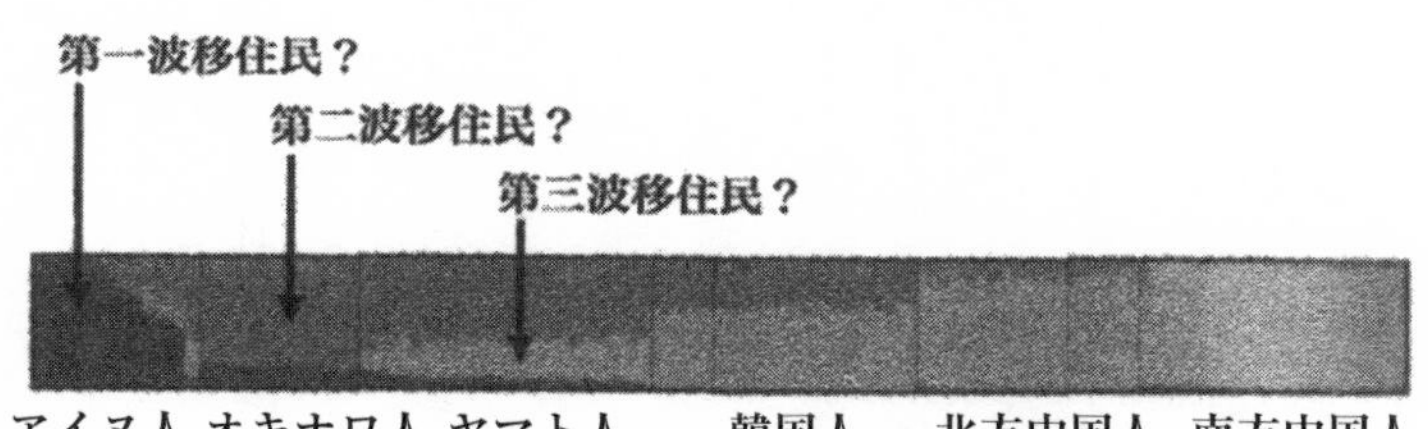

図2-3 Admixtureで解析した結果（ジナムら） 斎藤成也『核DNA解析でたどる 日本人の源流』2017より

(引用者説明)

この提唱は埴原和郎の二重構造説から完全に脱した、画期的な説である。上図は人種によって薄い縦線で区切られている。各人種の各個人が上記3つの要素だけで表されている。

若干解説を交えて説明すると次のようになる。例えばアイヌについて、枠中で最も左にいる人は純粋に第一波であり、アボロジニーと同程度に古いとされる。沖縄の旧石器時代人は途中で断絶した。また、本州島の縄文草創期人もその後途絶えたとされる。しかしながら、第一波移住民を示す最も濃い部分が現代まで少数であっても続いている。これは一体何を意味するのであろうか。尚、草創期の人骨DNAが未確認である。

その後4400年前頃を中心として第二波が現れる。第二波は揚子江下流域で水稲を作った人と推測されるものの、その地域ではその後の激しい移動などで人種が入れ替わってしまって比較できない。つまり現在のところ、このグループの子孫は東アジアのどこにも見つかっていない。

第三波は図に示されているように、現在かなり広範囲に分布する。第二波・第三波ともに多様性に満ちたグループと思われる。

3つの波ともに由来が不明である。各波の由来を説明しようとするには、世界中の他地域と比較されるであろう。それがどのような要素で表現されるのか知るべくもないが、各地域との比較が可能となれば、大変な結果を生むに違いない。

古代核DNA

神澤秀明が斎藤成也の下で、2015年に縄文人の核DNAの読み取りに成功しました。斎藤は「現在より229世代前に混血が始まった。その時が第二波の渡来である」と述べ、次いで「第二波」渡来の結果である「東縄文人」「西縄文人」の分布にも言及しました。これは近年最重要レベルの言及として注目されます。

この229世代というのは1代を30年とすると7000年となり、近年考古学の唱える縄文時代前期開始期と一致します。上古における1世代の長さは25～30年と推測されるばかりでしたが、これで落着するかもしれません。

考古学では、縄文後半期を前期・中期・後期・晩期の4区分に分けて文化的発展を説明しています。民俗学でも、上記各期の文化的特徴と渡来の影響を指摘しています。遺伝子解析では、篠田と斎藤が後半期の渡来で一致しています。

斎藤が第二波を4400～4000年前としているのは、縄文後期に渡来の重心があることを示したのでしょう。比較言語学の崎山が述べているのも4000年前ですから、異なる2分野が主張する時期がほぼ一致します。ヒトと言語の変容が同時であり、注目されます。斎藤はすべての系統の由来が分かるといっていますから、いずれ詳細な説明があるでしょう。

2. 縄文前半期

神子柴式石器

岩宿・縄文移行期に神子柴式石器が登場します。以前は土器と併行するといわれましたが、神子柴遺跡（旧長野県上伊那郡南箕輪村、現伊那市）では共伴しません。

1958年に発掘された時、そこには神子柴式石器だけが整然と並べられていました。堤隆は神子柴式石器について、安斎正人（東北芸術工科大学）・橋詰潤（明治大学）・須藤隆司（明治大学）らの意見を参考にして、「一旦は大陸からもたらされた北方系の石器群という枠組みをはずして議論する必要がある」としました（2013）。そして、神子柴遺跡の年代を1万7000年前の荒屋遺跡（彫刻刀）と1万6000年前の大平山元遺跡（土器出現）の中間に位置すると推定しました。

神子柴式石器を特徴付ける構成品は尖頭器と石斧です。石斧は木を切り倒すのに意外と効率がよく、実験考古学の報告では、直径15㎝の立木を5分以内、直径30㎝を15分で切り倒し可能としています。神子柴式石器は縄文時代の基本的必須道具として生活環境全般や定住に大きく貢献しました。縄文の定住遺構に神子柴石器と土器が共存するのは真に自然です。

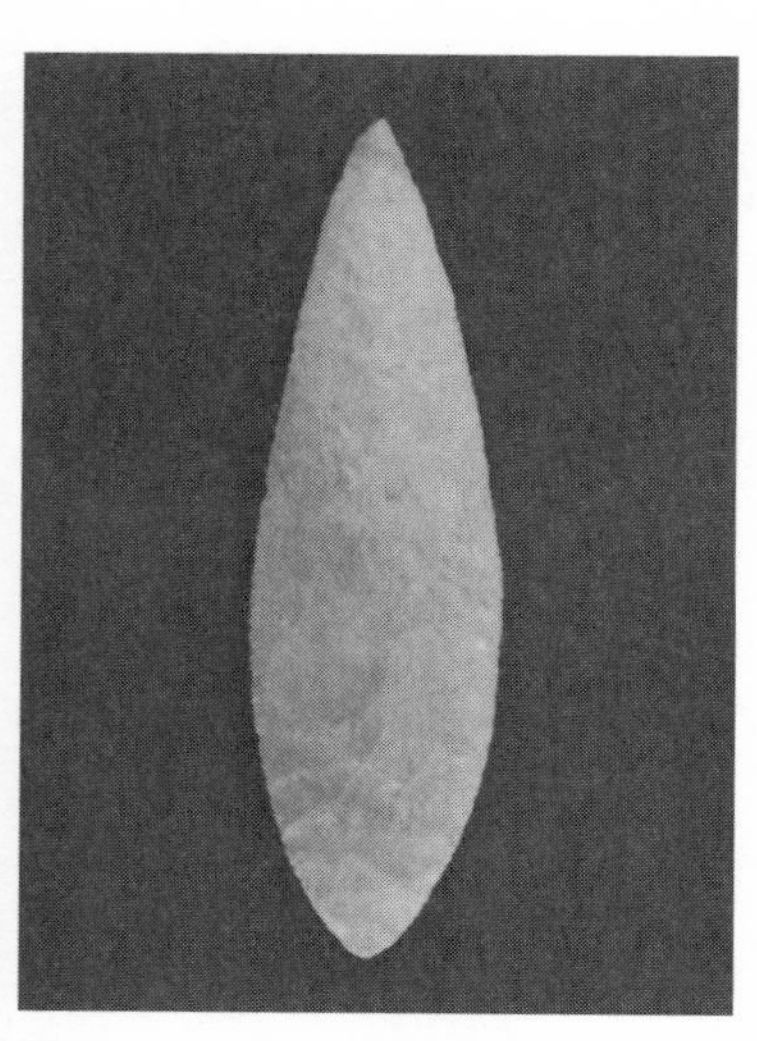

図2-4　神子柴式木の葉形尖頭器
玉髄製（神子柴遺跡）

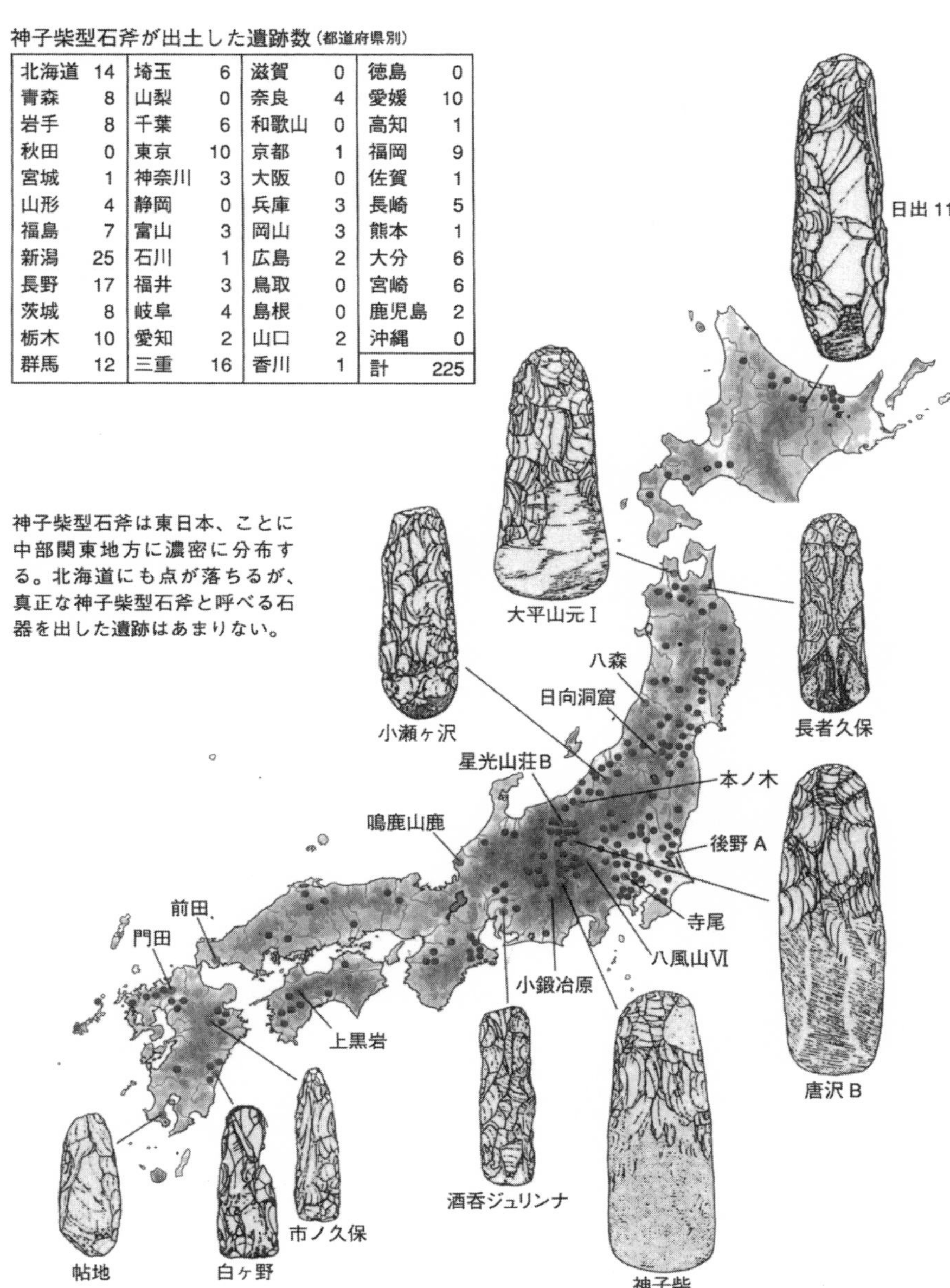

神子柴型石斧が出土した遺跡数（都道府県別）

北海道	14	埼玉	6	滋賀	0	徳島	0
青森	8	山梨	0	奈良	4	愛媛	10
岩手	8	千葉	6	和歌山	0	高知	1
秋田	0	東京	10	京都	1	福岡	9
宮城	1	神奈川	3	大阪	0	佐賀	1
山形	4	静岡	0	兵庫	3	長崎	5
福島	7	富山	3	岡山	3	熊本	1
新潟	25	石川	1	広島	2	大分	6
長野	17	福井	3	鳥取	0	宮崎	6
茨城	8	岐阜	4	島根	0	鹿児島	2
栃木	10	愛知	2	山口	2	沖縄	0
群馬	12	三重	16	香川	1	計	225

図2-5　神子柴石器群の分布　堤隆『狩猟採集民のコスモロジー・神子柴遺跡』2013より

図2‐4の神子柴遺跡の尖頭器は実に精緻です。その美しさは実用には不要です。石材の選択にも注意が注がれています。この古い時代になぜこのように精緻なものがつくられたのか、手間隙かける余裕があった社会環境はどのようであったのか、大変興味のあるところです。岩宿時代に行われた石材交易の広さは世界標準を遥かに凌ぐものです。安全な遠距離交易や精巧な神子柴尖頭器はともに平和の象徴といえましょう。

最古の土器と暦年代較正

ソビエト連邦の時代には、シベリア平原地帯のイェニセイ川流域にあるマイア遺跡出土の人型土人形やアムール川流域のガーシャ遺跡の土器が世界最古とされ、それが日本の関東地方にも伝播したといわれました。また当時、土器発生は日本・シベリアに比べてシナが最も遅れているとされていました。

安田喜憲（東北大学、環境考古学）は、シナでは2～1万8000年前に稲作開始と同時に発生したはずだといっていたところ、近年ほぼ2万年前の測定結果が出たというのです（2012）。この測定結果が出る前の数年間、多勢が各地自生説に傾きつつあったのですが、この発表によって大陸からの伝播（渡来）説＝一元説が改めて台頭しました。当時の気候は現在より6～10℃寒冷であったはずです。特に大陸北部は低温で凍てしまい、土器が年間を通じて製作されることはなかったでしょう。2万年前の大陸でどのようにして土器が製作されたのか、よく調査する必要があります。日本列島の方が環境に恵まれていたかもしれません。このノートでは、一貫して多元（各地自生）説をとります。

現今では、年代測定数値に暦年代較正を加えることが合理的とされています。その結果、およそ年代の古いものほど年代がさかのぼることになりましたが、暦年代較正を批判する専門家が多数いるのが現状です。「大平山元1万6500年前」が発表された頃、考古学は無反応なほど静かでした。もともと相対年代だけで議論できることになっているので、数値年代が変更されても原則困ることはなかったのです。しかし、相対年代だけですべての事象を論ずるのも危うさがつきまといます。また、数値年代を使用することによって、これまで光の当たらなかったところに論究が行き届くようになったのも確かです。

縄文土器は自生

山内清男（やまのうちすがお）（東京大学、人類学）と芹沢長介（せりざわちょうすけ）（東北大学）は考古学界の双璧として多くの業績を残しました。二人は、土器と神子柴式石器などについて、年代観が大きく違いましたが、大陸起源とする一系統説では一致していました。ところが山内は晩年の１９６７年に「渡来土器の見込みはなくなった」と発言し、それまでの説が頓挫したことを認めました。芹沢も強気を堅持していましたが、１９８２年に「そこ（大陸北東部：引用者註）にこそ縄文土器の母の国があるのではないだろうか」と大陸起源を願望としました。つまり大陸起源でなければならない理由はなかったのです。

前著の当時は、土器と神子柴式石器はともに大陸から伝来したとする意見が支配的で、その全体的な雰囲気は自生説など許さないというほど強烈でした。そうした時代が50年間ほど続いたのでしょうか。それでも前著では「岩宿時代以来ものづくりを培ってきた日本列島人が縄文土器や神子柴式石器を創出できなかった謂れはない。日本列島でこの二つの共伴が多いのは樹木の繁茂する気候風土における生業戦略の中で双方とも発達したのであり、定住性と相関して盛行したと思われる。神子柴式石器もさることながら、特に縄文土器の全体像は日本列島固有のものとする以外なく、世界に類例がない」として、双方とも自生を検討すべきとしました。

前述の大陸部の土器「2万年前」を根拠とする一元論では、日本列島の土器に直ちに関連付けられましたが、比較しなければならない理由が述べられていません。ここにも自虐史観の伝統が残っていると思われます。後述するように、無文土器が全国で20ヶ所以上展開しています。大陸の土器が日本列島に伝播したというのであれば、これら全てとの系統関係が明らかにされねばなりません。いうまでもなく、渡来か自生かはヒト・言語に直接関係しますから、この比較は非常に重要です。

なお、北海道では長らく縄文土器が出土しませんでしたが、2003年に十勝平野の大正3遺跡で出土しました。縄文がほどこされた尖り底土器で、幸いにも14,080～14,770calBP（C14〈AMS〉・較正年代）と年代測定されました。北海道の無文土器出土はいまだ報告されていませんが、いずれ出土するでしょう。当時の気候は現在より5～10℃寒冷であったはずです。特に大陸北部は低温で凍ててしまい、土器が年間を通じて製作されることはなかったでしょう。その点、日本列島の方が環境に恵まれていました。

最近では、北海道と本州とはある時期から交流・交渉が絶えた状況も明らかにされつつありますが、岩宿・縄文移行期における渡来の新たな報告はありません。北海道と本州とは往来が少なく、それぞれがほぼ別々に縄文化の道を歩んだと思われます。

無文土器の全国展開

ここでいう無文土器とは最下層から出土するもの（Ⅰ期）だけを対象とします。生活用具としての土器に模様を必要とする積極的理由がないことから、発生時には模様が施されていなかったとするのが自然であり、ここで最古とする所以です。近年、無文土器の出土報告が急増し、東日本で20ヶ所（青森県大平山元遺跡、同長者久保遺跡、同室小路15遺跡、同櫛引遺跡、秋田県岩瀬遺跡、山形県尼子洞穴、岩手県龍泉新洞遺跡、同上台Ⅰ遺跡、福島県松ヶ平A、新潟県十日町市遺跡、栃木県桐生市普門寺遺跡、埼玉県美里町東山遺跡、茨城県後野（うしろの）遺跡A地区、神奈川県横須賀市平坂貝塚、同上野遺跡第1地点第Ⅱ文化層、同長堀北遺跡、同勝坂遺跡、

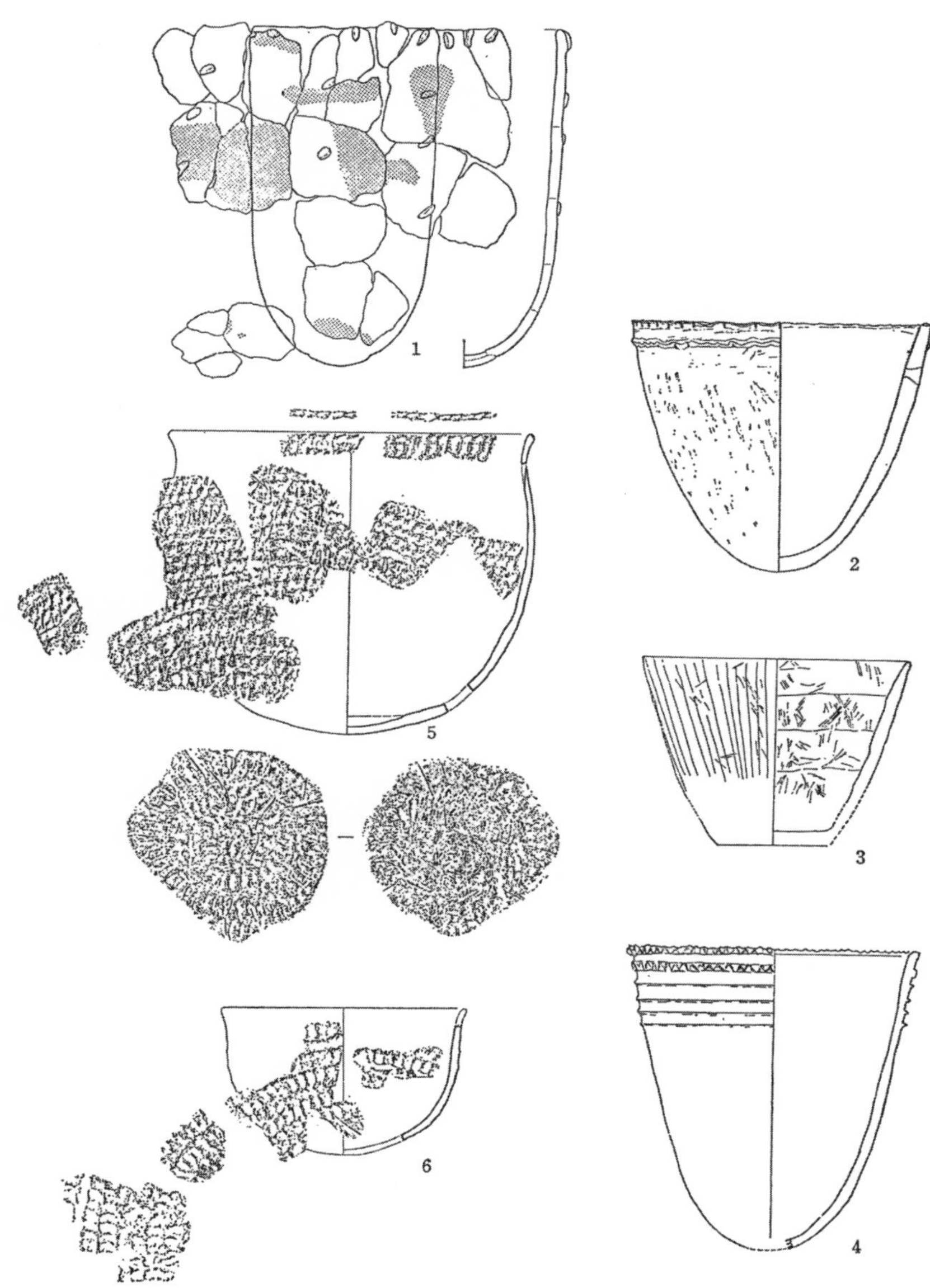

図2-6　草創期の土器
1：豆粒文土器（泉福寺洞穴 2/9）　2：細隆起線文土器（花見山遺跡 1/3）
3：無文土器（馬渡岩陰 1/6）　4：微隆起線文土器（石小屋洞穴 1/6）
5・6：爪形文土器（門田遺跡 2/9）　作図／鈴木保彦（日本大学、考古学）
加藤晋平・小林達雄・藤本強編『縄文文化の研究3　縄文土器Ⅰ』1994より

長野県神子柴遺跡、同唐沢B遺跡)、西日本では少なくとも5ヶ所(三重県の粥井尻遺跡、滋賀県相谷熊原遺跡、鹿児島県横井竹ノ山遺跡、同いちき串木野市滝之段遺跡、同桐木遺跡)が確認されています(以上、『講座日本の考古学 3』青木書店、2014ほか)。いずれも他の型式の下層から出土したと報告されています。

これら最古の(無文)土器は縄文土器に加えられないとする意見がありました。従って無文土器は型式論に登場することが少なく、現在でも評価がはっきりしない傾向があります。今後年代測定その他による追究が正常に進めば、形式論としても脈絡がとれるでしょう。安田は「土器出現の謎を解明する手がかりが、この日本にはある」としました(『世界のなかの縄文文化』2004)。上記のように無文土器が多地域から出土していること自体、その手がかりです。今尚一部に土器の伝播説が主張され続けていますが、全国的に展開する無文土器が全部一系統という説明は困難でしょう。

現在、縄文時代開始は1万6000年前に落ち着いています。1万6000年前とは大平山元(無文土器、1万6500年前)と貫ノ木遺跡(隆起線文土器、1万5600年前)の折衷によるといわれました。これは明らかに妥協の産物ですので、年代測定も多くなったことでもあり、いずれ検討し直されるでしょう。

煮沸器

縄文土器のもつオリジナリティーを説明するために、ここで土器の製法についてやや詳しく述べます。

発生当初はやはり平底の形状が出土しており、用途もよくわかりません。煮沸器は次の段階になってからで、丸底や尖り底となります。煮沸器は一般的に直径、高さともに25cm程度あり、このように大きなものは繰り返して改良されたもので、櫛引遺跡などの最下層から無文土器として出土します。

大きな特徴として、厚さがわずか0・7cm程度です。これは全国示し合わせたように似たような厚みで、しかもほぼ等厚です。この薄さに仕上げることは至難の業で、現在でも再現することは決してやさしくありません。０・７㎝という薄さは、これ以下では機械的強度が小さ過ぎて、使用に耐えない限界でしょう。しかし、薄さの必要性は熱伝導率を優先したもので、使用中に熱ショックで割れる危険を少しでも回避しようとしたと思われます。さらに厚みを一定に保っていることも同じ目的です。この技法は度重なる試行の結果に違いなく、頑なにまもられています。相当の工夫の成果であり、ここに至るまでの歴史が感じられます。成形用の土が完璧に用意されなければならず、製作全般に関わる知識と技能は専門性の高いものであり、職業的伝承、あるいは工人の存在が予想されます。

また、相模野第１４９遺跡と百人町のものには胎土に微砂と動物の毛が混入しているといわれます。一定粒度の珪砂（珪酸質の砂）を粘土に混ぜ合わせる方法は、近年の万古焼（三重県）などの土鍋に１９８５年頃まで実際に行われていました。その初原が1万年以上も前にあったのですからまさに驚異です。この砂の主成分は無水珪酸（SiO_2）であり、自然界で熱膨張率が最も小さく、川原などで無尽蔵に手に入ります。

獣毛は可塑性（形をつくる性能）の不足を補い、乾燥時のひび割れを防ぐ効果があります。焼成後の破断面の顕微鏡写真をみれば、獣毛のガラス質部分が繊維状に残っており、繊維方向に器体の組織をつないでいるのが分かります。成形時から焼成後に至るまで、有効な手段として獣毛の使用が意図的に採用されています。毛の組成は基本的に有機質ですから、焼成によってその大部分は燃えてしまいます。燃えた後は空洞になるので、その空間が熱膨張の逃げ道となります。以上の製陶技術は現在にも立派に通ずるセラミックスの知識です。

当初の原料は天然のまま単味で使用されたでしょうが、適材が枯渇してからは、2種類あるいは3種類を混合するようになったと想定されます。その原料の成分割合と粒度は適格である必要があるので、経験的に選別されたと思われます。適質の用土はどこにでも、いくらでもあるものではありません。詳しくは機会を改めることとし、ここでは水分と成形の関係についてのみ述べます。

成形する前に土を練って可塑性流を生じさせ、同時に各部の水分を一定に調整します。成形後乾燥させます。乾燥によって成形物は２％程度収縮します。収縮が妨げられると亀裂が入ったり、割れてしまったりします。また、部分によって水分のバラツキがあると、乾燥途中で亀裂が入りやすいのです。

成形土に水分が多いと、程度問題ですが、柔らかくて作りやすいという利点があります。しかしながら、25㎝径ともなりますと乾燥途中で変形したり、崩れたりしやすい。それを避けるには土を固くします。そうすると、土が動きにくく、裂けやすく、つまり成形し難くなります。何よりも土練りに力が要り、女性では無理となります。

尖底器は成形されてから焼き上がるまで当然置台が必要です。全工程でいつ割れてもおかしくないリスクに曝されます。火焔型土器の大きな物は高さ60㎝を超えます。重くて壊れやすく、途中で移動困難もあります。

細石刃の製作にもかなり高度なものを感じますが、煮沸用土器は次元の異なる高度なものといえます。しかも当時として大量生産が求められたと思われます。長く使用されたものは丁寧に埋納されるに相応しいものだったようです。それに、出土したすべての煮沸器が日常品であったとすると、全般に仕上がりが丁寧過ぎるきらいがあります。中には割れた所に穴をあけて紐で繋いだものもあるくらいです。煮沸器は大切な嫁入り道具だったかもしれません。

以上の煮沸器と比較できるシベリア出土品はグラマトゥーハ、ウスチ・カレンガ遺跡です。この２遺跡の出土品は等厚です。ガーシャ遺跡はかなり前期的です。

炭素の沈着

煮沸用に作られているものは破断面に炭素の沈着が見られます。これは有機物のふきこぼれや器体への滲込みによっても生じます。

土器を焼成する主な化学変化は、原料に含まれる粘土鉱物（粘土細工の粘土ではなく、化学的成分）、例えばカオリナイト（$Al_2O_3 \cdot 2SiO_2 \cdot 2H_2O$）から結晶水（$H_2O$）を取り去ることです。そのために一定以上の温度で焼き締めます。そこで失われた結晶水は冷却後も元に戻ることなく（非可逆反応）、被焼成体はとりあえず永久に形を保つことになります。その温度は粘土の種類によって異なります。結晶水が完全に脱け出ないうちは、燃料などから生じた遊離炭素が被焼成体内に残る場合が一般的にみられます。

図2-7　（上）曽利遺跡出土　水煙渦巻文深鉢（所蔵：井戸尻考古館）、（下）国宝　笹山遺跡出土　火焔型土器（所蔵：十日町市博物館）

また、粘土の種類によっては焼成中や冷却中に割れてしまうものがあります。成形できさえすればよいという訳でなく、縄文の工人たちは使用してよい粘土と、使用してはいけない粘土を承知していたはずです。このように工人たちは高度な製造知識と技能をそなえた専門職です。すぐれた縄文土器はそうした工人によって製作されたものと思われます。

縄文土器や弥生土器の焼成方法は窯を使用しない野焼きであり、焼成に窯が使用されたのは土師器（古墳）時代以降であったといわれます。このような焚き火同然の粗放な焼成方法が本当に行われていたとすれば、被焼成体の各部総ての温度が同じ温度に上昇する訳にはいきません。

火の当たり難い（温度が充分上がらない）部分は炭素が沈着したまま焼成を終えることが多いでしょう。祭祀用具は赤褐色にむらなく焼き上がっています。すなわち、壊れないように比較的高温でしっかりと焼き締められ、沈着した遊離炭素が燃え尽きて、きれいです。焼成温度が高くなるほど燃料を飛躍的に多く必要とするので、その場合は意図して焼成前から多くの燃料を用意する必要があります。

デザインと成形方法が非常に優れているのに対して焼成方法が野焼きであってはレベルが低過ぎて、バランスがとれません。穴窯といわれる形式の炉があります。これは土師器焼成に実際に使用されました。簡単に説明すると、30度ほどの勾配のトンネル状の穴を山の斜面などに沿って設けるものをいいます。被焼成体を中央部に置きますから、出し入れする空間が必要です。下部から薪を焚いて斜め上から煙を出します。四周の土石が熱を吸収するので、最初は大変ですが、野焼きよりは総燃料は少なく、安定した燃焼雰囲気を工夫できます。

もし穴窯が使用されたとすれば、何千と出土してもよさそうですが、弥生時代以前の物が一つも見つかっていません。それが野焼きであったといわれる所以です。穴窯は非常に崩れやすく、ほとんど遺存しないと思われます。

これに関連して、鹿児島県上野原遺跡には縄文早期の燻製炉が見つかっています。独特の土器もありますので、燻製炉で土器も焼いたかもしれません。異文化の人達なので、縄文人には伝播しなかったのでしょうか。

手間

火焔型土器の大きな物は高さ60㎝を超えます。重くて壊れやすく、移動困難となることもあります。今改めて製作上の問題点をあげると、まず工数の多さに驚かされます。しかも手間のかかる複雑なパーツがとても多いです。すべての成形作業は粘土に可塑性流のある間に行われなければなりません。粘土の性状や天候にも左右され、いずれにしろ1時間くらいで作れるというようなものではありません。削る部分作業は可塑性流がなくなった後でも構いませんが、それでも乾燥との競争です。図2-7の場合は殊の外接合する作業が多く、それらの作業はすべてスピードが要求されます。目的のために座る作業員が正副2人、終始立って手伝う人もいたでしょう。つまり専門的な工房で、手慣れた専門的な職人チームが専門用語で作業内容を確認しながら製作したものと思われます。

さらに予備的作業として、原料を集めて土練り・ねかしなどの準備作業があります。また野焼きであれば、燃料が膨大に必要です。さらに焼成中に薪が崩れ落ちて製品に当たって割ってしまうというリスクがありますので、それを意識しながら集めた木材を適当な寸法に切り、積み上げて乾燥させます。近くの山から薪材を取りつくして禿山になれば、遠方まで収集せねばなりません。場合によっては薪の近くに引っ越しする、あるいは作業場を住居の外の適地に設けることもあります。土も薪も相当な重量物であり、作業量も多いことから、片手間でできることではなく、男の仕事が多かったと考えられます。

縄文土器は女性によって作られたとよくいわれますが、それもあったでしょうが、全部は無理です。縄文時代には戦争がなかったのですから、男は戦争に行く必要がなく、余裕時間がありました。野山を歩いて原燃料を収集し、丁寧な仕事をすることができたと思われます。工人になるためには相当の修業を積む必要があったでしょう。

水漏れ

煮沸器に関する解説は多いけれども、水漏れを心配する人はいないようです。土器は吸水性がありますので、未使用の土器に何の用意もなく水を注げば、間違いなく水が漏れ出ます。したがって、初めて煮炊きに使用するに際し、何らかの方法であらかじめ水漏れ防止を施さなければなりません。それをしなかった場合には、漏れ出る水で炉が湿ったり、火が消えてしまったりします。

出土品に魚油や獣脂の残存が検出される場合があり、それを理由に貯蔵用であったと報告されます。勿論その場合もありましょうが、煮沸器でも漏れ止め剤として油脂類が使用されたとすれば、貯蔵用とは即断できません。漏れ止め剤の種類によって煮物の味が変化しますので、許容できる種類は限られます。一般的には澱粉質の食材が無難であり、使用を繰り返すうちに器体組織が目詰まりして漏れなくなったとも思われます。

火焔型土器や水煙型深鉢を火にかざして炎の揺らぎを眺めるなど、想像するだけでも楽しく、そのようなことが儀式として行われたかもしれません。しかし急激に加熱したりすれば、簡単に割れてしまうので、無闇に火に掛けるような危険な取り扱いは決してしなかったはずです。

3. 縄文時代後半期

(1) 縄文渡来人

核ゲノム

斎藤成也は縄文人のゲノム解析に手掛けるに際し、諏訪元（東京大学、考古学）に資料選定を依頼しました。それによって福島県三貫地遺跡出土の縄文人遺骨男女各1体の歯牙から資料が採取されました。そして研究員の神澤が散々苦労した結果、データ採取に成功しました。

そして斎藤は縄文人と現代人の核DNAの解析結果を比較し、「現代人における縄文人の要素はほぼ20％、渡来系弥生人は80％」「日本人は東アジアのどこにもない形質」と発表しました。これが古代核DNA解析の産声でした。

実は、ここに大きな問題を生じてしまいました。営々と築いてきたミトコンドリア解析やY遺伝子解析が新しく登場した核ゲノム解析と比較できなくなってしまったことです。篠田謙一は「技術革新が示現し、振り出しに戻った」と、この混乱に対して冷静に向き合いました。

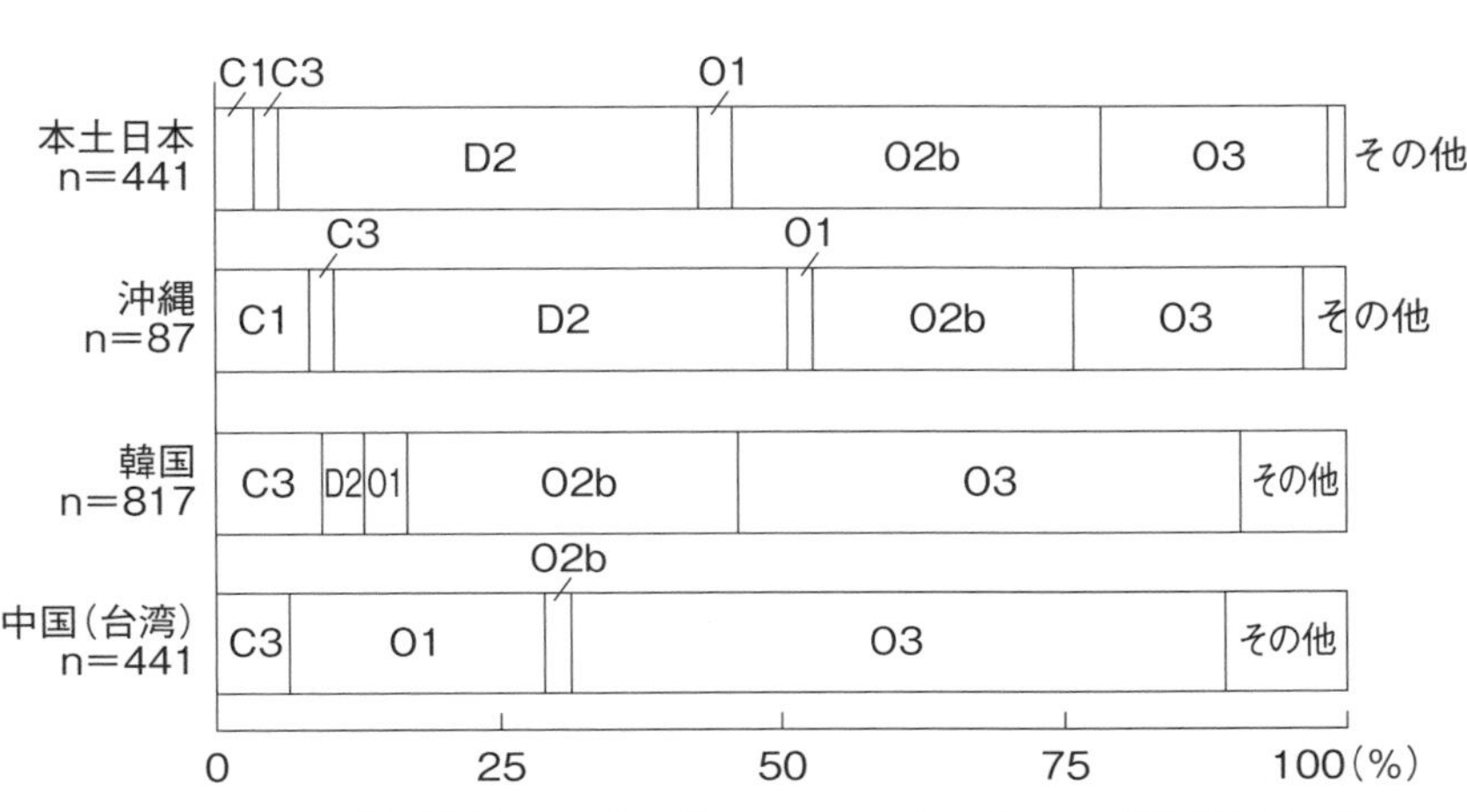

図2-8　日本とその周辺集団のY染色体DNAのハプログループ頻度比較（Nonaka et al.2007を篠田改変　篠田謙一『DNAで語る　日本人起源論』2015より

斎藤はそんなに時間をおかず、渡来人が三波に亘っておとずれたと唱えました。「第一波」は勿論始原期の人たちですが、「第二波」は渡来の時期が４４００～４０００年前で現代日本人の60％（朝鮮半島では30％）を占める、「第三波」は渡来の時期が弥生後半期～古墳時代で現代日本人の15％であった、などと論を進めました。「第二波」の成分が過半数の60％というのは極めて重大です。「第二波」「第三波」の由来、ひいては近隣諸民族との関係がほとんど不明なので、核ゲノム解析に課せられた問題は非常に大きいと思われます。

縄文人骨解析の後に残った問題は三貫地の人骨を標準的な縄文人と見做したことにあります。前著でも「縄文人は均一ではない、地域差がある」と指摘しました。三貫地人は調査資料として好適であっても、平均的な縄文人とする理由はありません。東縄文人に限ってさえ疑問ですから、上記のような言及は何と何を比較しているのか、よく分からないことになっています。

議論を効率よくするためには、まず縄文人に東西の差があることを認識した上で縄文人の定義を明確にすることが必要です。そして、可能な限り日本列島の全地域から時代区分別資料を集めて調査・解析し、地域別の人口割合にもとづいた修正値がほしいのです。弥生人との比較はその後に行われるべきです。

斎藤と同じデータを使った他グループの解析が幸いにもあります。その一つによれば、縄文系が22～53％というものです。このように大きな幅は指摘したようなサンプル不足を否めません。斎藤の数字に関しても同様に言い得ましょう。斎藤がいうように第二波成分が80％に及ぶのであれば、通常は言語置換が起きます。従って第二波が入った時期が後半期であったという点は大いに多としますが、数字に関しては、今後詳細な報告がなされることを待ちます。

縄文人のＤＮＡ（ｍｔ、ｙ）

分子遺伝学では、ミトコンドリアは分子量が小さくて扱いやすいという利点から長年ＤＮＡ研究の主流として活躍してきました。

図２‐８は父性系のＹ遺伝子の解析結果です。ｙ‐Ｃ１とｙ‐Ｃ３は合計で現代日本人に７％くらいあります。ｙ‐Ｃ１は２万８０００～２万４０００年前に発生し、大陸南部に広く分布し、インドネシアにも高頻度に集積されているといわれます。これらは長江中下流域から双方向に渡来したとされます。この時一緒に運ばれたインドネシア語（オーストロネシア語族）ともども、そこから駆逐されてしまったといわれます。

図２‐９は縄文→弥生→現代のｍｔ‐ＤＮＡが同時に比較できる、真に有意な資料です。本州島出土の人骨化石で最古級のものは縄文早期で、解析できたのはわずか３体です。その後増えたかもしれませんが、人骨は古いほどＤＮＡの解析可能性が小さくなり、しかも西日本の出土が極めて少ないのが大きな難点です。図２‐９の縄文１１１体のほとんどは縄文後半期のしかも東日本なのです。篠田自らがいうように、「地域ごとに分けて解析し、結果を統合するプロセスを経ること」（『日本人起源論』１３１頁、２０１５）を目指していますが、西縄文人がほとんど分かっていないので、縄文人の全体像は不明というのが現状です。

とはいうものの、図２‐９（ミトコンドリア）は大変重要な情報を提

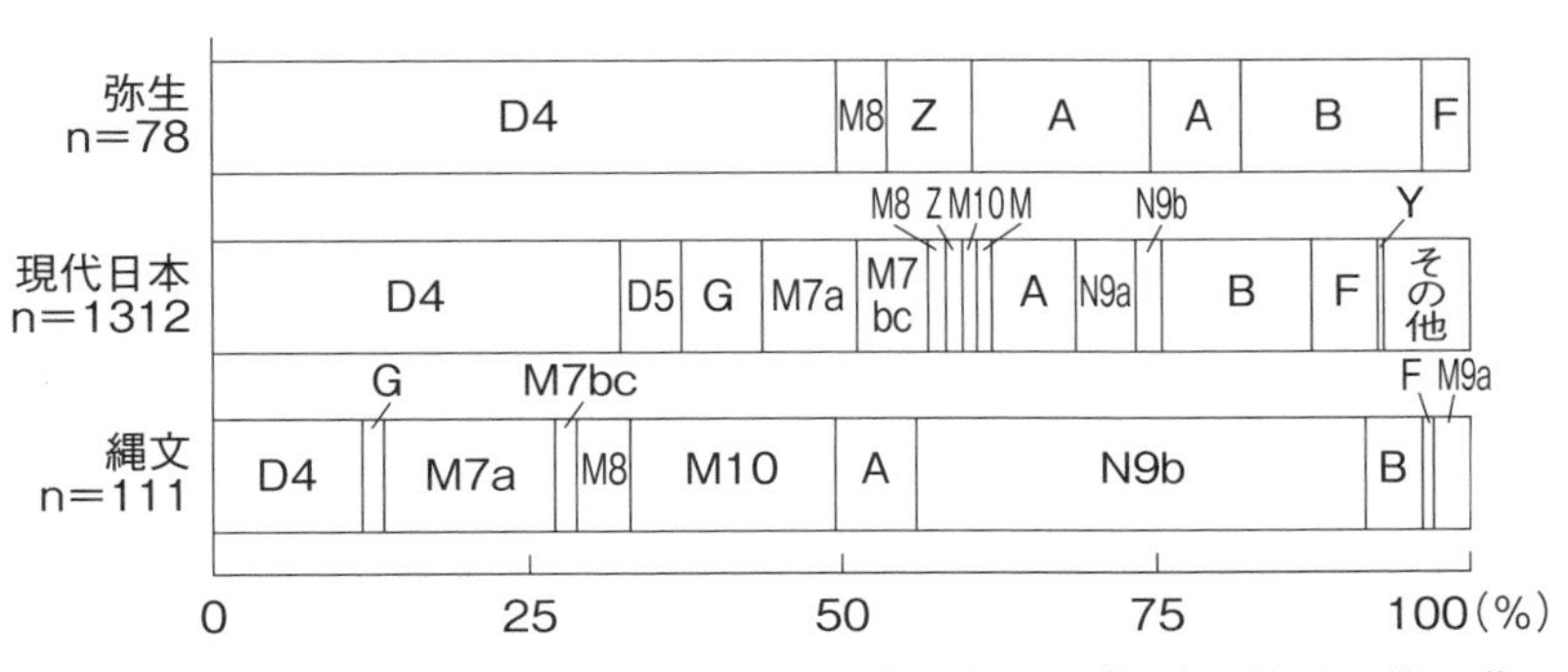

図2-9　日本の現代人と縄文・弥生人のハプログループ頻度の比較　篠田謙一『DNAで語る　日本人起源論』2015より（nは検体数）

供しています。ｍｔ‐Ｄ４が弥生時代の２分の１、現代日本人の３分の１を占めるという最大因子で、縄文時代にも10％あるというものです。

これを第二波と比較してみます。第二波は縄文末には80％、弥生末には60％あったはずですから、その大きな差は何によって生じているのでしょうか。それは第二波の多様性を物語るのかもしれませんが、もう一つ考えられることは、繰り返し述べているように、この図にある縄文人は平均的な縄文人でなく、97％が後期東日本縄文人です。したがって、もし後期西日本縄文人の要素が想定できるものであれば、東西の比較が可能となります。それを弥生人から類推すれば、渡来縄文人の因子が後期東日本縄文人に５分の１程度すでに伝わっていたことを示唆します。ここに第二波の動きが一つ見えてきます。

随分大胆な比較を試みましたが、このような比較が可能となれば、これまでの各分野の努力も報いられるであろうと思われます。

火山活動

日本列島史上最大の大噴火は３万年前の姶良カルデラで、次が７３００年前に大噴火を起こした鬼界カルデラといわれます。これらはいずれも霧島火山帯に属します。

鬼界カルデラは薩摩半島の南方海域にあり、外輪山は硫黄島と竹島だけを見せて、あとは海中に没しています。縄文前・後半期移行期ともいえる鬼界カルデラの大噴火の影響は西日本ほど大きかったようです。この時の火砕流は海上を走って40㎞離れた薩摩半島に届き、さらに40㎞北にある上野原遺跡（霧島市、標高約２５０ｍ）を一瞬のうちに壊滅させたといわれています。降灰はわずか10㎝でも壊滅的な打撃を与えるらしく、以後数百年以上に亘って西日本の居住性を著しく悪化させ、人口を減少させたといわれます。

鬼界カルデラの火山灰は大変広範囲に降り、アカホヤ火山灰層といわれ、始良カルデラのＡＴ火山灰層とともに考古学上の重要な層準とされています。アカホヤ火山灰層の上には縄文後半期の文化複合が根付きました。第二波の渡来がこの時期に近いので、その影響が心配されます。九州は特に南部ほど居住に適さず、定着が遅れたのではないかと思われます。

渡航具

さて、縄文時代の渡海はどのような方法で行われたのでしょうか。渡海術が南島人の特技であり、旧石器時代の石器文化を列島に運んだのもすべて南島からと考えられました。縄文時代の列島の道路事情など議論されたことはありませんが、周知のように、道路が完備される以前には舟が多用されました。

鳥浜貝塚（福井県三方上中郡若狭町）で６０００年前の丸木舟が出土しました。酸性土壌の広がる日本列島で木などの有機質は腐食することが多く、出土する例は特殊な場合に限られるようですが、それでも図２‐10のようにかなり多く出土しています。縄文後半期初にはすでに、舟利用の広域交易が一般化されていました。

境Ａ遺跡（富山県朝日町）では、蛇紋岩製の石斧が３万５０００点以上出土しました。富山から新潟にかけては、磨製石斧の生産加工場を思わせる遺跡が集中し、一大生産拠点だったようです。ここで作られた石器は石川、岐阜、岩手、秋田、千葉、埼玉、東京、近畿と広範囲で見つかっています。当然流通システムが構築されていたに違いなく、交易に使用された渡航具は鳥浜などと同類の丸木舟と推測されます。

他にも渡航具使用が推測される例として、霧ヶ峰の黒曜石や糸魚川のヒスイが遠く三内丸山までも運ばれています。最長としては、沖縄産のイモガイ（大型で厚手、腕輪などの装飾用）が東北地方からさらに礼文島船泊までも運ばれ、日本海の「貝の道」を伝って恐るべき雄大なロマンが描かれています。この道は縄文後半期

図2-10　丸木舟が発掘された遺跡分布図　岡村道雄「縄文時代概説」所収『日本の考古学 上』2005より

に開かれ、古墳時代まで続いたといわれています。同様の外洋渡航例を日本列島沿岸のすべてに求めることはできないにしても、沿岸域の住民は舟使用を基本的な生業手段としてきたと思われます。

外海を渡る場合には、安全な渡航具がほしいものです。小さな丸木舟では輸送量が限定され、家族単位では危険が予想されます。筏が最も安全ですが、操行性が悪いと一蹴されてしまいます。

構造船をつくるには鉄製の釘やカスガイなどで木製部材を接合しなければなりません。釘にする鍛鉄は日本列島では前2世紀以前には登場していません。そこで鉄がなくても丸木舟より大きな舟が造れないものかと、準構造船が考案されました。弥生始期に無かったはずの準構造船がどうして考古学の議論に登場するのか、不可解です。縄文後半期となれば、論外というほかありません。

交易の場合は家族を伴わず、昔話にもあるように、男が二人程度だったでしょう。したがって、その場合は丸木舟が利用されたでしょう。しかし、渡来の場合には当然女子供を伴った大所帯ですから、やはりどこでもある筏以外になかろうと思われます。

（2）長江文化

最古の農耕

黄河中・下流域では、粟の利用が始まると、細石刃技術は消滅します。当時、非農耕地帯であったゴビ砂漠（内蒙古）、西北地方、東北地方では細石刃技術が存続します。その南辺では粟作を受容した後も消滅することなく存続します。土器製作は2～1万年前に各地で始まり、粟作と稲作を始めた地域では土器の器種組成は次第に多様化しました。

長江中流域で1万5000～1万3000年前に野生稲の採集が開始され、それが1万3000～1万10

00年前に栽培種へと改良されました。湖南省玉蟾岩遺跡で1万4000～1万2000年前の水稲の籾殻が見つかりました。黄河中・下流域では8000～7000年前に粟栽培が発達しました。

世界最古級の水田址として、6300年前の城頭山（湖南省、大渓文化初期）と6000年前の草鞋山（江蘇省、馬家浜文化）が挙げられています。城頭山では畦畔、貯水穴、水路、株痕が発掘されました。これは直播水田だったようです。草鞋山では水田址（長さ2～3m、幅1mほどの窪み状）と井戸による灌漑が見られます。

揚子江下流域文化

諏訪春雄（学習院大学）は、近世文学の研究に多くの時間をさきましたが、民俗学（著作『アジア稲作文化と日本』他）にも手を染めた多分野型の研究者です。以下、諏訪春雄説を中心に長江文明の概要を述べます。

a．河姆渡文化（雑穀栽培型文化）　7200～6600年前

河姆渡遺跡は1973年に揚子江下流デルタ地帯の河畔で発掘されました。低湿地帯で稲がよく育つのを見たのが水稲耕作の始まる動機だったろうといわれています。河姆渡は半農半漁を生業としていたようです。この地方では現在でも竹の筏が使用されています。また潜水漁法が対馬に伝播したという説もあります。

b．馬家浜文化（雑穀栽培型文化）　6600～5800年前

河姆渡遺跡の第1、第2層につらなる文化。イネばかりでなく、狩猟・漁撈も盛ん。最古の織物も出土。

c．崧沢文化（水稲栽培型文化）　5800～5300年前

稲作専一の立地。石鎌利用などで作業効率化が実現したとみられます。王権の発生は崧沢文化までさかのぼる可能性があります。

d．良渚文化（水稲栽培型文化）　5300～4200年前

領域は揚子江下流南部、逝江省、江蘇省、上海などに広がる。水稲耕作を行い、人口の大爆発をもたらしたようです。農耕用具として石犂があります。これは長径70㎝もあり、当時は牛馬の利用がなかったので、人によって牽かれたのでしょう。このように巨大な石犂や石鎌の使用によって生産効率が飛躍的に向上したとみられます。

良渚文化にはロクロを使用して作った器壁の薄い黒や灰黒色の土器もあります。黒陶には線刻模様が施され、鼎、盤、壺、杯などの種類があります。表面は磨かれ、龍、鳥、雷雲などの模様が見られます。良渚文化の特徴はおびただしい量の玉器です。玉器は儀式用、宗教用、装飾用の品も豊富です。漆器も黒地に朱の絵が施され、多くの玉粒が象嵌され、驚くべき繊細な芸術感覚が見られます。他の出土品として、竹、麻、絹の他、有柄式磨製石刃、磨製石斧、支石墓、貯蔵穴、青銅器、銅剣、銅矛、多紐細文鏡（遼寧青銅器）、祭器、宝器があります。藤田富士夫（法政大学、考古学）が大珠の管錘技術の初原は良渚と推定しました（2005）。墓は大型墳丘墓で、日本や朝鮮の古墳の先例として注目されます。良渚の全体的な様相は稲作文明と称するに充分であり、王権の存在が想定されます。

e．馬橋文化　4000～2700年前

上海県馬橋鎮から発掘され、1978年に最初の報告がされました。その後、良渚文化の分布地とほぼ重なることがわかり、プレ呉越文化と位置づけられました。諏訪は「玉器に代わって大量の縄文土器が出土し、日本と往復した可能性すら想定される」といいます。

中村慎一（金沢大学、考古学）は良渚文化から馬橋文化に向かって文化性低下を指摘し、「おそらく大幅な人口減少にともなない粗放化が起こった結果であろう。（中略）大規模な洪水の結果、数百年にわたって居住が

認められなくなったという説さえある」といっています。王権が存在した形跡はありません。

揚子江下流域地方にいた越人の歴史が3000年前頃終わった理由について、従来説では漢族の進出によって駆逐されたといわれましたが、多くの住民が大洪水に流されたともいわれます。いずれにしても、着の身着のままで押し出されたのでしょう。

江南文化の到来

また、訪は揚子江流域と日本列島との関係について、下記のようにかなり多く述べています（「中国江南の遺跡と縄文・弥生文化」所収『日本人はるかな旅　4』より要約）。

第1章　黒色磨研土器

九州を中心とした地方では（縄文）後期後半頃から、器面が黒色の光沢をもつ黒色磨研土器が普及する。この土器については、縄文文化独自の形成とみるべきではなく、江南の河姆渡以下の各遺跡から多量に出土している黒陶との関わりを考えなければならない。

第2章　高床式建築

高床式建築は、長江流域およびその以南でもっとも普遍的な建築形式であり、縄文時代にも、長野県阿久遺跡、青森県三内丸山遺跡など、高床構造の建築物を想定しなければならない遺構群は多い。由来については江南を無視できない。

三内丸山遺跡の他、能代の杉沢台遺跡、米沢の一ノ坂遺跡、青森市の近野遺跡、北上の鳩岡台遺跡など、縄文時代後半期初の遺跡が多い。

第3章　骨角器

漁撈具、狩猟具が多く、簪、櫛、耳飾、腕飾、腕輪などの装飾品、彫像、刀など縄文の骨角器と類似の品は、江南からも、はるかに多量、多種類、多彩なものが出土している。

第4章　栽培植物

縄文時代に利用された植物のほとんどは野生種であったが、中には栽培されたと考えられるものも多い。イネ、エゴマ、ヒョウタン、リョクトウ、オオムギ、ソバ、シソ、アズマビシ、オオクサなどがそれである。これらはほとんど総て江南の遺跡からも出土するものであり、大陸から伝播した可能性が強い。

第5章　信仰・祭祀

縄文時代には、太陽信仰、地母神信仰、蛇信仰、樹木信仰、生殖信仰などが存在し、それらにかかわる祭祀も行われていた。これらは総て、大陸、それも江南をはじめとする長江流域にも存在している。両地域の文化交流がもたらしたものも多かったはずである。

日本海ルート

図2‐11は玦状耳飾の広域分布を示しています。藤田富士夫は満州の興隆窪を淵源としましたが、この方面から日本列島に到達したものは他にありません。藤田のこの決定には困ったという研究者もいます。つまり、その問題は藤田がやってしまったので、他の研究者は手を出せないというのです。こういう場合には在野から自由に述べてよいのではないでしょうか。北海道の玦飾（図2‐11）も日本海ルートかもしれません。玦飾は揚子江下流域に最も多く出土しており、当時文化力・経済力が最も高かったことから、揚子江下流域で最も多く生産され、消費されたとみられます。また藤田は「切れ目作出の技法は大陸起源」とし、糸魚川市を中心と

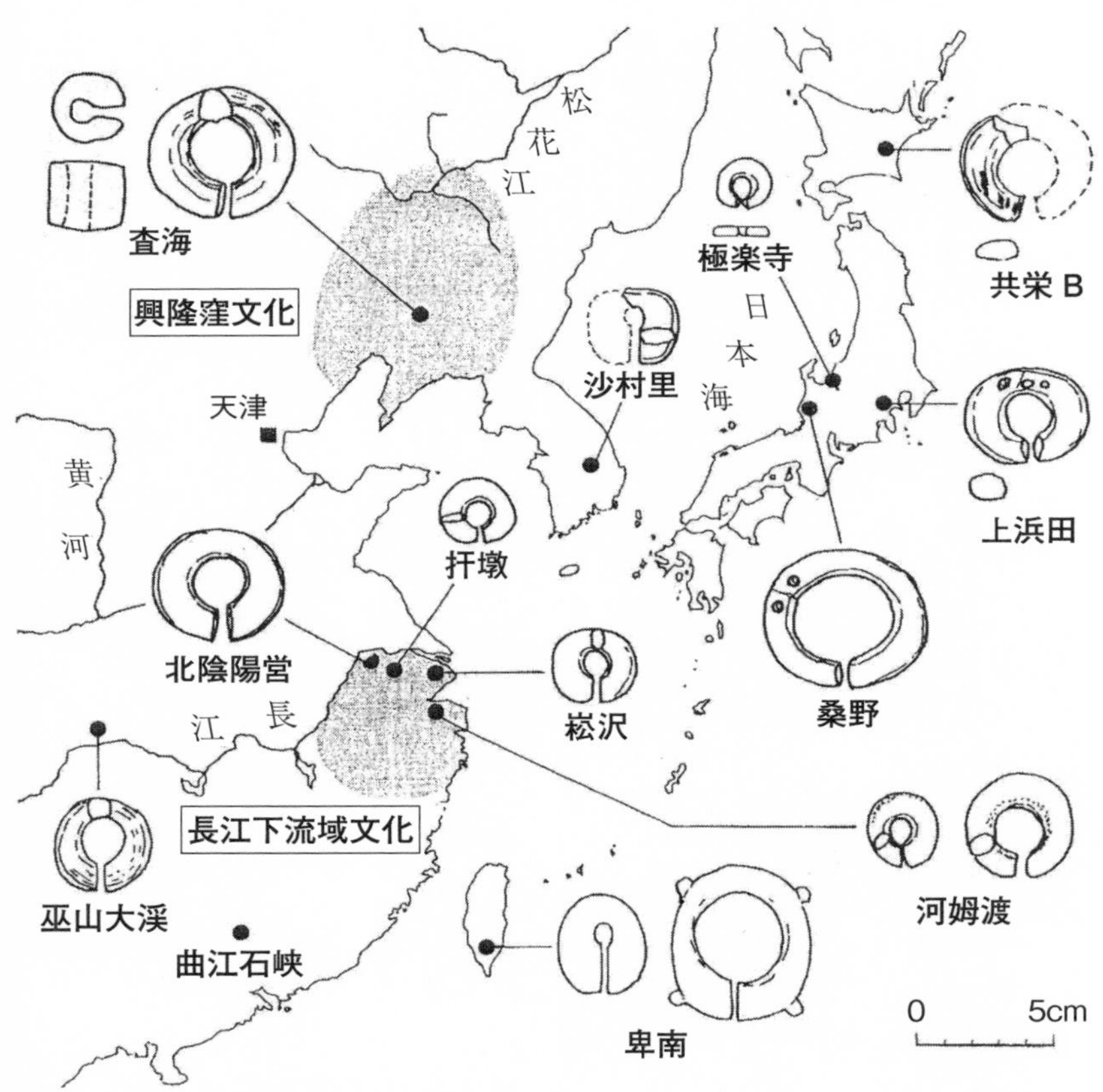

図2-11　東アジアの玦状耳飾の分布
藤田富士夫『地域間の交流、大陸との交流』2005より

する地域で玦飾の切れ目の入った装身具が生産されたと推定しました（２０１４）。その後、あちこちで装身具出土が増大するようになります。例えば、福井県あわら市桑野遺跡（６０００年前）では軟質の玦飾10点他が出土しています。点数が多いことから列島内生産が推測されています。それでも原産地とはいわれません。

糸魚川といえばヒスイの産地です。ヒスイは硬玉の異名があり、ハンマーで叩いても割れないほど硬いため、古くはそのまま敲打具として使用されました。加工されるようになったのは７０００年前以降で、敲打具から装身具への改造が試みられるようになり、糸魚川市の長者ヶ原遺跡に加工工房が確認されています。ここで大珠などが製作され、貫通する穴さえも開けられました。この驚異的な加工技術について、木島勉（糸魚川市教育委員会、史学）は「翡翠製大珠の攻玉（玉をみがく意：引用者註）は磨製石斧と玦状耳飾を作る技術との伝統を継承して成立した」といいます（２００４）。

ある程度素地があれば、模倣も可能だったようです。いずれにしても、渡来文化を自家薬籠中のものとする〝ものづくり力〟がここにも認められます。同時に西南ルートから日本海沿岸ルートへの連繫確立がみられます。斎藤が「海の民」が渡来したというのもほぼ同様の趣旨であり、さらに「東北地方のヒトが関東より出雲地方と近い関係にある」というのも日本海交流をよく説明しています（２０１５）。

外来種のプラント・オパール

高橋護〈ノートルダム清心女子大学〉の手法は、遺跡の土中からプラント・オパールを丹念に見つけることです。プラント・オパールとは植物細胞にあるガラス質の微細なリングで、植物珪酸体ともいわれています。その形状が種類によって異なり、母体が腐食しても何万年も崩壊することがないことから、植物の種類を比定できる大きな特徴があります。細菌並みの大きさですからサンプリングに問題が起きやすいのが欠点です。

プラント・オパールは「細かく軽いから黄砂とともに飛んでくる場合もあり、当てにならない」「姿形が小さいから長年の間に本来の地層から沈降してしまい、発見される地層は深く古くなる」などと批判を受けました。黄砂の発生源はゴビ砂漠などの北部乾燥地帯であって、湿度が高い南部揚子江下流域のイネが飛ぶ可能性は少ないと思われます。その後は土器胎内から見つけるように方法を変えています。

イネについては、「機動細胞であり栽培種であるから、定住を示唆するものと言えるが、草創期後半の寒冷期に稲栽培は中絶しただろう」と述べ、隠岐ではアブラナ類、キビ、イネ、ヒョウタンなど、渡来種を見つけています。中には諏訪のいう栽培植物と重なるものもあり、江南から隠岐に届いたとみられます。研究全体から相当数の栽培種の渡来を認めています。

縄文時代のイネ栽培に関して、当初のイネの割合はいまだ小さく、陸稲が広まるに従って重きを成していったといわれます。農耕を証する鍬・鋤・穂摘具の発見がなく、雑穀の一つに過ぎなかったといわれています。日本列島でイネが始まったといわれる縄文後期に、山東半島にも到達したとされています。これは非常に重要です。朝鮮半島には山東半島から渡ったのですから、相当遅れます。もはや「イネは海を渡った」というだけでは不十分であり、山東半島より遥か南、淮水辺りからなどといわなければなりません。

山東半島問題はそれでよいとして、それより前に三内丸山では集団生活が行われ、農作業を効率的に行うた

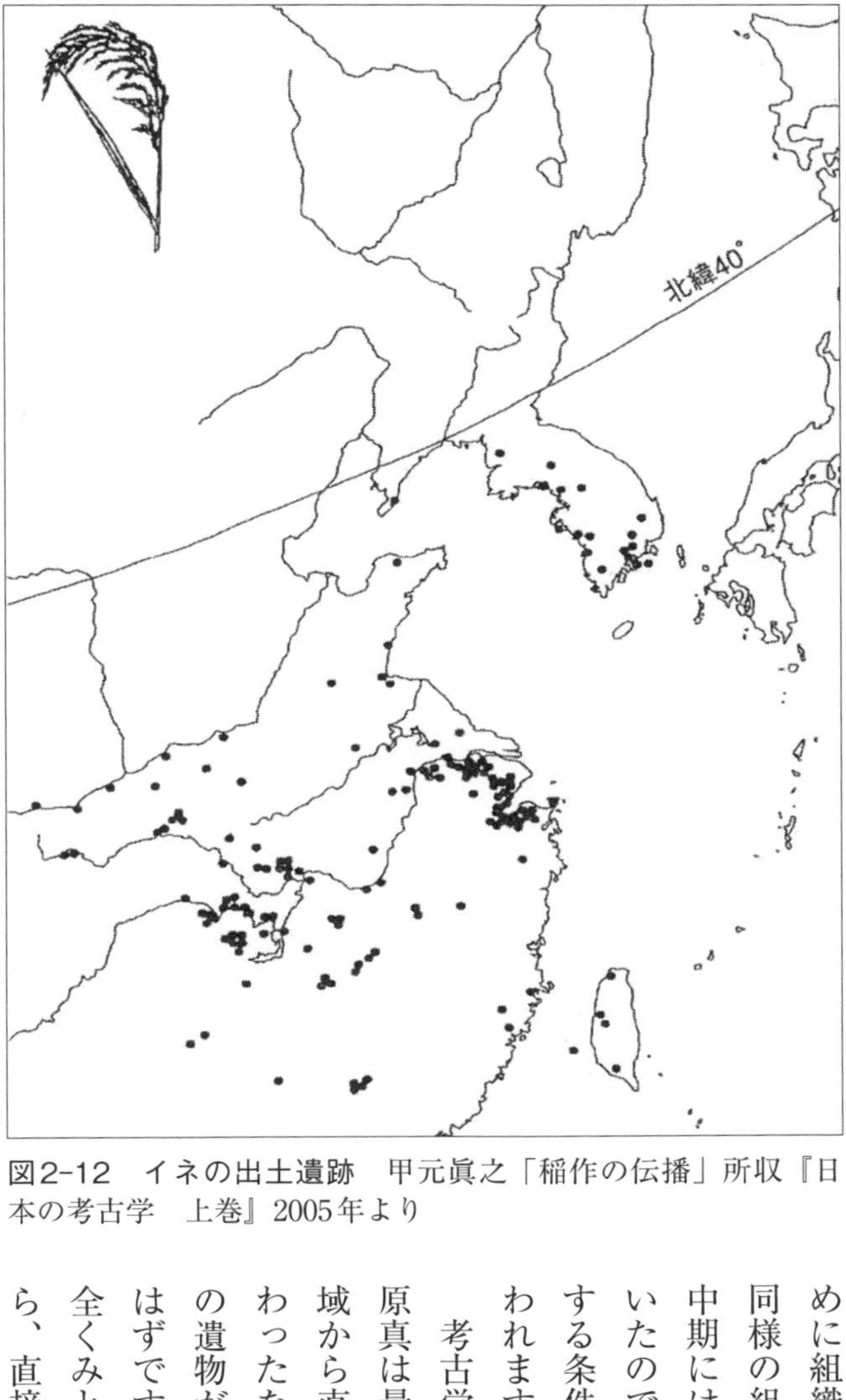

図2-12　イネの出土遺跡　甲元眞之「稲作の伝播」所収『日本の考古学　上巻』2005年より

めに組織化されていました。同様の組織は遅くとも縄文中期には全国的に散在していたので、水田耕作を開始する条件は整っていたと思われます。

考古学の重鎮であった佐原真は最晩年に「長江下流域から直接九州に稲作が伝わったならば、長江下流域の遺物が入っていてもよいはずです。ところがこれが全くみとめられないことから、直接渡来説は、考古学的にはみとめることができません」といいつつ、「穀物栽培は紀元前２０００年紀から１０００年紀にかけて、１０００年以上の長期間にわたる密接な交流の結果として出現するものであり、今後はその折々の農耕文化波及のメカニズムを多方面から具体的に検証することが望まれるのである」ともいいました。そして最晩年に「イネの実だけを持って到来することがなかったとは言い切れない」といいました（２００２）。これは直接渡来を一部理解したとも捉えられます。佐原は周囲の状況を窺いつつ、実は全部分かっていたのではないでしょうか。佐原より一時代前に考古学の双璧とされた山内清夫と芹沢長介が晩年に縄文土器の自生問題に関してもらした本音より随分直截的です。

探し物をする時、在る所を探さなければ見つかりません。鳥瞰すれば直ぐに見つかるものを、無い所を虫眼鏡で探しても、それは見つかりません。朝鮮半島経由説を強調することは本質から眼をそらさせます。

(3) 渡 来

海流調査

かつて漂流ビンによる海流調査が行われました。朝鮮海峡並びに対馬海峡から漂流ビンを発進させ、到着地点がどこかを実験したものです。黒潮から別れた対馬海流は朝鮮半島と九州北西部という余り広くない海峡を通る時、対馬列島によって東西の水道に分かれます。海流調査の結果は、季節によって風向きが変化するので一律ではなく、おおよそ次のようにまとめられます。

東水道＝対馬海峡→主として西北九州から能登半島まで

西水道＝朝鮮海峡→主として出雲より先、東北・北海道方面へ、朝鮮半島東海岸へも

かなり新しい例として千曲川流域の根塚遺跡に鉄剣など朝鮮半島の遺物が発見されました。これなどは西水道が運んだ典型でしょう。すなわち、大方の予想に反して、朝鮮半島から九州へ漂着する可能性は決して大きくないのです。

朝鮮半島には山東半島～淮水の文化が認められていますから、淮水より北から発進した場合には黄海を渡って朝鮮半島に漂着する確率が高かったといえます。そして淮水～揚子江の場合はおおよそ朝鮮半島の南端をか

すめて西水道を通ります。その先は東北日本方面へとなります。また揚子江南部の場合は西日本のどこかに到達すると概略予定できます。日本海に浮かんだ筏は偏西風や季節風によって日本列島に吹き寄せられる確率が高いようです。現在でも日本海沿岸各地点に漂着するゴミの生産国調査が続けられています。

筏という漂流物は考古学者には全く評判が悪いものですが、転覆することなく到着できる渡航具はこれしかありません。当時すでに丸木舟もありましたが、製作に手間がかかり、重く、乗れる人数も限られるので、渡来者が必要とする隻数確保が大きな疑問です。この問題を議論するには、渡来規模を「少なからずやって来た」（篠田）、「人口比率60％」（斎藤）に合わせる必要があります。

黒潮

日本列島に沿って世界最強といわれる黒潮が流れています。現在の黒潮流は、フィリピン東沖に発して台湾の東沖を北上し、八重山諸島をかき分けて西南諸島の西側に出て、沖縄本島（九州本土から７００㎞南）の西沖を通過し、奄美諸島の西側で対馬暖流を分岐して北上させ、本流は奄美大島の北沖から太平洋に出ます。黒潮の流速は時速７㎞（４kt）といわれるのに対し、対馬暖流は、流量が黒潮の４分の1、流速が10分の1と弱くなります。黒潮が最大になったのは６５００～５５００年前（松島義晃〈神奈川県立生命の星 地球博物館〉２０１３）、日本海に本格的に流入するようになったのは８０００年前（大場忠道〈北海道大学・地球科学〉１９８３）といわれます（『講座日本の考古学　縄文時代上』）。縄文後半期には現在より強かった時があったと留意すべきです。

大陸東海岸から日本列島に到着するには、どこで黒潮とその支流を横切るかによって難易度が異なります。大陸東海岸から洪水で押し流されて沖に出てしまった人などは、どこに行くと決めていたのでもなく、一体どこに到着できるのかも知る由がありませんでした。次の5コースに分けて行方を検討します。

第1コースは黒潮より西側から出発するコースで、まず朝鮮半島南西部沖に達し、続いて朝鮮海峡に入ります。対馬海流に浅く乗った場合は反流によって朝鮮半島の東海岸に押し戻されます。やや深く乗っても日本海に出ます。九州には近付きません。

第2コースは第1コースより東側の対馬海峡を行くコースです。丸木舟があれば、西風を利用して漕ぎ渡るのが上策です。西風の強さによって出雲・隠岐・能登・新潟……など、本州島西側中央部のどこかに漂着します。第2コースは第3コースより日数が多く掛かりますが、後述する

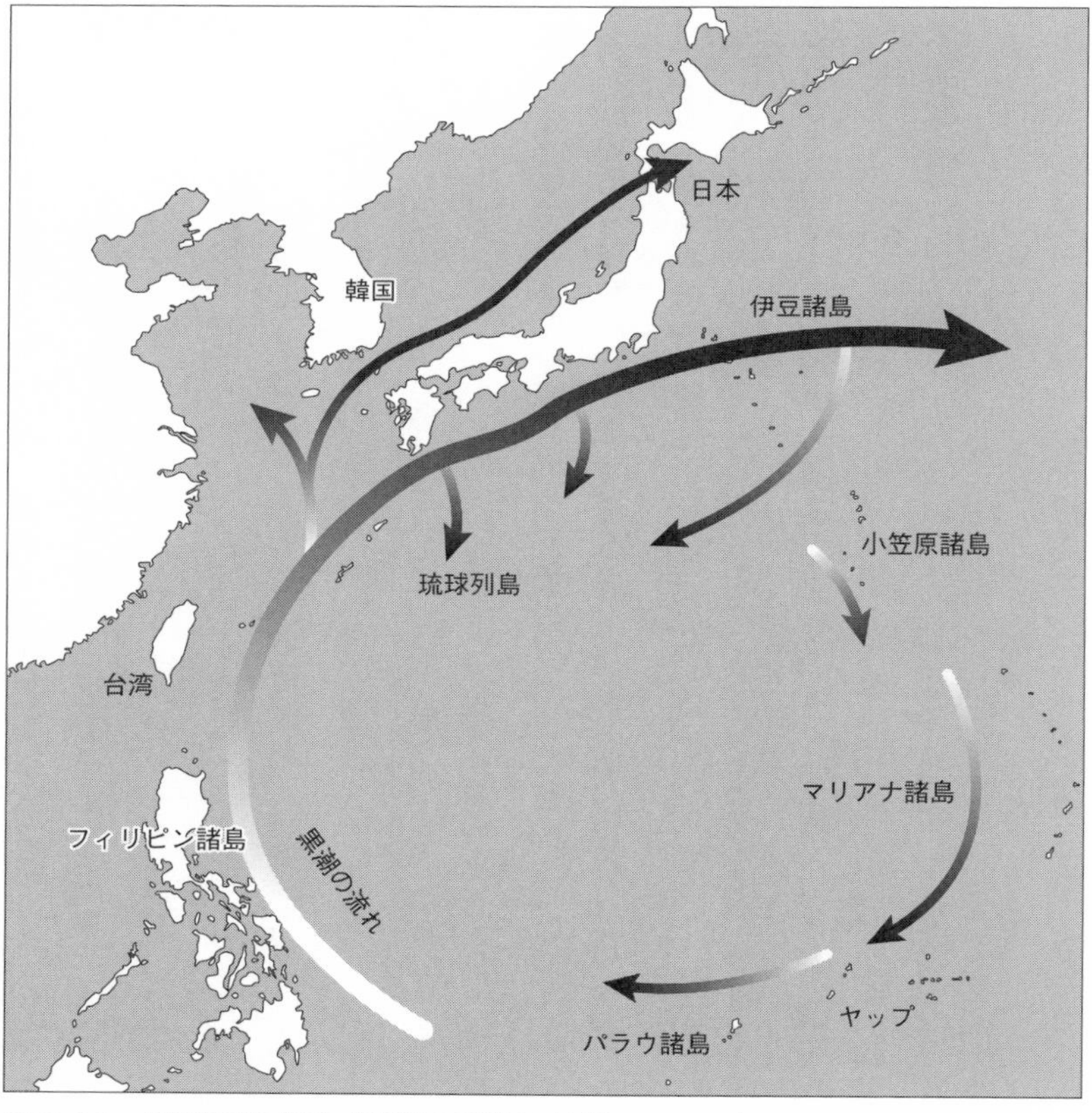

図2-13　黒潮の模式図（実際の潮流は蛇行している）

第4・5コースよりは早く、到着できる確率も高いといえます。

第3コースは第2コースよりさらに東側を行き、第2コースよりやや早目に対馬海流に入り、できれば強い西風を利用して、対馬海流を斜めに突き切って北部九州、西北部九州に着きます。最短コースであり、黒潮・対馬海流を新幹線のように利用します。風向きに恵まれれば、2日で着くそうです。帆走を利用すれば有利です。

第4コースはまず台湾へ渡りますが、揚子江河口から九州までの距離は台湾の東側とほぼ同じです。台湾におけるオーストロネシア語族の歴史は6000年前頃に始まったといわれます。

台湾島の東側から西南諸島を伝えば、九州への渡海は安全だろうという考え方があります。

これに対して、高宮廣衛と大林太良（東京大学、民族学）の反対意見があります。台湾から東へ与那国島には110㎞の渡海があり、そこには黒潮本流が流れています。偏西風利用などの有利な方法で黒潮を横断できたとしても、九州に北上するには奄美大島から再び黒潮本流を横切らねばなりません。エンジンのなかったこの時代に、黒潮を2往復するという無用過大な負担を選択する余地は全くなかったはずです。

なお、第4コースで黒潮を横切らないで、身を任せれば、第3コースに合流することとなり、その方が九州に着ける可能性は断然増加します。海部陽介は3回目にしてようやく黒潮横断に成功しましたが、かえって疑問も増えたというのも当然です。海部は最も難しいルートを試しているのであって、不必要です。もし第二波の渡来コースを考えているのであれば、1回だけ成功しても何の意味もありません。

第5コースは台湾よりさらに遥か南方のフィリピンから出発します。港川人らがやって来たのは2万年前より前の寒冷な時代であって、海岸線が現在とは異なり、スンダランドからの渡来も推測可能です。しかし、第二波が渡来した縄文後半期は大きく温暖化して潮流の情況も変化しました。3～2万年前には黒潮がなかったかもしれませんし、もしあったとしても、潮流が弱かったと思われます。

呉越地方からオセアニア島嶼へ行く場合には台湾やフィリピンは必要な通り道でしょうが、九州や西南諸島を目的地とする場合は逆行ですから、どうしても通らなければならない所ではありません。台湾やフィリピンから直接九州に渡るのに、黒潮の西側を少し利用すれば、崎山理がいうように、「到達するに大きな困難はなかった」でしょう。

しかし、呉越地方から直接九州に渡る第3コースにくらべて所要日数が大幅に増えるのは明らかで、フィリピンから丸木舟に乗ったとしても、陸地に到達できる保証すらありません。一つ間違えば、太平洋の真ん中へ出てしまうという危険が待ち構えています。多数が渡来するには全く不向きです。せっかくの崎山の言及ですが、この部分は捨象せざるを得ません。

これまでに、台湾やフィリピンから日本列島に渡来するには、技術的に大きな問題があること、渡来に要する時間が大変長くかかることを述べてきました。さらに重要な問題として、これらのルートの人たち（例えばネグリト）と日本人とは親縁性が認められていません。

7000年前に大きな拡散があり、オーストロネシア語が波及したことについては度々述べました。6000年前には台湾に移住するグループがあり、タロイモ栽培を習得しました。4000年前にはフィリピンにも移住し、3000年前頃には東太平洋の島々に向けて拡散を開始しました。その頃、オセアニア語がオーストロネシア語から分岐しました。南島語族の東部語派といわれます。

オーストロネシア語族の内、南島ではは主食はタロイモで、イネをつくりませんでした。南島方面ではタロイモが背の高さほども伸びて、効率の良い栽培が実現できたためにイネをつくる必要がなかったと思われます。日本列島にもタロイモは伝播しましたが、矮小化・腐りやすいなどの問題があり、イネ栽培が如何に難儀であっても、それを選択せざるを得なくなった時があったと思われます。

4．縄文時代の言語

南島語伝来

奈良時代の初めに編纂された『肥前国風土記』に「この嶋（小近(おちか)）の白水郎(あま)は容貌隼人に似て、つねに騎射を好み、その言語は俗人に異なれり」という一節があります。日本列島語に関する記述はこれが最古かもしれません。森浩一（考古学）は、「小近」を長崎県北松浦郡小値賀(おぢか)島（五島列島の北部にある小島）に比定しました（1994）。この話は古蒙古人形質の渡来を想起させます。

村山七郎は「南島語が日本語に入ったのは縄文時代である」といいました。続いて崎山理・中本正智・川本崇雄らが日本語との近縁関係を証明しました。オーストロネシア語と縄文語との最大の相違は語順です。古代日本語（『古事記』）も現代日本語もO＋Vです。その時仮にV＋O（25頁）に置換されたとしたら、現代語と整合するために再びどこかでO＋Vに置換されなければなりません。しかし、そのような大変容を起こす大事件はそれ以前にも、それ以後にもありません。

一般論として、渡来規模によって受容側の言語への影響の程度が下記のようにパターン化されます。

①渡来人数が一定割合以下に少ない場合には言語変容は生じない。語彙を借用するのが精一杯である。
②渡来人数が一定以上、あるいはほぼ拮抗する場合には言語変容が生ずる。同時に語彙も多く入る。
③渡来人数の方が在来人口より多い場合に言語は置換されやすい。

日本列島には、第二波の渡来人数が在来人より多かった可能性がありますが、結果的に置換されませんでした。

これまでの渡来語を纏めると、日本列島には初めに東北ユーラシア語系言語が行われていたところ、縄文後半期に断続的な渡来があり、南島語が入って混合現象を起こして日本語が成立したことになります。

崎山理が呉越の言語的状況について次のように述べています。

「民族の出発地点と推定される南部呉越地方にオーストロネシア語族の痕跡を見出すことは困難であるが、現在、その地域にはチベット・ビルマ諸語、カム・タイ（壮侗）諸語、ミャオ・ヤオ（＝苗瑶）諸語、それにオーストロアジア諸語、ヴェト・ムオン諸語など、系統の異なる多くの言語が広がり、かつてこの地域では言語的興亡が盛んであったことをしのばせる」

（「日本語の混合的特徴」所収『日本文化の源流　北からの道・南からの道』小学館、１９９１）

フィッシャーらの見解

漢語の誕生については、西田龍雄が述べていますが、S・R・フィッシャーもこの時期の大陸の言語状況をまじえてダイナミックに説明しています。

「非常に早い時代、おそらくは最後の氷河期が終わってわずか2000〜3000年ごろ、シナ・チベット祖語は三つの主要な下部語族に分かれた。中国語、イェニセイ・オスチャック語族、チベット・ビルマ語族である。（中略）北京語の優勢は（中略）５０００年前より少し前に揚子江デルタ地域に移住した中国語話者が、そこでイネ栽培を行い、それによって未曾有の人口爆発を起こした結果である。（中略）イェニセイ・オスチャック語族には現在シベリア北部で話されている諸語も含まれ、そこがシナ・チベット語族全体の原故郷であると思われる。およそ８５００年前、揚子江デルタ地帯において原中国語話者によりイネの栽培が始まり、それに伴って新たな文化が起こった」

（S・R・フィッシャー『ことばの歴史』研究社、２００１）

上記で注目されるのはシナ・チベット祖語の原郷をシベリア南西部としていることです。そこから三つのグループに分岐し、南下したり、東向したりしたといいます。タクラマカン砂漠は当時砂漠ではなかったようです。

もう一つ注目すべきはイネ生産の評価です。フィッシャーはイネ生産が人口増加に大きく貢献したといい、イネ生産による食糧の増加と人口の増加を一致させました。シナ語話者が稲作によって人口大爆発を起こし、その影響は、南は東南アジア一帯に、北は黄河まで及んだといいます。「５０００年より少し前」とは篠田もおよそ一致します。

「北の言語」の場合も沿海州辺りから殆ど一歩も外に出られませんでしたが、オーストロネシア語の祖先は一体どこから来たのでしょうか。専門家の所見もその後変わらないようです。

イズドア・ダイエン（オックスフォード大学、アウストロネシア比較言語学）はオーストロネシア語の源郷を揚子江デルタ地帯としました。そして、約８０００年前にその地域で稲作農耕者によって話されていた言語をオーストロネシア祖語とし、拡大したシナ・チベット語族の下部語群に属すると考えました（１９７１）。揚子江デルタ地帯に稲作農耕が発達して、爆発的に波及したとする解説はフィッシャーと同様です。

ポール・キング・ベネディクト（ハーバード大学、言語学）はタイ語らオーストロネシア語族と日本語との親縁関係を調べ、図２‐14を作成しました。オーストロネシア語と日本語を姉妹関係においている点が注目されます。タイ語とシナ語との親縁関係は否定しました。

これらを総合しますと、縄文後半期併行期における東アジアの言語的中心は揚子江デルタ地帯であり、そこから東南アジアと日本に拡散したことになり、日本の研究者と大枠で一致します。

漢語がオーストロネシア語族と親縁関係にないことが非常に印象的です。言語学の宿命で、これ以上遡ることはやはり無理なのでしょう。

西縄文人と西縄文語

日本列島への渡来は、最初が4万年前頃で、その後3万年間余り途絶えました。ようやく縄文後半期になって2回目の渡来がありました。この度の混血によって日本列島人は均質でなくなり、日本列島語も変容しました。このノートではその結果を西縄文人と西縄文語としました。ここでは、核ゲノム（第二波）、Y遺伝子（y‐C1）、比較言語学（オーストロネシア語要素）、考古学（玦飾、プラントオパール、圧痕）、民俗学（高床式建築など）を総合して縄文渡来論の根拠としています。

斎藤成也は第二波の渡来文化として黒陶だけを取り上げています（2017）。黒陶は高度な装飾加工が多く、高級品というべきです。渡来民の大多数がかつての生活の中

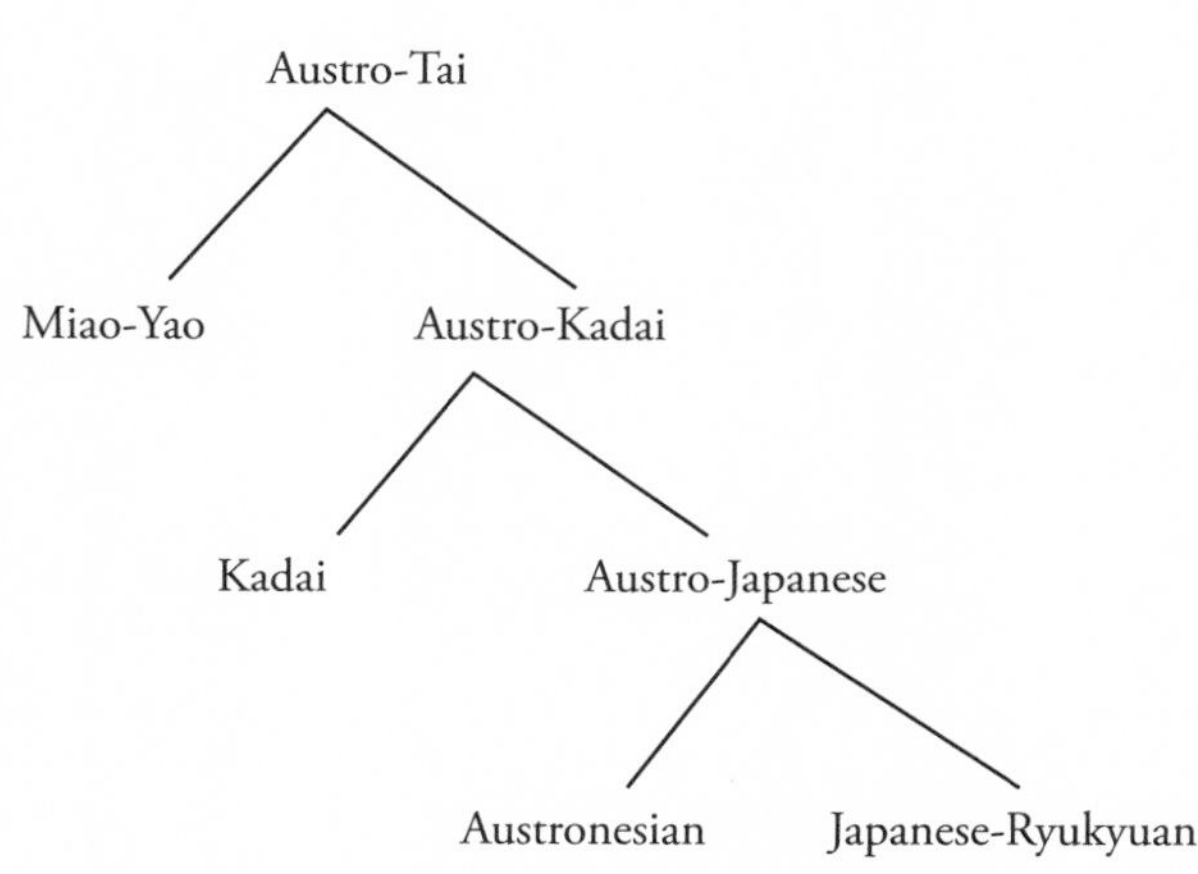

図2-14　ベネディクトのオーストロ・タイ語族と日本語
ベネディクトの71歳記念論集所収より（西田龍雄、2000）

に使用したとするのははなはだ疑問です。第二波は規模も大きく、縄文後半期のほぼ全期間に広がります。全体像を説明するには黒陶だけではなく、北海道に至る列島全域にたくさん指摘されている呉越文化の総てを対象とすべきです。

混合現象

前述のように、崎山理はオーストロネシア語がフィリピンから渡来したと唱えました。また川本崇雄はオセアニア語に日本語との一致要素を多く見出して「日本人はオセアニアから来た」といいました（1988）。彼らの学術研究成果はその通りとするほかありませんが、著作の中には解説が様々述べられ、さらに随筆や物語というべき部分もあります。

川本は、日本語にオセアニア語の要素が見つかったといっているのであって、オセアニア人が日本にオセアニア語を運んだと証明したのではありません。学説を物語にするのは著者の所為のみでなく、読者自身も理解に責任をもつべきかもしれません。

文化の伝播を考察する時、基本的に「発信側」と「受容側」双方の文化力を比較します。有用な文化や強い文化は文化のない方や弱い方に向かって流れます（中本正智）。縄文文化は強い文化であったといわれます（小林達雄）。

言語の混合は関係する言語が文法や語彙構造を遣り取りする現象といわれています。そこに、双方の言語がどのような状況なら混合するのかという問題があります。崎山は「言語混合が起こるためには、深い言語的・文化的な接触が必須であるだけでなく、（中略）すくなくとも1世紀以上（最短でも2世代以上）の醸成期間が必要ということになろう」と述べています（2017）。この部分は学説ではないかもしれませんが、崎山のこの言及はまさに金言というべきでしょう。

ピジンとクレオール

言語学では、ピジンとかクレオールとかいう言語現象が説かれます。太平洋戦争後、日本国では占領軍（アメリカ兵ら約20万人）と一般の日本人との間でピジンが発生しました。日本人側は、日本語の文法の上に覚えたての英語の語彙を乗せるなどして懸命に意思を伝えようとしました。一方占領軍兵士たちも街に出れば、聞きかじった日本語の語彙を英語の文法にはめこんで喋りました。そしてお互いに相手方の語彙や音韻を受容しようと努力しました。双方ともピジンです。これが世代を超えて社会性をもって使用されるとクレオールといわれます。しかしその時は、一時的にピジンらしいものが発生した程度でした。

また終戦直後、いわゆる連合国軍司令部（ＧＨＱ）は日本語のローマ字表記を制度化して実施しようとしました（かなや漢字使用を禁止する。特に進駐軍は漢字には手を焼いたらしい）。学校や書店にはヘボン式表記の比較表が貼り出されていました。本気で覚えた人もいましたが、実情にそぐわないとして短期間に取り消され、多くの人が安堵しました。日本人から文字文化を取り上げようとした壮大な野望は、新憲法をローマ字表記するなどの混乱をみることなく終わりました。

以上は占領下という特殊な状況においてさえ、言語関係に強制力は馴染まず、失敗に終わったという貴重な実験でした。言語要素は使用人口が大きい場合、本来的に保守性が強いようです。ＧＨＱもそれをよく理解して、結果的に正しい判断をしたと思われます。そもそも1億人という多人数を相手にすること自体無謀ですが、この時の日本の文化力も決して弱くなかったでしょう。縄文後半期の場合も人口が少なかったとはいえ、言語を変容させるには特別な力が必要だったと思われます。新疆ウイグルや内モンゴルで新しい動きが始まっていますが、この場合は強制力を使うはずです。

縄文時代に入った言語

縄文後半期には、地域によっては渡来民の割合が多かったかもしれません。述べたように、渡来が波状的であったことによって、その都度、渡来語と在来語との間に、渡来語をベースにした渡来系ピジンと在来語をベースにした在来系ピジンが何度も何度も発生して重なり合い、やがて混合言語を形成したのでしょう。

前述の斎藤の60%という報告を聞けば、かなり大人数の渡来が予想されますが、必ずしもそうとは限りません。鬼界カルデラの大噴火によって九州の人口が少なかったのであれば、比較的少数の渡来人でも遺伝子・文化・言語に比較的大きな変容を生じさせることが可能です。また、本州の西海岸沿いに隈なく少人数ずつ到来したとすれば、遺伝子的には影響しても、言語的には影響が少なかったといえそうです。渡来人と交流したグループが新たな文化力を発揮して食糧獲得を有利に進めて人口増加率を向上させれば、一定期間経過後に日本列島の多数派となります。

旧石器時代から縄文時代への移行期を含む縄文前半期に渡来があったという報告は現在に至るまでありません。

縄文後半期には、ほぼ全期間にわたって断続的に新文化が入りました。これを成したのはオーストロネシア語を伴った第二波です。オーストロネシア語の語順は日本列島語とは異なるV＋O構文でしたが、日本列島語はO＋V構文を開闢以来貫きました。

縄文文化は岩宿時代以来続いた質の高い強文化であり、渡来があっても、あえて他文化を受容する必要がなかったと思われます。他文化・他言語の侵攻に対する大きな抵抗力が水稲と言語を直ちに受容しなかったものと思われます。崎山が「古代日本語の原形は縄文時代終了時までに出来上がった」と説明しています。水稲も同時であったとするのが順当でしょう。とすれば、言語・文化ともに最初に入ってから受容されるまで何千年もかかったことになり、無理のない需要が内生的に選択されたのでしょう。ここに成立した言語を、崎山の命名に従って原日本語とします。

前述のように渡来人の成分が60%とか、80%ということはまことに容易ならぬ数字です。これは適切なサンプルが得られれば、必ず修正されますので、時間が掛かってもそれを待つべきです。その結果において水稲の受容と言語の混合の問題を本格的に検討したらよいと思われます。

縄文時代に入った言語を左記にまとめます。

①Z1（オーストロネシア語族）
②W1（シノ・チベット語族Wビルマ語、雑穀系）
③X2（オーストロアジア語族Xモン・クメール語派系、雑穀系）
④X1（黒潮圏の言語：栫ノ原（かこいのはら）型石斧（せきふ）文化）

述べてきたように、フィッシャーは大陸西北部で大語群から①オーストロネシア語が分岐したとしました。これをZ系とします。呉越（江南）地方から主要なオーストロネシア語族のオセアニア語派とメラネシア語派（インドネシア語、マライ語など）の拡散に伴ってシノ・チベット語族の②ビルマ語や、オーストロアジア語族の③モン・クメール語派などの言語も渡来したと

表2-1　縄文時代までに渡来した言語

時代		渡来文化	西日本			東日本	
			九州南部	九州北部	本州南西部	本州北東部	北海道
岩宿		石刃系	Y2	Y2	Y2	Y2	Y2
縄文	前半期						
	後半期	長江文化	Z1 W1 X2	Z1 W1 X2	Z1 W1 X2	Z1 W1 X2	

いわれます。この系統はｙ-Ｏ１ｂ１で、東南アジアに多く、日本列島には少数入ったといわれます。

また、草創期には④椨ノ原型石斧文化の渡来がありました。この系統は西部九州・四国・紀伊半島にも追究されていますが、ＤＮＡや言語定着に関する報告がないので、渡来語に含めませんでした。

コラム　日本の基層文化ミュージアム

1万年以上も続いた縄文土器は後半期になると一段と華やかさを増します。縄文中期の新潟県の火焔型土器、福井県鳥浜の彩文土器(ベニガラ彩色)、晩期には遮光器土偶など、国宝や日本遺産も多いです。高度な技術は日本固有の発達です。岩宿時代の磨製石斧やナイフ形石器以来のものづくり精神は今日の日本人に直接繋がっています。

縄文土器は日本列島自生の文化であり、技術であり、芸術です。分布範囲が広く、期間も長く、圧倒的な量をほこり、種類も多彩です。同様の例は世界中にありません。優れているものは土器ばかりでなく、漆製品も世界に先駆けています。木製品ですから出土数が少ないのが残念です。大型建造物が東北地方中心にほぼ10ヶ所あります。青森の三内丸山遺跡が象徴的存在ですが、それだけでは象の足を褒めるようなものです。

世界には「四大文明」がありますが、これらはすべて富を集中させた王権や国によって成立しています。縄文文明はこれとは全く性格を異にしています。岩宿文化とともに、圧倒的に旧く、豊かな生活と平和を享受する住民によって全土に自生し、むしろ文明の発達とは何なのかと問いかけています。これに関して日本人自身が充分議論したとは必ずしもいえず、世界中が知る由もありません。そこで、全国的に散在する岩宿石器や縄文土器などを集約する「日本基層文化ミュージアム」構想を考えました。戦後の自虐史観から脱する方法であり、正倉院と相まって日本文化のもう一つの柱とします。これは近年の東アジアの政治情勢からも、国策として重要ではないでしょうか。

日本の基層文化は文明の定義にそぐわないどころか、それ以前から独立した文化であり、深い精神性をもっています。無理矢理縄文文明などと唱える必要はなく、民族的理解の実質を深めることが大切です。

第3章　弥生時代

1．概　観

「500年早かった」は昔の話

弥生時代開始の定義はほとんどの場合、佐原真による「本格的な水稲の開始」でした。前述の縄文人の核DNA解析成功が他分野にどのように影響するのか、今後も注目する必要があります。まずは開始時期にまつわる近年の論争を振り返ってみます。

佐原没後1年ほどの2003年5月19日、国立歴史民俗博物館の今村峯雄（理学）・春成秀爾（考古学）が弥生開始期の数値年代は500年早かった可能性があると発表しました。すなわち、弥生時代開始期の前後と考えられる土器をC14（AMS）較正年代方式によって測定した結果、開始時期が3000年前頃に推定できるとしました。

考古学は元来数値年代を使用しないで、土器形式による抽象的な年代順位を基軸として議論する伝統があります。前世紀では、遠賀川式土器（水稲）の波及、人口爆発、戦争の発生、クニの発生、金属器の到来など、弥生時代の主たる事象が2300年前頃に集中していたため、500年も早くなるというこの発表は、学界のみならず、一般社会をも震撼させせました。

相対年代派が猛烈に批判する中、かなり早い時期に「3000年は早過ぎるが、2800年なら受け容れられる」との声が上がりました。

数年に亘る激論の末、2300年前辺りに固まっていた諸事象がほぐされながら古い方向に修正され、ここに一旦、弥生時代像は見違えるように構築し直されました。

考古学がそうした努力をようやくし終えたかに見えた2016年、核ゲノム解析グループが研究成果を発表しました。前述のように、第二波が縄文後半期に、第三波が弥生時代後半期以降に渡来したというのです。この説は証明に基づいていますので、流石の考古学も鳴りを潜めてしまいました。但し、現在に至るまで弥生時代開始年代2300年前を守り続けているグループは第三波到来大歓迎です。彼らはあくまでも弥生の専門家であり、守備範囲外の縄文時代に第二波が渡来しようとも、専門外には原則として触れません。弥生文化の開始を3300年前（縄文晩期）にさかのぼらせる表3－1のような説が登場しても、「不知」のみで済ませます。出所が歴史民俗博物館ですので尚更です。

作表した小林青樹の論述は遼寧の金属器文化到来関係のみで、水稲関係には一切触れていません。これが出る以前は、水稲・青銅器・鉄器が前後して渡来したとされていましたが、小林によって青銅器文化人像が他から浮き上がってみえるようになりました。ほかからも、日本列島に来て水稲指導をしたとする説がでました。遼寧青銅器文化には水稲はないので、もし青銅器文化が日本列島に水稲を共伴したとするのであれば、遼寧青銅器文化と水稲文化とが朝鮮半島のどこでどのように融合したのか、それとも別のグループが水稲に関与したのかなど、説明しなければならないでしょう。

以上のように、ゲノム解析によって考古学は形容しがたい影響を受けました。弥生始期の渡来は朝鮮半島からという論調が維持されましたが、従来の議論の延長はなくなりました。学問の進歩でもあるので仕方ありま

表3-1　（新）弥生時代　小林青樹『弥生文化の起源と東アジア金属器文化』2019より

	BC3000	BC2000	BC1300	BC1100	BC800	BC600	BC400～300
ロシア中東部 アルタイ	アファナシェボ文化 先アンドロノヴォ文化	セイマ＝トルビノ系 アンドロノヴォ文化 ペトロフカ文化／ アラクリ文化 フェドロヴォ文化	アンドロノヴォ様文化 サルガリー文化	イルメン文化 カラスク文化	先スキタイ／ タガール文化	スキタイ文化／ サカ	パジリク
新疆		青銅器時代（天山北路文化他）		早期鉄器時代（焉不拉克文化他）			
甘粛・寧夏	馬家窯文化 半山類型・馬廠類型	四覇文化 斉家文化	寺窪文化		沙井文化	（千家）	（馬庄）
内蒙古中部	老虎山文化	朱開溝	李家崖文化	先オルドス青銅器文化 狼窩子坑		オルドス青銅器文化 毛慶溝	オルドス青銅器文化
中原	廟底溝 王湾	二里頭　商前期	商後期（殷墟期）	商末・西周	西周末・春秋前半	春秋後半～戦国初期	戦国後半
燕山（燕・長城以北）	雪山		抄道溝	琉璃河 小河南　白浮	燕 玉皇廟文化		燕国の領域拡大
遼西北	小河沿文化	夏家店下層文化		夏家店上層文化		燕化（領域の東方への拡大）	燕国の領域拡大
遼西南	偏保類型	高台山文化	魏営子類型	凌河文化		燕化（領域の東方への拡大）	燕国の領域拡大
遼東	郭家村	小珠山上層	双蛇子３期 新楽上層	双房	崗上	鄭家窪子	燕国の領域拡大
韓半島	櫛目文中期　後期		無文土器早前期		中期	後期	清川江以北は燕の領域支配
日本列島	縄文後期	縄文晩期		弥生早期	弥生前期		弥生中期

せん。弥生時代と縄文時代の定義変更などと問題山積ですが、成るべく早く纏めてほしいものです。このノートでも以前から無理な点を指摘しており、俯瞰する見方も提供してきました。

時代を2区分する

縄文時代・弥生時代ともに前著で前後2区分しましたところ、近年は弥生時代を前半期（3000年前～2400年前）と後半期（2400年前～1800年前）に二分する説がでて大きく前進しました。特に、設楽博己（東京大学、考古学）は、前半を農村社会、後半を政治的社会と分割し、後半始期の前4世紀に「首長集団」が渡来したといいます（2013）。この渡来は斎藤のいう第三波到来と一致します。

弥生時代における一般的な区分との関係を示します。

前半期：早期～前期前半	後半期：前期後半～後期

殷の一員に過ぎなかった周は同列であった諸侯が各地域を分担統治する封建制度を採用しました。この政治体制が住民管理をよくしたために農民の流出が一時止まり、日本列島への渡来にも影響したと思われます。西周に続く春秋時代までは大陸の政情が比較的穏やかで、弥生前半期がおよそ対応します。日本列島の前半期は基本的に縄文時代を受け継ぎます。前半期には渡来がほとんどなかったとする説もあります。

続く弥生後半期は大陸の戦国時代から後漢までとおよそ対応し、クニが誕生します。戦国時代のシナでは武器が高度化して戦争の様相を変化させせました。その戦乱に触発されたのか「第三波」が動き出し、朝鮮半島を経由して日本列島に渡来します。それによって弥生の時代相がガラリと変容します。縄文的要素が急速に失われ、日本列島の精神史上においても一大転換期を形成します。

ここが現在に繋がる政治的・競争的社会への出発点となります。「第三波」はクニ・戦争・銅・青銅・鋳鉄・鍛鉄などを次々と持ち込みます。クニは領民と金属類を管理し、戦争を行使しました。次第に拡大して地方ごとに纏まり、やがていくつかの国を併合してさらに領域を拡げ、最終的には一つに纏まります。

なお、クニの規模は小さいものが想定されていますが、国の場合は旧郡や旧藩を参考にする意見があります。

2. 弥生前半期

(1) 最古の水稲

日本最古の水稲遺跡

考古学では長らく、弥生時代開始を朝鮮半島の松菊里型文化到来と結び付けていました。そして「水稲が縄文時代に存在しても別問題である、弥生早期は半島系の土器を持たないから弥生時代の小区分として認められない」「半島系の土器をもつ部分に限定して早期を認める」などとする説もでました。主張もここまでくると、まるで半島秘密結社です。

日本最古級の水稲遺跡は佐賀県唐津市の菜畑遺跡下層、福岡市の板付Ⅰ式下層、福岡県糸島市の曲り田遺跡といわれてきました。その後野多目遺跡、橋本一丁田遺跡、雀居遺跡が加えられました。これらの古い層から出土する土器は山の寺式、あるいは夜臼式と呼ばれます。この型式は現在では弥生時代早期に編入されています。

１９７８年、板付Ⅰ遺跡では40㎝下から新たな層が見つかり、そこから水田遺構、完成した水路施設、石包丁や木製農耕具などが出土しました（森岡秀人〈関西大学、考古学〉、２００５）。これが板付Ⅰ式下層といわれ、「縄文水田」ともいわれます（山崎純男〈福岡市教育委員会、考古学〉、２００５）。発見以来40年ほど経っていますが、最近でも最古級の水稲遺跡といわれるのみで、遺跡評価が定まりません。一時下層の年代測定が実行されるという話がありましたが、実行されませんでした。菜畑遺跡についても、下層に手掛けられることはなさそうです。これらが年代測定されれば、古くさかのぼることは確実です。

弥生前半期は第二波と第三波の隙間に当たりますので、その間の渡来人口は多くないはずです。岡村道雄（東北大学、考古学）も「弥生文化開始期に、弥生人のほとんどは、どこからも来なかった」といっています（２００５）。小林青樹は「青銅器文化が連続して入った」（２０１９）といっていますが、大勢ではなかったようです。要するに、前半期の渡来は日本列島の遺伝子プールの一定水準に達しなかったのではないでしょうか。

朝鮮半島最古の水稲遺跡

朝鮮半島における最古級のイネ遺跡といわれる半島付け根の遼寧省文家屯遺跡、半島南部の慶尚南道金海農所里貝塚（丘陵）、漢江中流域の欣岩里遺跡やピョンヤン市（北緯39度）南京遺跡はいずれも陸稲です。

従来、忠清南道扶余郡にある無文土器時代（後述）中期の松菊里遺跡が朝鮮半島最古の水稲遺跡と長らくいわれました。特異な住居形式（松菊里型住居）、松菊里型土器、丹塗磨研土器、三角形石包丁抉入片刃石斧が出土し、これらを含んだ特徴ある文化は松菊里型文化と呼ばれ、これが弥生前期の板付Ⅰ式と並行して西日本一帯に広がったとし、その文化到来をもって弥生時代開始と唱えられました。ところが、松菊里遺跡は前８世紀をさかのぼることはないとされ、この物語は崩れました。松菊里型土器は無文土器で、亀ヶ岡文化の水準とは全く比較になりません。どうしてこのような文化の逆転が受容されたのか、検討する価値があると思われます。

松菊里遺跡より相当南、釜山に近い蔚山市で玉峴(おくきょん)遺跡が新たに発見されました。玉峴遺跡には小区画水田があります。土器包含層の測定年代が前11世紀であり、半島における最古の水稲遺跡は一時これに変更されました。江南地方から玉峴遺跡への伝播ルートは、山東半島経由と黄海横断の2ルートが考えられました。松菊里型文化南下説が唱えられていた頃にはもっぱら山東半島経由のみでしたが、松菊里より古い玉峴遺跡が南方で発見されたことによって黄海横断ルート説が出されました。その後古い遺跡がいくつか見つかりました（図2‐12、135頁）。

山東半島経由には次のような条件があります。すなわち、水稲が江南方面から山東半島へ到達したのが4000年前ですから、山東半島経由で朝鮮半島に到達する時期はそれが上限となります。もし淮水方面から黄海を渡海したのであれば、山東半島経由より古い5000年前の蓋然性があることとなります。

朝鮮半島の水稲があくまで山東半島経由とすれば、4000年前以降となり、縄文後期初頭には間に合いません。日本列島への水稲伝播時期が古くなればなるほど、伝播ルートは黄海を南に下ることとなります。最南は江南で、そこからは7000年前の蓋然性があります。

小畑弘己（熊本大学、考古学）は「日本列島への最も古い水稲渡来例は縄文後期」と述べました（2016）。この説は斎藤説と時期が一致するので、非常に重要です。川崎保（長野県埋蔵文化財センター、考古学）も、「後期の無文粗製土器の出現自体は、少なくとも九州では外来的要素であって、おそらく人間集団の移動を反映している」といいます（2009）。江南では文化の逆転が生じているので、それと符合するかもしれません。渡来による大規模な影響といってよく、渡来文化村存在が予想されるので、言語的にも重要です。縄文土器型式をこのような新視点からみることは真に興味深いことです。

植物遺伝学から

佐藤洋一郎（植物遺伝学）の最も評価される功績は、図３-１で示される、日本列島の水稲伝播ルートは２系統あったという発見でしょう。イネのＤＮＡにＳＳＲ（Simple Sequence Repeat）という領域があり、この変形版がやたらと多い性質を利用して品種を見分ける方法を案出しました。それによって日本列島、朝鮮半島及び大陸の３地域における分布を調べたところ、大陸と日本列島に存在しても朝鮮半島には存在しない因子を発見しました。この事実から、イネは朝鮮半島経由以外に直接大陸からも渡来したとしました。

この佐藤の説は日本の考古学界を充分震撼させるものでした。しかしながら、考古学には水稲の渡来は朝鮮半島経由に限る、江南からの直接渡来はあり得ないという強い主張があります。中には揚子江下流域にジャポニカはなかったと強弁して反対する意見もあったくらいです。佐藤はこうした考古学の在り方を合理的でないと批判しました。それでも考古学の大部分は象牙の塔に立て籠り、朝鮮半島の関与を主張し続けています。

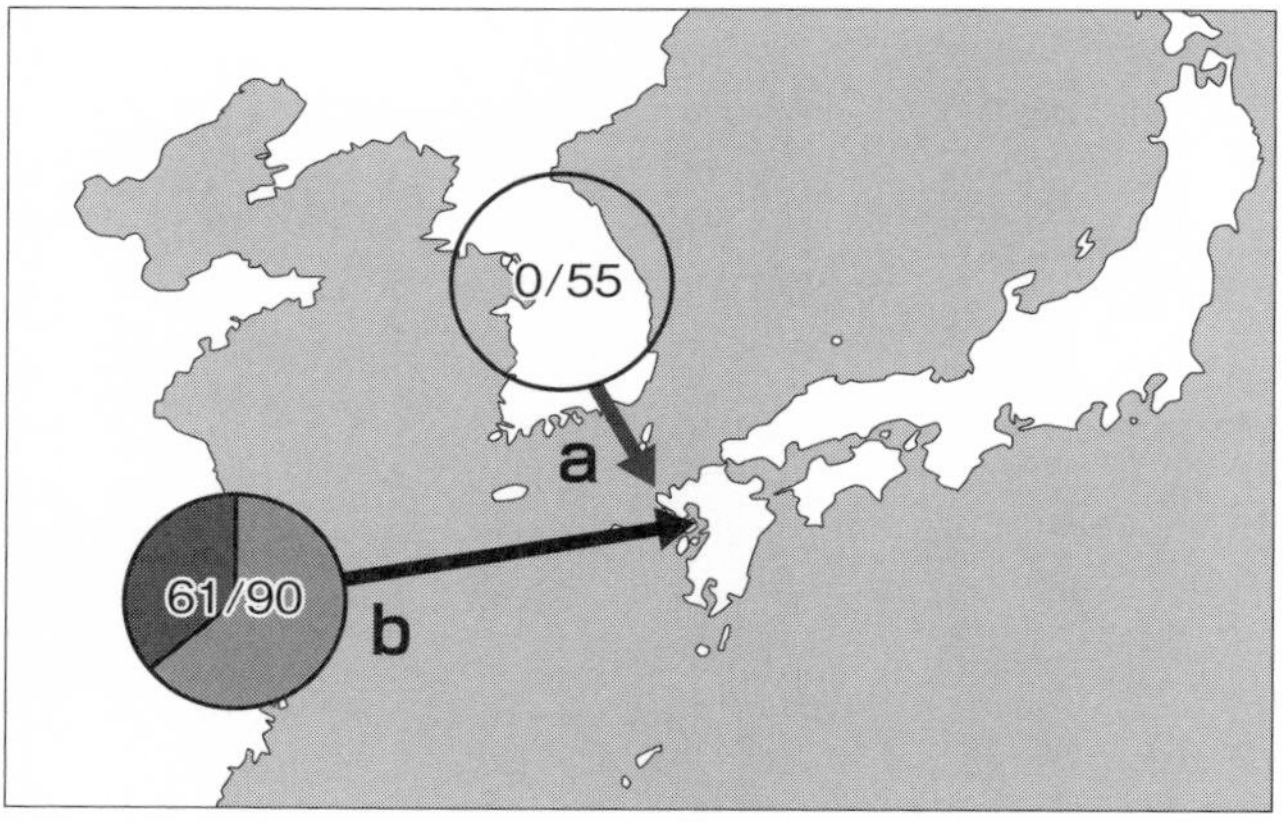

図3-1　二つの温帯ジャポニカ系統の日本列島へ渡来　佐藤洋一郎「DNAからみた稲の道」所収『日本人はるかな旅　第4巻』2001より

朝鮮半島の支石墓

支石墓は朝鮮半島にも北部九州にも共通して数多くあることを理由として、以前には水稲も半島から伝来したとされていました。朝鮮半島の支石墓についてここで整理します。墓を作るのに石材を使用すること自体は自然発生でしょう。朝鮮半島の支石墓には2系統があります。

①朝鮮半島の文化は、北から陸路で、あるいは山東半島方面からの海路で伝わったとよくいわれました。この考え方に従えば、支石墓だけが半島内で自生ということはあり得ないことになります。中橋孝博（九州大学大学院、人類学）は、この支石墓のヒトは縄文系に類似する形態であり、移行期の北部九州で発掘される人骨も在来の縄文人と類似し、渡来系弥生人はそれより後から入ったといいました（2005）。図3‐2が示す半島西南端部の大群は、陸上を伝播したとするのは不自然です。最も可能性があるのは対岸の淮水方面からの第二波の渡海です。

②遼寧勢力は大陸東北地方から南下して朝鮮半島のどれだけかを植民地化しました。首長らは故地の習俗である支石墓を半島南部まで持ち込みました。支石墓には遼寧式の他に漢式もありますので、漢族も朝鮮半島を通ったことになります。

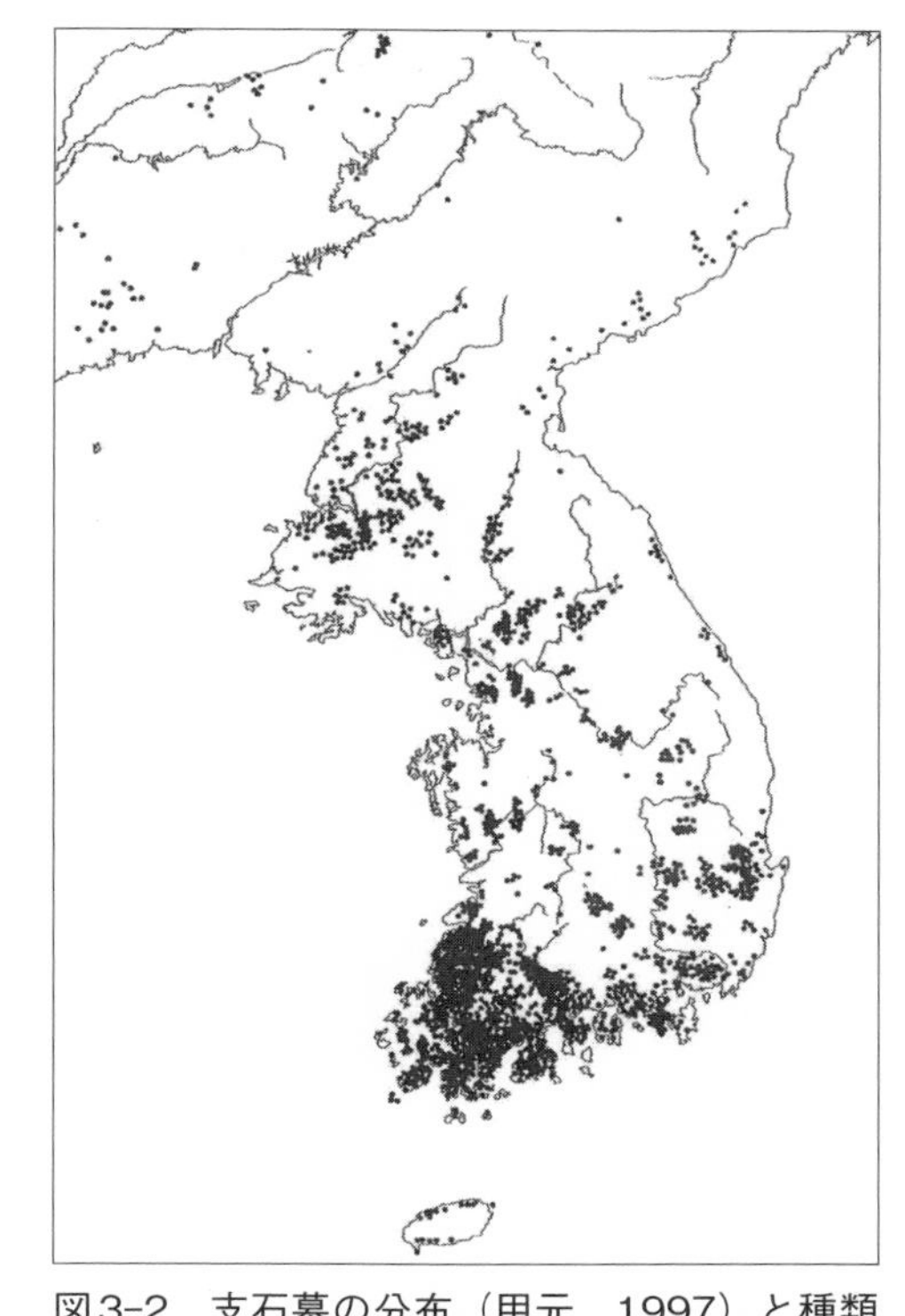

図3-2　支石墓の分布（甲元、1997）と種類（甲元、1980）　早乙女雅博『朝鮮半島の考古学』より

以上のように、支石墓から第二波並びに第三波の渡来の状況がみられます。時期も相当広い幅となります。

二重構造モデル

埴原和郎の「二重構造モデル」と呼ばれるものがあり、一世を風靡しました。すでに前著で「二重構造モデル」の問題点を指摘しましたが、ここでも簡単に触れます。まず「二重構造モデル」の趣旨です。

①すべての東アジア人は東南アジアの古蒙古人に由来する。東アジア人の一部は北上してシベリアに達し、日本列島に初めて到来したのはこの古蒙古人の一部である。

②縄文時代以前において、北海道から沖縄に至るまで日本列島のヒトはすべて均一な古蒙古人であった。

③シベリアに北上した東アジア人は、ほぼ2万年前の最寒冷期に寒冷適応小進化をとげて新蒙古人となった。

弥生時代初めになって、古蒙古人だけの日本列島に大陸から新蒙古人があらわれて混血が始まり、列島中央部ではいまだに混血が進行中である。

日本列島内における形態的二重構造は共通認識です。埴原説について主な問題点を左記にあげます。

①渡来人の由来が不明。

②東南アジアにはない石刃が4〜3万年前の東北アジアで発生して日本列島に一部が伝わったという考古学の定説を説明できない。

③縄文人が沖縄から北海道まで全国均質という理解はない。

④新蒙古人の渡来人数は当初200万人とされたが、途中から100万人に変更された。いずれの数値も過大である。

多くの分野の専門家から現在でも忖度されるほど、大きな影響を及ぼし続けています。考古学もそうでしたが、最近はようやく呪縛から解れて、粛々と日本人の多重構造がありのまま議論されています。

江南系と半島系

松村博文（生物人類学）は弥生人に2種あったとしました。この説の特徴は、西北九州（五島列島など海洋地域）に在来系の人骨が大量にあるという指摘です。これを岩宿時代からの在来人とするか、渡来人とするかによって理解も意見も分かれます。寺沢薫も渡来人に2派を認め、それぞれ玄界灘系と有明海系と呼びました（2002、図3-3参照）。

「ミトコンドリアのDNA分析などから、山東半島や江南地域の出土人骨と高い親縁性のあることが指摘され始めているのだ。渡来系弥生人は同じ北部九州でも、長身で顔が細く華奢な『北九州』タイプと、やや横幅が張った彫りの深い『西北九州』タイプに分かれる。前者は山東、朝鮮半島から東北起源、後者は山東、朝鮮半島から長江流域起源の可能性が高いという。」

「和佐野喜久生氏（佐賀大学農学部）は、日中韓の炭化米を調査した結果、同じ短粒米でも、玄界灘沿岸地域のものが丸く小さいのに対して、有明海沿岸地域のそれはやや長めで大きいことをつきとめた。前者は同時代の朝鮮半島のものに近く、後者は長江や淮河流域のものに近いという。この結果は期せずして、人骨の二つのタイプと一致している。」（寺沢薫『日本の歴史02

表3-2　渡来人の比較（斎藤・佐藤・松村・埴原・寺沢ら）

縄文人	斎藤の第一波・埴原の古蒙古人
江南系	斎藤の第二波・佐藤洋一郎の大陸系・松村の在来系弥生人・埴原の古蒙古人・寺沢の有明海系・オーストロネシア語族
半島系	斎藤の第三波・佐藤洋一郎の半島系・松村の渡来系弥生人・埴原の新蒙古人・寺沢の玄界灘系・ツングース族その他

王権誕生』講談社、２００２）

要するに、タイプの異なる二組のヒトと米が二つの異なる地域に渡来したというのです。以上述べてきた諸説は表３‐２のように整理できます。

斎藤成也は「第二波」が現代日本人には60％、現代朝鮮人には30％入っているとしています。朝鮮人の場合どうして半分なのかという理由として、一つには稲作遺跡が半島東側に達しなかったほどに「第二波」の渡来がしなかった（図２‐12。イネの出土遺跡、甲元、１３５頁）。二つには「第三波」は朝鮮半島を経由したために日本列島より定着が当然多かった。三つには「第二波」成分の多い西側の百済人を新羅が駆逐したことが挙げられます。

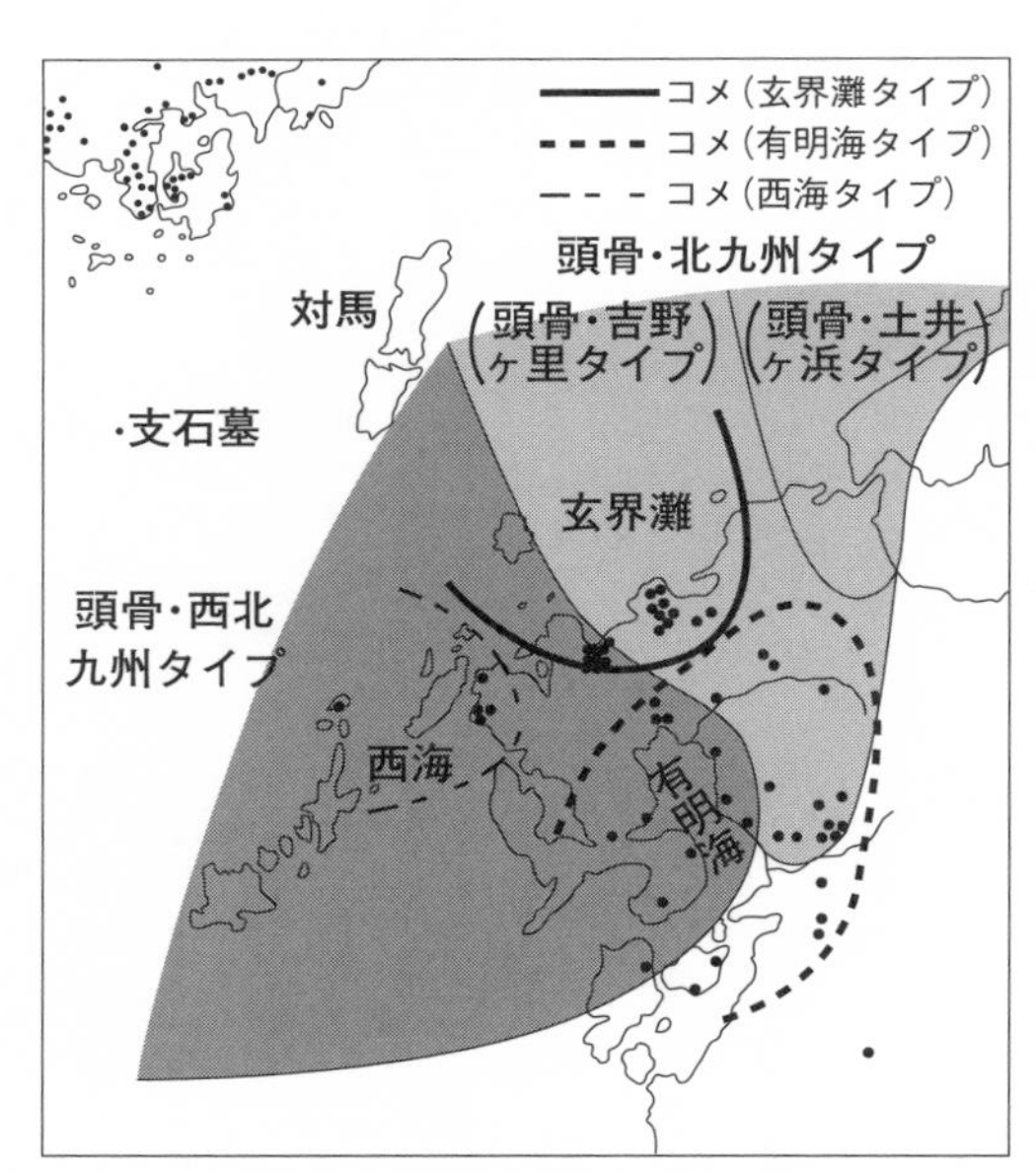

図３‐３　渡来人たちの足取り　寺沢薫『王権誕生』2000より

ゲノムと考古学

斎藤成也が大変重要なことを述べています。

「あるいは、日本語祖語を話していた第二段階の渡来民が、同時に稲作農耕を日本に持ち込んだのかもしれない。この場合、第三段階の渡来民は、弥生時代が始まってからずっとあとになって日本列島にやって来た人々ということになる」（斎藤成也『核ＤＮＡ解析でたどる　日本人の源流』河出書房、２０１７）

「（縄文時代に）日本語祖語を話していた」「稲作を持ち込んだのは第二段階のグループの蓋然性がある」と述べているのは大変重要です。つまり、稲作と言語とは同時に入って当然としています。この関係についてはすでに前著でも指摘しました。また「第二段階と第三段階の渡来時期について確定的な判断は今後の研究課題」としています。それは、考古学に早く決めろと請求したのかも知れません。

また斎藤は、半島には第二波成分が30％あり、かつ第三波は全部朝鮮半島を経由したとしながら、日本列島人と朝鮮人とは近縁性が良くないといっています。なぜか半島における第三波の割合が述べられていないので、両者間の比較ができません。親切な説明が待たれます。

ついでながら、崎谷満はｙ‐Ｏを長江文明水稲の担い手としました。朝鮮半島に多いのはｙ‐Ｏ1ｂ2であり、対する日本人に多いのはｙ‐Ｏ2ｂ系統です。

比較言語学では、朝鮮半島のオーストロネシア語要素が日本列島より少ないといわれています。これは朝鮮半島への第二波の渡来数が少なかった直接の理由となるかもしれません。もう一つ、「第二波」が朝鮮半島に入り始めた時点に実に遺跡が少ないのです。つまり、人口も少なかったことになりますので、それに伴って朝鮮半島に入った「第二波」も少なかったことを意味します。総体的にみて、半島から日本列島に向かって渡来するエネルギーは小さかったことを示唆します。

朝鮮半島よりヒトも水稲も渡来したとながらく考古学が主張してきましたが、その根拠はいよいよ乏しいといわざるを得ません。斎藤説と佐藤洋一郎説はヒトと水稲の渡来先に関して一部一致しています。しかも双方とも証明ですから、考古学の推論が対抗すること自体無理ということになります。

また、沖縄人の系統は埴原によって基本的な問題とされました。それには「第三波」が沖縄に入らなかったことも関係します。朝鮮半島から沖縄へ渡海するには対馬海流を逆行するので、渡海するのに非常に難儀します。したがってわざわざこのルートを利用することは現実的でありません。当時の最新式渡航具を使用しても、わずか1000年間程度で逆行に成功するチャンスはなかったと推測されます。

縄文後半期に沖縄人は南九州と往復しましたが、その能力は沖縄という独立島嶼特有のものであり、黒潮のない地域にはそのような技術を開発する必要はなかったと思われます。「第三波」は北部九州には来ましたが、沖縄のみならず南九州方面にも来ていなかったとみられます。

「考古学的に見る」

オーストロネシア語の言語的中心点といえば、水稲の淵源と同じ揚子江中下流域ですが、現在そこは漢語に塗り替えられてしまい、全くそれらしくありません。その理由として、そこにいた南島語話者は漢語話者によって駆逐されただろうと長らくいわれてきました。前述のように、その後唱えられた意見として、疫病大流行からの避難説と大規模洪水説があります。このような推測が生まれるのは考古学的根拠が一向に見えてこないからでしょう。大河の氾濫と水田の流失は2020年にもあったほどで、原因を一つだけとする必要もないでしょう。

中橋孝博は考古学に対して、先述の佐藤の発表以来十数年経ってもなお、江淮地方が検討されないことを嘆きつつ、次のように建設的な指摘をしました。

「当地域（江淮地方）を含めたかたちで、各分野の情報の整合性を採る取り組みが求められていこう」

（『講座日本の考古学　5　弥生時代』青木書店、2011）

これはまさに総合思考です。同じ九州大学なので、学内で話し合いがもたれるべきです。また考古学は「考古学的に見る」（藤尾慎一郎、2015）ことが本来であるといわれます。自分の牙城は自分で守り抜くという気迫で満ち満ちており、それはそれで正しいとするほかありませんが、推論が多い点が問題です。ゲノム解析は証明であり、そこから帰納される事項に考古学が推論で対抗することは方法論的に正当とは思われません。

もう一つは、量的把握が困難なことはよく理解できますが、意識されない場合が多いと思われます。遺跡があったのか、無かったのかに留まることなく、可能な限りの量的比較も重要です。「お互いの神話に依存した研究」（コリン・レンフルー、1993）は避けたいものです。

各種分野の研究内容を知りたくても知る機会がない、知らないでいる、ということがあります。特に比較言語学などは、近年図書の発行が極めて少なく、新しく知る機会がほとんどないといってよいほどです。また、学術論文を在野から知ることは非常に困難ですので、一般図書が公開されることは重要です。特に日本を代表する研究を公開することは国民に対する当然の義務です。

他分野から考古学へ

日本列島の歴史を語るのは、何といっても考古学の比重が大きいですが、比較言語学は目立たない存在です。分子遺伝学が発展するのはまだこれからでしょう。このノートではこれらの分野を中心に、触れられる限りの知見を集めて比較しています。

随分以前のこととなりますが、前述の崎山理が「オーストロネシア語が日本語に入ったことを証明したから、考古学も南島から渡来があったことを証明できるはずだ」という趣旨を述べたことがあります（1991）。佐藤洋一郎と中橋孝博も前述のように述べました。この三人が一事象について考古学の解答を求めたのですが、考古学は無反応でした。

そもそも水稲伝来にとって朝鮮半島経由が本質的な問題とは思われませんが、なぜか非常に強調されます。

そして、あくまで〝考古学的に見る〟ことを内部で誓いあっています。

さらに新しく斎藤成也が「第二波」を「海の民」とし、「水稲を持ち込んだかもしれない」といいました。さすがにこれには敬意を払ったのか、半島経由の内容が少し変わって、半島人が列島に渡来して水稲指導したのだと、半島優位性を残す代替案を出しました。それに関してはこのノートの随所に述べています。近隣諸国に対する配慮と学問的良心との相克が相変わらず続いているようです。

他に考古学では、各時代の専門家は他の時代（小）区分の事象については専門外として責任をとりません。また、担当する時代区分によって規範が違っても構わないことになっています。例えば、近年大陸の土器の年代測定値がほぼ2万年前と報告され、縄文土器より旧いから「日本列島に伝播した蓋然性がある」といわれています。このような蓋然性の採り方は縄文時代の場合であって、弥生時代の場合にはありません。すなわち、水稲は８０００年以上前に江南地方で始まったことが定説となっていますが、江南から「日本列島に伝播した蓋然性がある」といわれたことはありません。

（２）前半期以前の朝鮮半島

櫛目文と曾畑式

朝鮮半島の歴史で、三韓時代以前については、伝説以外に分かっていることが少なかったのですが、最近少しずつ言及が増えています。

①１万年前に櫛目文土器時代が始まる。６０００年前から畑作が開始される。
②３５００年前に無文土器時代が始まる。北部から新たな畑作文化が南下する。
③紀元前12世紀には遼寧式銅剣と支石墓が登場する。

④紀元前11世紀には水稲と環濠集落の出現によって農耕社会が成立する。

遼寧文化の南下は春秋併行期までは決して多くありません。

櫛目文土器時代は名前の通り単一文化の時代であり、遺跡数が非常に少なくわずか数十です。この時期の人口も希薄だったのでしょう。日本列島はといえば、縄文文化の時代であり、文化多様性も豊かで人口も増加しています。スケールにおいて比較になりません。

櫛目文土器は北方ユーラシアに広く展開し、朝鮮半島にも伝播しました。ユーラシアの櫛目文土器と日本列島の曾畑式土器は原料に滑石を使用することが共通しているので、同根の技術である可能性が大きいと思われます。滑石は土器体の熱膨張率を下げるので、火に掛けて使用する際、温度変化に対して割れ難い性質となります。

この技術はかなり高度であり、各地で自生したとは考えにくく、朝鮮半島にも日本列島にも伝播したのでしょう。日本列島の滑石は大陸産より低質ですが、北部九州や沖縄、鹿児島県にも産し、相当量混入されて加熱に強いという実用的価値を生み出します。

曾畑式土器は縄文前期（後半期）開始の指標とされていますので、このノートでは第二波と同時に持ち込まれたとします。その点すでに「南島系海人族」によるとする説があります。

櫛目文土器文化人が第二波に含まれるとすれば、第二波はヨーロッパに通ずる北方ユーラシアの人たちを含むことになります。また、櫛目文土器は朝鮮半島から九州に運ばれたとする意見がありますが、前述のように、この時代までの朝鮮半島は人口圧が低く、そこから拡散する積極的な理由がありません。仮に渡来したとしても、後から入った第二波の大勢力に圧倒されて意味をなさなかったと思われます。また1万年前を櫛目文土器時代開始とする根拠がよく分かりません。

曾畑式土器と櫛目文土器はともに第二波の一派が列島・半島双方別々に運んだとみるべきでしょう。

半島の北と南

1997年3月に供用開始された韓国小学校社会科の国定教科書に、古朝鮮（図3－4参照）の建国は紀元前2333年と明記されています。同様の記載は他の教科書にもあります。古朝鮮の登場は13世紀の『三国遺事』です。12世紀の『三国史記』には出現せず、根拠となる文献はありません。朝鮮半島や韓族に関する最も古い年代表記は2世紀ですから、これは実に2500年も突出することになり、日本ではとても考えられないお話です。これもチュチェ思想（朝鮮が世界最高であり、すべての起源とする性向）の現れなのでしょう。このような教育を行っていると、歴史を都合よく塗り替えるのも国是となるようです。

さておき、ここで指摘したいのは、いみじくもこのような教科書ですら、半島南部を古朝鮮の領域としていないことです。この「古朝鮮の勢力範囲」が朝鮮民族にとって故地であり、これが半島人にとって固定概念なのでしょう。南部温暖地帯は朝鮮族の領域ではなく、かなり後でも前漢が統治することもありませんでした。

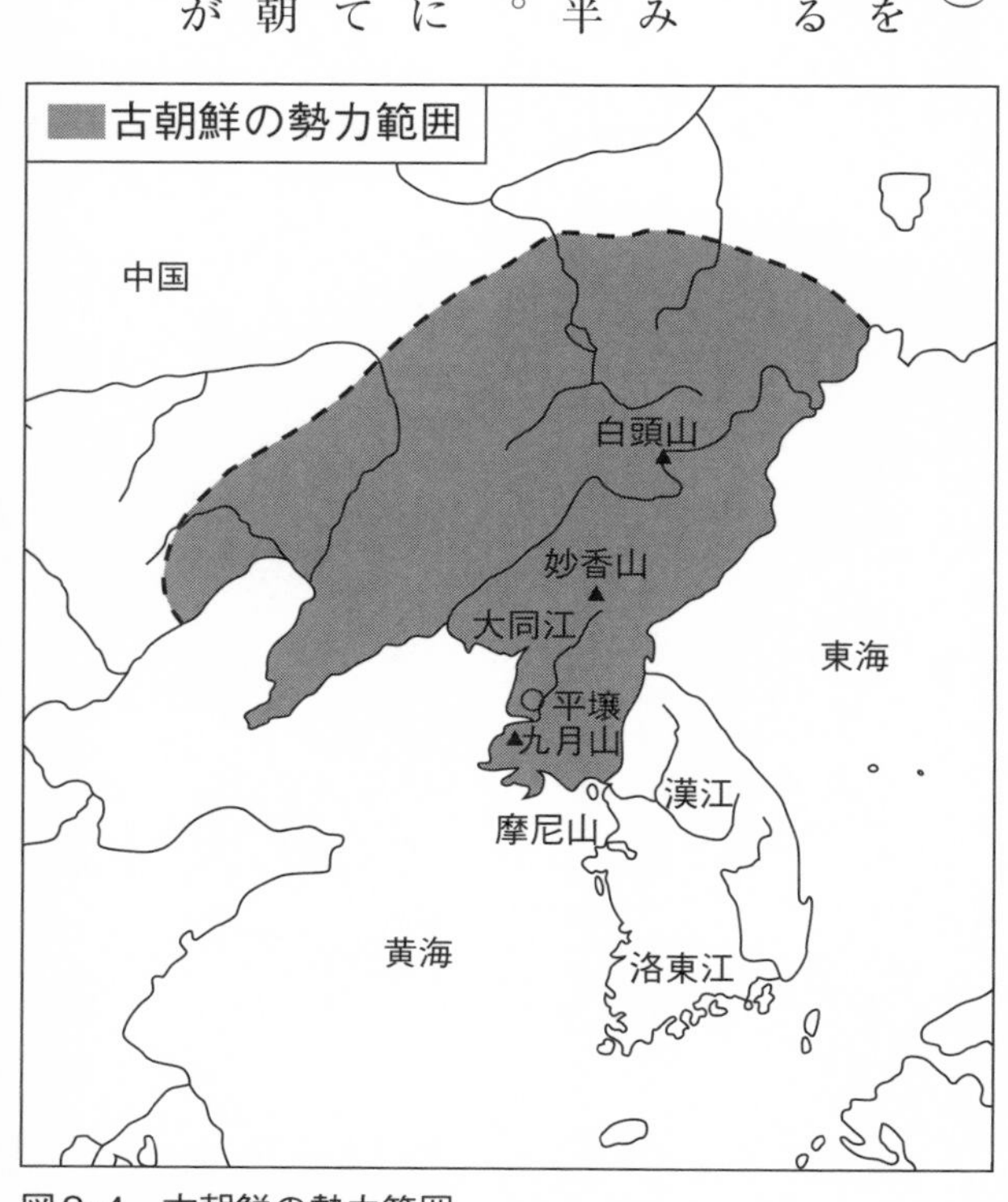

図3-4　古朝鮮の勢力範囲
『解りやすい韓国の歴史』国定韓国小学校社会科教科書1998より

無文土器時代

燕が建国したのは紀元前11世紀であり、小林青樹が「朝鮮半島に青銅器が現れた」（２０１９）という時期もその頃です。小林によれば、青銅器遺跡の分布はシベリア南部を帯状にヨーロッパまで連なっています。興味あることに、櫛目文土器の分布とよく似ています。青銅器と櫛目文土器とでは勿論時期が違いますが、この地帯にはよく似た気候風土が東西に長く伸び、人の移動や文化の伝播を促したのでしょう。

朝鮮半島は３５００年前頃から無文土器時代といわれます。櫛目文土器を南シベリア系文化とすれば、無文土器は東北アジア系文化であり、人種的・文化的な連続性はないと思われます。無文土器は土器製造技術面とデザイン面からみて櫛目文土器より前の古い段階のものです。このような文化の逆転は櫛目文土器人と同じグループではありません。無文土器グループは後世に繋がったといわれるので、古朝鮮の実体はここにあったとしてよく、人口が櫛目文土器人を凌駕したと思われます。

半島中北部が以上でよいとしても、図のように南部は朝鮮ではありませんでした。しかし前述のように、対馬の対岸に東三洞貝塚があり、大量の縄文土器と九州産の黒曜石が出土しています。また煙台島貝塚の人骨は縄文人と同じ形質ですから、岩宿人や縄文人が渡海していたという説があり、これにより半島南部における列島人の歴史は遅くとも縄文始期にさかのぼることとなり、その流れが半島南部の倭人社会や任那に繋がったと思われます。

環渤海湾の気候

山東半島の背嶺は気候を南北に大きく分けます。その北は寒冷乾燥地帯であり、渤海湾は温暖化の現在でも冬季に海面が氷結します。本来的に高温多湿を好むイネはそこを越えられず、黄河より北側に古い水稲遺跡は確認されていません。一般に北緯40度より北は水稲の適地でないといわれます。大嘴子遺跡は大連市の開発区からやや旧市街寄りに位置し、海岸沿いの20ｍほどの断崖（図３-５）の上にあります。平地と水利の便がなく、付近にも水稲の適地がありません。

ここのイネは朝鮮半島南部および日本の北部九州のものとは品種が異なり、日本列島のイネがここから朝鮮半島を南下したとは考えにくいといわれたことがあります。さらに早乙女雅博（東京大学、考古学）が「（大嘴子遺跡は）丘陵地帯にあり、コーリャンを伴うことから米も畑作と思われる」（２０００）と評した後は、遼東半島経由説は後退しました。

大嘴子遺跡の土器も無文です。縄文後期における九州の無文土器について、川崎保（長野県埋蔵文化財センター、考古学）が述べています。

「後期の無文粗製土器の出現自体は、少なくとも九州では外来的要素であって、おそらく人間集団の移動を反映している」

（『文化としての縄文土器型式』紀伊国屋書店、２００９）

確かにこのような粗製なものが列島で脈絡もなく突然内生

図3-5　大嘴子遺跡　大嘴子は下部中央の右にみえる。遺跡は断崖の上である

することは不自然です。江南で文化の逆転が生じたといわれるので、無文粗製土器とは正にそれかもしれません。その時列島内で渡来文化が根付いたことは間違いなく、渡来人村誕生と渡来言語使用が予想され、極めて重要です。

朝鮮半島でも無文土器がほぼ同時期に出現しました。ただし、斎藤・崎山説よりやや新しく、しかも前述のように古朝鮮は半島中程の漢江辺りで南下を止めてしまい、列島には届かなかったかもしれません。朝鮮半島の松菊里型土器も無文土器で、日本列島の夜臼式や山の寺式、遠賀川式と同じ系譜とされています。即ち、夜臼式などは現在弥生早期の範疇に入っていますが、「縄文後期における九州の無文土器」として検討する方法もあろうかと思われます。

いずれも亀ヶ岡式など縄文文化とは不連続であり、水準が天地ほど違います。このように逆行する文化は決して縄文文化と馴染みの好いものではなく、文化が融合したとしても、相当の理由と時間を要したと思われます。ついでながら、黒色磨研土器を縄文土器に置き換えるならば、粗製の部類に入るのではないでしょうか。

（3）列島内における水稲の波及

水田の特性

雑穀が伝来する場合、陸稲を含め、渡来人数はあえて大人数を必要としません。極端な場合、種だけ漂着しても移植に成功するかもしれません。しかし水稲の場合、開拓創業するためにも、定着させるためにも、一定以上の人数を組織するのが望まれます。水田や灌漑水路の開設と維持は縄文人が経験しなかった作業であり、それをにわかに縄文人に強いることは困難だったと思われます。米食の魅力が充分に理解されたとしても、水稲栽培にはほとんど一年中、一連の維持作業を辛抱強く続けなければなりません。自由奔放な縄文人でなくても、農薬のなかったつい最近まで大変きつい作業でした。

水田稲作は畑作と全く異質のもので、かなり特殊な栽培方法をとります。苗床こしらえ、種蒔、耕し、水張り、均し、田植え、水の管理、草取り、害虫駆除、鳥害防止、穂積（刈取）、乾燥、貯蔵、脱穀、焼き払い、土起こし、施肥など（直播きの場合は少し簡単）、以上の作業はどれ一つとっても1回で済むものはなく、大変手間がかかります。労力のほかに約束事や知識も必要です。その上洪水で水路や田が埋まったり、流失したり、回復するのに厳しい作業を強いられます。

初期の水稲作業が実際どの程度であったかという問題も勿論あります。多分はるかに簡単であっただろうと想像されますが、それでも大歓迎で短期間のうちにドンドンと広まったというのは自由奔放な縄文人には如何にも不向きです。

水稲文化の伝播とオーストロネシア語との混合現象は必ず関係したはずです。崎山理は「言語混合を起こすには深い言語的・文化的な接触が1世紀以上続いた」という条件を想定しました（2017）。すなわち、言語を受容したのは文化的な接触である水稲を受容した厳しい状況下にあったのでしょう。それは第二波の渡来が継続している間であったとするのが最も自然です。それを証明するには古い水田址がもっと見つかる必要がありますが、中々見つかりません。

水田は毎年耕されて少しずつ動きますし、古い水田は新しく便利に次々と改良されます。陸稲の受容から始まって見渡す限り一面に広がった近代の水田に至る（昭和30年代がピークか）には、数多くの段階を経る必要があったでしょう。その上近年では大規模な改良工事が行われましたので、洪水で埋没するなどない限り、古い水田址が遺存する可能性は非常に小さいと思われます。

水稲波及ルート

日本列島における水稲波及ルートは大きく三つありました。自動車用道路が建設される僅か数十年前まで、列島内における主要な交通手段は舟行でした。

a．日本海ルート

対馬海流が日本海に流れ込むようになったのは８０００年前頃といわれます（１３７頁）。それ以降においては、東シナ海から対馬海流に乗れば、列島のどこかに直接到達することも可能となりました。この日本海ルートにのって、北部九州から響灘、山陰、北陸方面へ、さらに遠く津軽や北海道までも届きました。弥生後半期の青森県垂柳（たれやなぎ）・砂沢へも日本海ルートだったでしょう。水田の規模が大きいことから、かなり長い歴史を感じます。この起源は縄文時代を疑われています。十和田火山の火砕流土によって埋没した後、数百年以上再開されることがなかったことから、水稲耕作の技術上困難な問題がいろいろと考えられます。大変な手間がかかる上に、水争いや土地争いが絶えないことに嫌気をさしたかもしれません。また、ここにも随分飛び火したように水稲遺構があることは、全国津々浦々にも未発見遺跡があることを意味するのではないでしょうか。

b．太平洋（黒潮）ルート

考古資料が量的に劣りますが、沿岸各地を着実に結ぶ文化交流が示されています。中本正智（比較言語学）は、オーストロネシア語要素が太平洋側に広く伝来したといいます。このルートの終点は静岡県です。その先は黒潮が列島から離れます。関東平野への伝播が遅れた理由と何らか関係するかもしれません。関東平野への主要なルートは越後ないし東北からのようです。

c．瀬戸内（内航）ルート

瀬戸内ルートは列島到達後の二次ルートです。北部九州から瀬戸内海に至るまで時間がかかり、その分当然スタートが遅れます。近畿・四国北半部に伝播する主流ルートです。近畿には北陸方面からも届いたでしょう。

日本海ルートと安曇族

出雲と津軽の近縁性については前述しました。佐原真は遠賀川式土器が日本海沿岸伝いに伝播したとしました。土井ヶ浜に近い山口県西海岸は対馬海流に乗って大陸から漂着する確率の高い場所といわれます。次の主要な漂着点は出雲です。出雲大社の大神殿は西向きにつくられ、神々が稲佐の浜から上がってくるのを迎えるかのようです。このような大型建物は長野県の諏訪大社の御柱、青森県の三内丸山の大型掘立柱とともに江南の流れを汲むとされています。

よく言われる安曇族の伝承は古くても古墳時代ですが、縄文時代以来ダイナミックな海洋往来の伝統があり、安曇族もそれを担う一員であったと思われます。1954年に山形県遊佐町三崎山Ａ遺跡（縄文後期）で長さ26cmの青銅製刀子が見つかっています。これは殷代後半（3400~3000年前）の河南省小屯（周代の亀甲文の出土地）のものと同定されています。これを運んだのも安曇族だったかもしれません。

長野県中央部、本州最奥の内陸部に安曇野という海に関わる地名があります。そこにある穂高神社には、上田市の生島足島神社、諏訪市の諏訪大社とともに安曇族の伝承があります。生島足島神社と諏訪大社は御柱の祭事を共有しています。生島足島神社は御本社が北向き、摂社は南向きです。その意味は、安曇族が北の日本海方面（越前・越中・越後）から入ってきて定着し、さらにその一部が南の諏訪に向かったと説明されます。最近になって、安曇族は愛知県渥美半島に達したといわれます。諏訪からＪＲ飯田線に沿って南下すれば、渥美半島の付け根に出られます。

水稲の受容

考古学が水稲開始とする見解は、北部九州へは紀元前10世紀後半に、瀬戸内地方へはその後１００年くらいで、東海には紀元前6世紀、関東地方・本州の北端には紀元前4世紀でした。北部九州から一元的に各地に到達したとする様相はなく、各地に順序良く時期がズレている訳でもありません。そこで各地同時進行的な伝播が浮上します。

これまで水稲波及について考察を試みました。要旨を下記に纏めます。

①従来唱えられてきた弥生の水稲渡来は縄文後半期に終了していた。
②渡来が確認される各地に水稲も持ち込まれたが、食糧に恵まれたために、直ちに主食として受容する必要がなかった。比較的手間のかからない直播の時代が長く続いたのではないか。
③裏付けとなる古い水田遺跡が見つからないのは、述べたような、毎年繰り返される微小な自然的拡大と自然災害というのも一つの理由であっただろう。最近一部で水稲自生説が登場している。
④次第に増加する人口を賄う必要が生じた時、ついに水稲耕作の煩雑さが受け容れられた。
⑤弥生後半期に各地で首長が活躍したのも水稲本格化に大いに役立ったであろう。その運動は古墳築造など大土木作業に繋がったと思われる。

3. 弥生後半期

(1) クニと戦争

首長集団の渡来と戦争

弥生後半期は「第三波」の渡来とともに始まります。設楽博己は「農村社会の列島に鉄器が出現したのは紀元前4世紀、それは大規模な首長集団が渡来したことを意味する」といいます(2013)。設楽は鉄とクニと戦争をセットにしています。クニの誕生は現在に至る政治的社会の出発点です。前半期から後半期への時代相の変化は際立っており、2区分は大きな意味をもちます。

戦争は早期末(前半期終わり頃)に始まったともいわれます。糸島半島新町遺跡で朝鮮半島系の石鏃で殺された「戦死者」が出土し、これが日本列島に初めて登場した戦争の犠牲者とされています。戦争は、縄文時代にもあったという個人間の喧嘩(個人戦)と区別され、数十人以上の集団間における組織的な戦闘行為(集団戦)と規定されています。戦争は戦闘とも、単に戦いともよばれます。戦争は新型の政治的解決法です。

戦争が始まるとともに実行母体であるクニが誕生します。クニが続々と誕生すると武器を使用した戦争が始まります。また、水田開拓を推進します。初期のクニをつくったのは韓人だとよくいわれましたが、近年では単に「首長集団」といわれるばかりです。朝鮮半島でも同様であったと思われますが、「首長集団」の出自に関する言及がありません。また、列島内を網羅的に活動したものでもないでしょう。

青銅器はかなり早くから遼寧族に持ち込まれました。遼寧の青銅器は祭器や威信財であって、実用的でなかったといわれます。武器素材として鉄には及ばなかったとはいえ、鉄のなかった時代に武器として使用する意味は充分にあったと思われます。

青銅器文化人の到来

武器の素材として使用された順序はやはり石材・銅・青銅・鉄です。渡来時期は論者によって異なります。日本列島の青銅器は、従来の多数説では紀元前4世紀です。青銅器文化人は元々水稲文化を持ちません。植生も生業も違う朝鮮半島に来て、半島を南下する途中で水稲文化を身に付けたのか、それに関する研究や論述は一切ありません。水田開拓をコツコツと実践しながら南下した様相もありません。すなわち、遼寧勢力自身が水稲技術を運んだのではなく、移動した先々で水稲農耕民を支配したのであったとすれば、青銅器文化人が水稲伝播に関与したと推測することもあるいは可能となるかもしれません。

しかしながら、第三波成分は現代日本人において15％程度であり、しかも青銅器文化人はそのまた一部です。使用言語は遼寧語というべき不明の言語で、渡来したのは日本語成立後です。そのような青銅器文化人が日本列島に来て多分10倍以上の住民を相手にして何ができたのか。それも鉄器集団の前段階で青銅器が武器として威力をふるったとしても、その時間は限られます。青銅が農具材として使用された痕跡もありません。

近年考古学では、半島人が列島に来て水稲栽培を指導したといわれています。この説は従来の山東半島経由説崩壊後にとりあえず考えられた穴埋めに過ぎないと思われます。

これと関連した話に江上波夫の騎馬民族渡来説があり、終戦間もない日本社会の各層に大激震を走らせました。江上は言語についても「朝鮮半島北方から扶餘王家が南下して半島を征服し、さらに日本に到来して征服王朝を成立させ、列島を統一した」「この時に扶餘語（松花江流域のツングース系）が到来し、後に唐軍によって半島が討伐された時にも流民となった高句麗移民が高句麗語（扶餘語に近い）を運んだ」などと述べました。

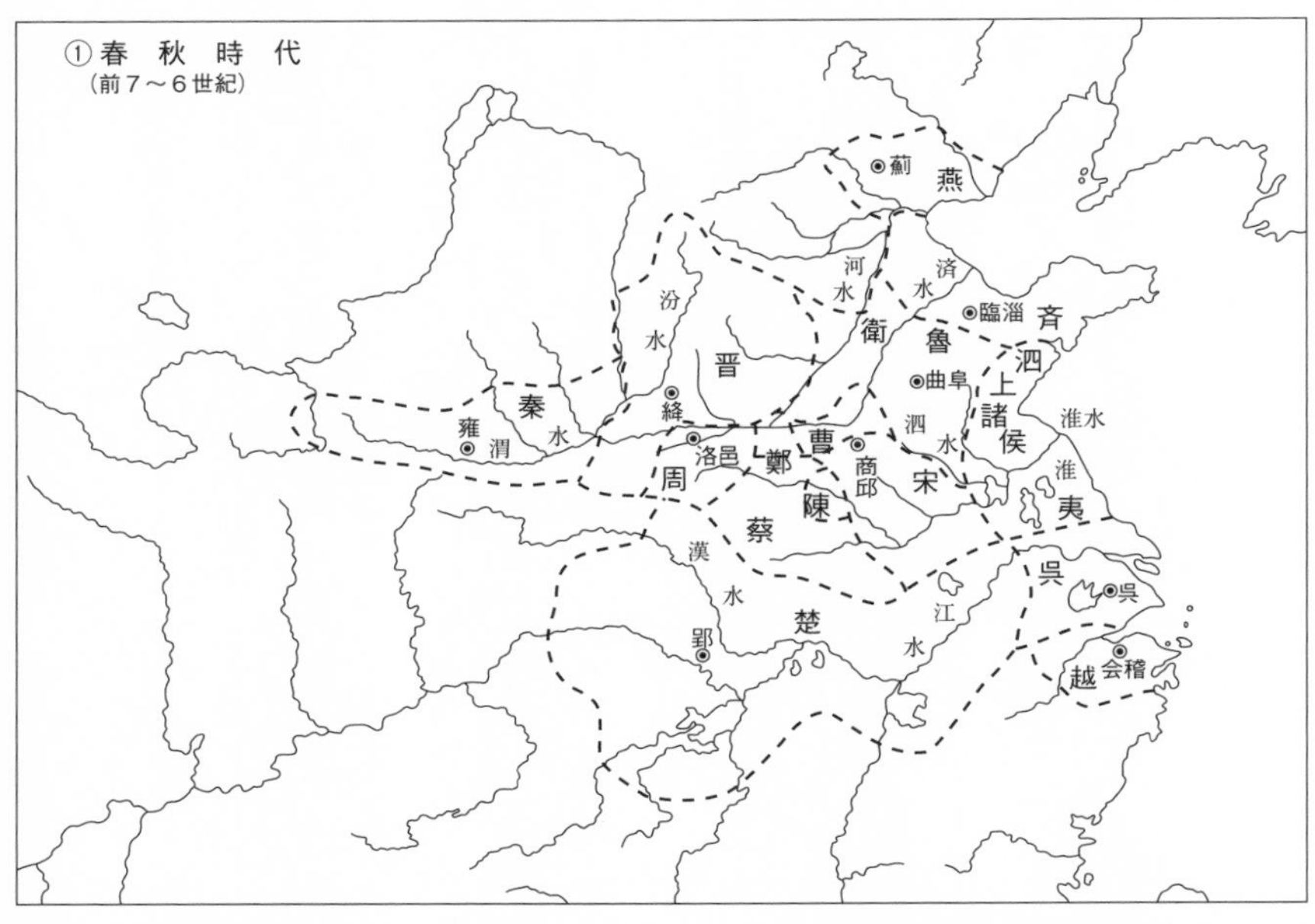

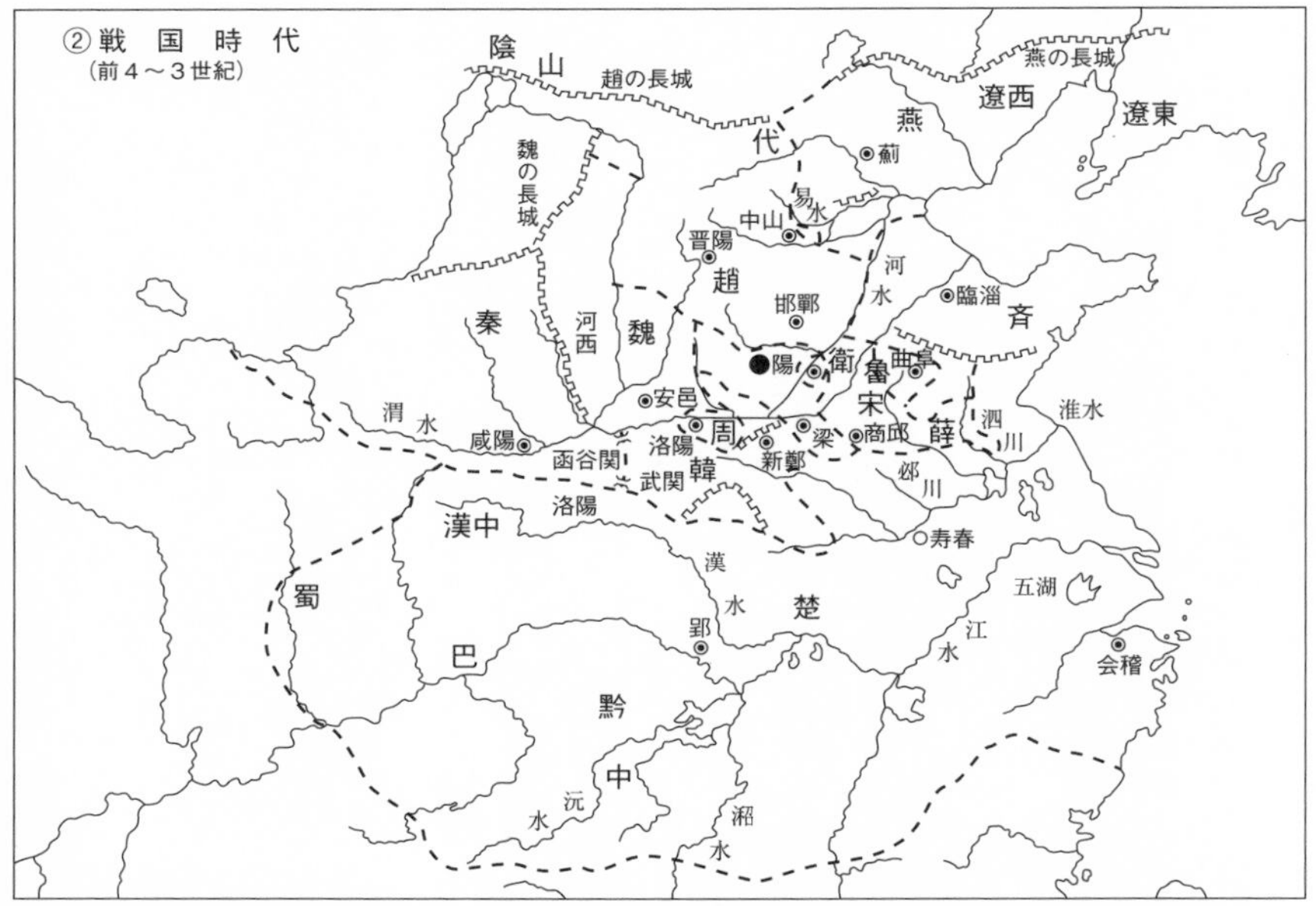

図3-6　春秋戦国時代の国　『東洋史辞典』東京創元社 1980より

江上が「征服王朝を成立させ、列島を統一した」とするには「首長集団」を薙ぎ倒すほどの大勢力が必要であり、言語に影響するにも述べてきたような大人数が必要でした。

江上は太平洋戦争後のどさくさの中で東大教授という立場と専門的知識を活用して物語を描きました。すばらしい話術の達人で、自説を裏付ける遺物がひたすら見つからないだけといい続けましたが、晩年にはこの創作を放棄し、宮中園遊会に招かれて天皇家と和解し、２００２年にこの世を去りました。ここにわざわざ述べたことから分かるように、江上の物語は時期が新しく、青銅器とは無関係です。まだまだ良い時代でした。

渡海の動機

地理的把握が困難なこの時代にあっても、積極的な意思をもって渡来したと主張されることがよくあります。渡来の動機が自発的であったのか、受動的であったのかという問題もあるはずです。

製鉄法はアナトリアで発明され、西周にも伝播しました。善政が布かれたという西周も紀元前７７０年に亡び、その後春秋戦国時代が５００年続きます。小国が林立し、後半になると鉄製武器を使用する戦争が繰り返されました。戦いに明け暮れる日常に厭世観がみなぎり、蓬莱思想が流行しました。戦乱と新たな支配関係は亡命を促す動機となり、東方海上に蓬莱島を求めて舟出する人もありました。紀元前２２１年にようやく秦による全国統一が実現しましたが、紀元前２０７年には早くも前漢に取って代わられました。その間に大戦があり、多くの国が滅びました。

述べてきたような支配や戦争から逃亡して海に浮かんだ人たちも少なからずあったと思われます。また、祖国から追い出されれば、東海の新天地で一花咲かせようとしたかもしれません。彼らは舟を持つ経済力があり、詩をつくる知識力もありました。追われたり、洪水に流されたりして受動的であった第二波とは違って、第三波の場合は渡航具も発達して時代背景も変遷し、意識した渡来が行われるようになったと思われます。

土井ヶ浜遺跡

土井ヶ浜は日本海ルートの入口に位置します。弥生前期中葉の遺跡といわれ、明確な弥生後半期の渡来といってよいでしょう。土井ヶ浜遺跡の墓地には、300体以上が頭を少し起こして故郷を望むかのように西方を向いています。かつては数度に亘って渡来して集合したとする説がありました。はるか後の『魏志倭人伝』(3世紀)の記述内容でさえ、日本列島の地理に関して方向を間違えたといわれている位ですから、集合を可能とする地理的認識があったとは思えません。

松下孝幸はかつて臨淄(りんし)(斉の首都、黄河下流域、図3‐6参照)を訪ねた際に類似した形態の人骨に出会い、そこが彼らの故郷と感じたといいます。松下は土井ヶ浜の始まりを約2400年前と想定しています。土井ヶ浜を紀元前5世紀の漢系とすれば、設楽説よりほぼ100年さかのぼります。日本列島にはまだ鉄のなかった時代です。

「戦士」と名付けられた人骨出土がありますが、松下はシャーマンが生贄になったのではないかといいます。さらに、この集落を15人規模と想定し、世代交代が重なって埋葬者数がこのようになったといいます。同系の集落が周辺にいくつか散在し、互いに婚姻関係を結びあって同族集落を維持し、この集落がシャーマンを中心として共同墓地を管理していたとすると理解しやすいかもしれません。

クニの経営に必須なものに文字があります。2019年に島根県出雲市で紀元前2~1世紀の地層から板石硯が出土しました。出雲には先進的な国があったのですから、紀元前4世紀の硯や文字が出土するのも夢ではありません。

1940（昭和15）年に紀元2600年祭が行われました。2600年前というのは伝承ですから根拠があるものではありませんが、松下説とそんなに遠く離れていないようです。

漢系と鉄

前漢による朝鮮半島支配がはじまると、列島にも前漢鏡や鉄器など前漢製品が多量に入り、鍛造鉄器が鋳造鉄器を上回ります。弥生後半期の出土の全体的状況として大陸製の文物が多いことが挙げられます。これは遼寧族より漢族の支配が新しく、かつ充実していたことを物語ります。

戦争が拡大してクニが統合され、国に成長します。その頃、鉄の流通をめぐって交換経済が破壊的変革を余儀なくされたといわれます。鉄は軍事用の武器としても、民生用の利器としても当時最高の素材でした。ただ溶かせばよかった初期の砂鉄と違って、製鉄はかなり特殊な知識と装置、原材料と大量の燃料を必要とします。したがって、鉄を取得するには相当の代償を払わねばならず、主たる部分はクニの支配者が管理していたと思われます。

漢族は遼寧人を北狄として恐れていた伝統があったので、武器や鉄を遼寧人に供与することもなく、首長は短期間の内に漢族に交代したと思われます。

近畿以東にも鉄器が急速に普及し、1世紀には鉄製の工具や武器が石器に取って代わります。その原動力は鉄を管理する首長たちの全国的展開でしょう。そして国同士の対立が顕著になり、対立関係を解消しながら地域ごとの連合体がいくつか誕生します。次の段階で地域連合体の整理が進み、やがて全体的な連合体が組織されて古墳時代に移ります。

戦争のみが国形成の手段となったのではなく、成熟した段階では邪馬台国が平和的に組織されたり、出雲の

表3-3　戦争による成人死亡率の考古学的・民族誌的データ

上段の項目にある「年前」は2008年を基準とした。Samuel Bowles, "Did warfare among ancestral hunter-gatherers affect the evolution of human social behaviors." Science 324：1295（2009）より。一次文献は、ここに転載した表には示していないエドワード・O・ウィルソンら『人類はどこから来て、どこに行くのか』2013より

場所	考古学的データによる概略の年代（年前）	戦争による成人死亡率
ブリティッシュ・コロンビア（30地点）	5,500 ～ 334	0.23
ヌビア（第117地点）	14 ～ 12,000	0.46
ヌビア（第117地点の近く）	14 ～ 12,000	0.03
ワシーリヴカⅢ、ウクライナ	11,000	0.21
ヴォロスケ、ウクライナ	「旧石器時代末期」	0.22
南カリフォルニア（28地点）	5,500 ～ 628	0.06
中央カリフォルニア	3,500 ～ 500	0.05
スウェーデン（スカーテホルム1）	6100	0.07
中央カリフォルニア	2,415 ～ 1,773	0.08
サライ・ナハール・ライ、北インド	3,140 ～ 2,854	0.30
中央カリフォルニア（2地点）	2,240 ～ 238	0,04
ゴベロ、ニジェール	16,000 ～ 8,200	0.00
カルムナータ、アルジェリア	8,300 ～ 7,300	0.04
テヴィエック島、フランス	6,600	0.12
ベゲバッケン、デンマーク	6,300 ～ 5,800	0.12
集団、地域	**民族誌的データ（年）**	**戦争による成人死亡率**
アチェ族、パラグアイ東部*	外の文化と接触する前（1970）	0.30
ヒウィ族、ベネズエラ～コロンビア*	外の文化と接触する前（1960）	0.17
ムルンギン族、オーストラリア北東部*†	1910 ～ 1930	0.21
アヨレオ族、ボリビア～パラグアイ‡	1920 ～ 1979	0.15
ティウィ族、オーストラリア北部§	1893 ～ 1903	0.10
モードック族、カリフォルニア北部§	「先住民の時代」	0.13
カシグラン・アグタ族、フィリピン*	1936 ～ 1950	0.05
アンバラ族、オ-ストラリア北部*†‖	1950 ～ 1960	0.04

*狩猟採集民、†海辺で生活、‡季節に応じて狩猟採集／植物栽培
§定住性の狩猟採集民、‖最近になって定住

ように戦わずして従ったりしました。これは日本列島の著しい特徴です。

また、鉄のような重量物の海上輸送を可能としたのは構造船です。構造船は戦国時代に発達して伝わったといわれます。ただし、馬のような大型のものが玄海灘を渡るのはもう少し後のこととなります。

平和（あるいは殺戮）の世界標準

表3‐3は大陸部で戦争が定常化していた情況を示した資料です。エドワード・O・ウィルソン（ハーバード大学、保全生物学）は「戦うことが人間の本性である。戦争は人間が受け継いできた呪いか」といいます。また、南米アマゾン・イゾラドの20世紀における実話があります（NHK放映）。それによると、縄張りに侵入したよそ者を狩猟するように殺してしまいます。これも日本列島では考えられない様相です。

いうまでもなく、戦争は莫大な物的・人的資源と時間を費消します。日本列島では、戦争定常化は弥生前半期まではなかったといわれています。ウィルソンのこの説が世界標準であれば、戦争のなかった弥生前半期以前は特異な時間空間となります。

世界標準より恵まれていたという縄文時代の食糧事情もまた特異というべきであり、生業のために費やされる時間的負担が世界標準より少なく、余裕時間が異常に多かったと理解することになります。人口が少ない可能性を考える必要はないでしょう。

岩宿時代に行われた遠距離交易は特筆すべきです。それを実現できたことは標準とはかけ離れた、異常に平和な社会であったことになります。太古の日本列島は美麗な神子柴式尖頭器（108頁）や豪華な縄文土器が無数に作り上げられたのも豊富な余裕時間が文化活動にまわったからと思われます。

やがて野原を平坦にならして美田をつくることになります。弥生後半期以降には、この余裕時間が首長たちに支配されて平和な社会の生活の仕方・在り方に変化が生じます。時間のやりくりを心配するロビン・ダンバー（56頁）もこの情況を理解してくれるでしょう。考古学では、祭があった、男は家事に貢献することが少なかったと、生業以外に関する言及がわずかにあります。

クニと文字と言語

本来クニの成立には水田稲作など余剰生産を生む装置が必要であって、その維持管理と開発などに使役が課せられたり、租税が取り立てられたりします。土地と作業民を管理するためには、文字など、少なくともある種の記号が必要です。『漢書』に登場している百余国すべてに文字や記号が使用されていたとしても不思議ではありません。

文字は国の管理機構が使用して初めて意味をなす、という確固たる論調があります。楽浪郡への出張にも言語や文字が当然使用されました。交渉は文字を知っていた漢族同士間であった可能性も否定できません。

縄文土器や弥生土器が何千万点出土しても、文字の書き込みが登場するのは古墳時代です。弥生以前の土器工人は文字を知らず、文字を知る人はやはり官人だけだったと思われます。

燕（えん）には古い史書はありませんが、貨幣があったので、文字もあったでしょう。ついでながら、遼寧には金属製の武器や祭器があっても史書も貨幣もないので、文字を持たなかったかもしれません。度々長城を越えて中原をおびやかした彼らは北狄ですが、ある時は西戎と同族であったかもしれません。当時ツングース語が優勢であったとされるので、使用言語がそうであったとすれば、半島や日本列島とも語順がほぼ同じでした（参照図3-7）。

西田龍雄は、次のように周の建国時の言語現象について述べました。

図3-7　北アジアの言語　宮岡伯人編『北の言語：類型と歴史』1992より。
本図は次の文献をもとに作成した。Comrie（1981a），Doerfer and Weirs（1978），池上監修（1983b），池上（1989a），松村（1988），庄垣内（1989），Tocenov et al.（1983）

「（少数派の周族が多数派の）殷文化圏を受け継ぐに及んで、周民族の言葉自体にもＳＯＶ型からＳＶＯ型へと移行する大きい変貌がもたらされた。つまり周民族は殷語の主要な文構造を採用したのである。」

（西田龍雄『東アジア諸言語の研究Ⅰ』京都大学学術出版会、２０００）

日本列島に来た支配集団は少数であった点が上記周民族と同様ですが、語順が同じであっただけでもはるかに恵まれていました。

さらに、当時半島西側にはオーストロネシア語要素が豊富にあったので、それを吸収したとすれば、日本列島に来ても言語が通じやすかったと想像されます。周の建国によって漢語と漢族が誕生したのであれば、遼寧人が朝鮮半島や日本列島に入った時期とほぼ同じです。

（２）後半期の朝鮮半島

ツングース族の拡散

春秋時代の北辺に扶餘（ふよ）、穢狛（わいはく）、沃沮（よくそ）、挹婁（ゆうろう）らが文献にも登場するようになります。これらも無文土器文化のグループに属します。燕は北方対策として長城を築きました。燕の北辺を度々脅かした部族がいたに違いなく、これらの動向が朝鮮半島への移動に関係したと推測されます。

「ツングース諸民族の源郷はバイカル湖の南あるいは東にあって、ここからツングース諸民族は西はエニセイ河流域へ、北はレナ河流域へ、東はアムール河流域へと移動して拡散したといわれている」

（菊池俊彦『北東アジア古代文化の研究』１９９５）

「大陸北西部から大陸東北部に向かって拡散したことがわかっている」

（池上二良『北方言語叢考』２００４）

いずれも年代表記のないのが残念です。
文献資料がツングース諸民族の故地を遼西辺りに集中しているのに対し、上記の移動・拡散は断然スケールが大きい点が目立ちます。

ツングース族は北東アジアの中央部を席捲し、その広い地域にいくつもの部族に展開しました（図3‐7参照）。その結果、そこにあった古い言語は駆逐され、西部にウラル語、東部に古アジア語がわずかに残されただけとなりました。その時駆逐された古アジア語話者の一部が朝鮮半島に入りました。それが扶餘と穢狛です。

李基文はアルタイ語の系統樹（図3‐8）を作成しました。日本語はアルタイ語に入っていないといわれていても、この系統樹には扶餘語系統、すなわち非ツングース系として分類されています。村山七郎は日本語にツングース要素があるといっていますが、それが理解できそうな系統樹です。

日本語、高句麗語、韓語3語間の関係を説明した系統樹は他に見当たりません。李は「扶餘・韓共通語」を第一段階の分枝と考え、さらに半島西側に「原始扶餘語」と半島東側に「原始韓語」の二つに分岐させました。「原始韓語」は原始穢狛語と

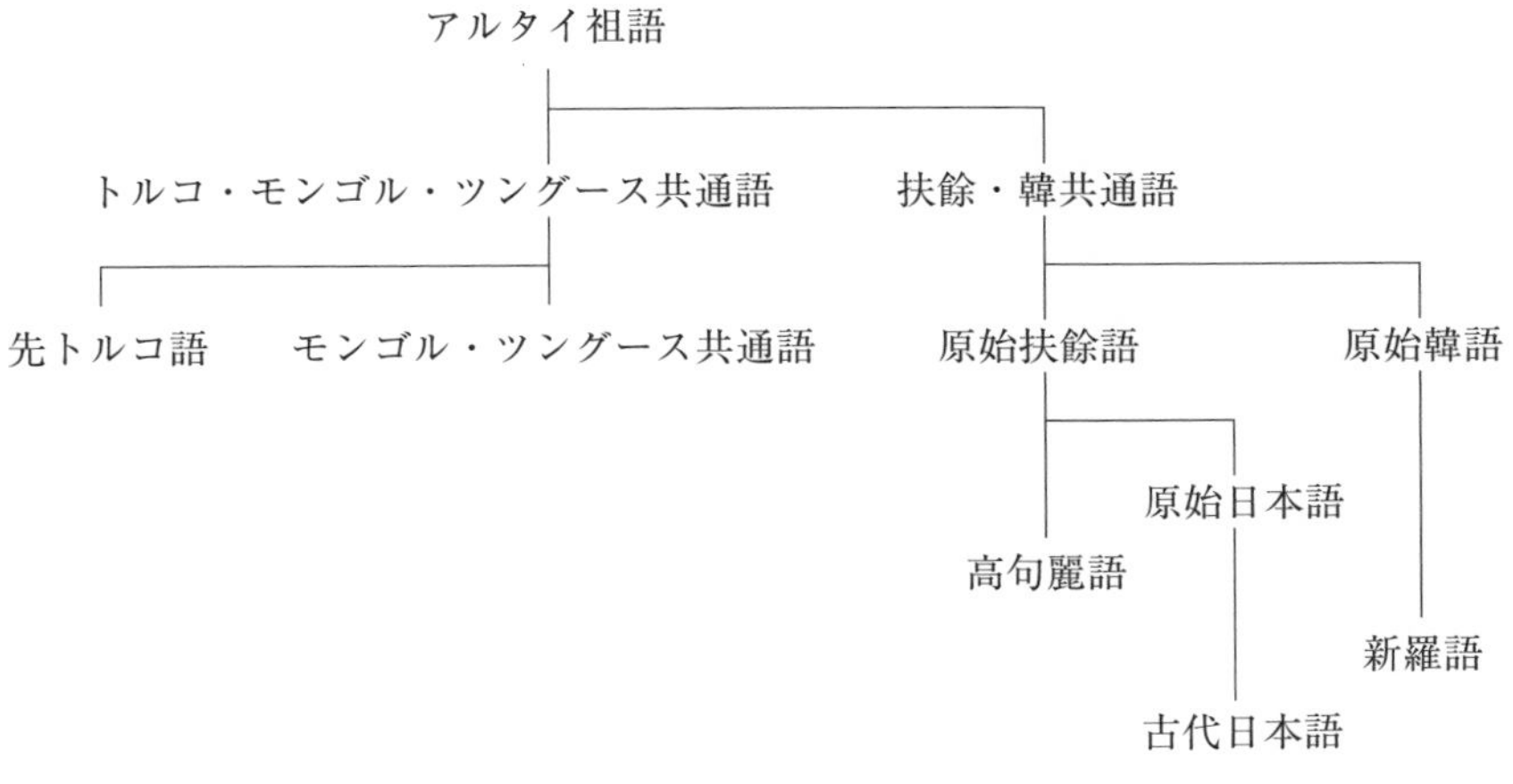

- アルタイ祖語
  - トルコ・モンゴル・ツングース共通語
    - 先トルコ語
    - モンゴル・ツングース共通語
  - 扶餘・韓共通語
    - 原始扶餘語
      - 高句麗語
      - 原始日本語
        - 古代日本語
    - 原始韓語
      - 新羅語

図3‐8　李基文の系統樹　宋敏『韓国語と日本語のあいだ』（p.154）1999より

いってよく、後に新羅語となり、現在の朝鮮語に継承されます。

また、李は「原始扶餘語」がいきなり原始日本語に入ったとしました。しかしその前に、半島内にある馬韓語や原始百済語に入ったとするのが順序です。李がそこに気づかなかったはずはありません。現在のような新羅的韓国社会で百済語の市民権を主張することはご法度なのでしょう。百済語のその後については次章で述べます。

塩鉄専売

燕が秦に破れ、その秦も漢に敗れた後、さしもの遼寧勢力も北方に追われました。次の登場は高句麗となります。漢による統治が朝鮮半島に及びます。史書の記述が始まります。それによると、まず紀元前108年漢武帝の時、衛氏を除いて楽浪郡など4郡を設置しました。その南東部の真番、臨屯の2郡は紀元前82年に廃止され、玄菟（げんと）郡は紀元前75年に西北の新賓県に移転しました。その理由は財政的負担のみ大きく、利益がなかったとされています。韓族は楽浪郡における被支配民でしたが、被支配民の消息は漢族の史書には伝えられていません。

武帝治世で見過ごしてならぬ重要な政策に「塩鉄専

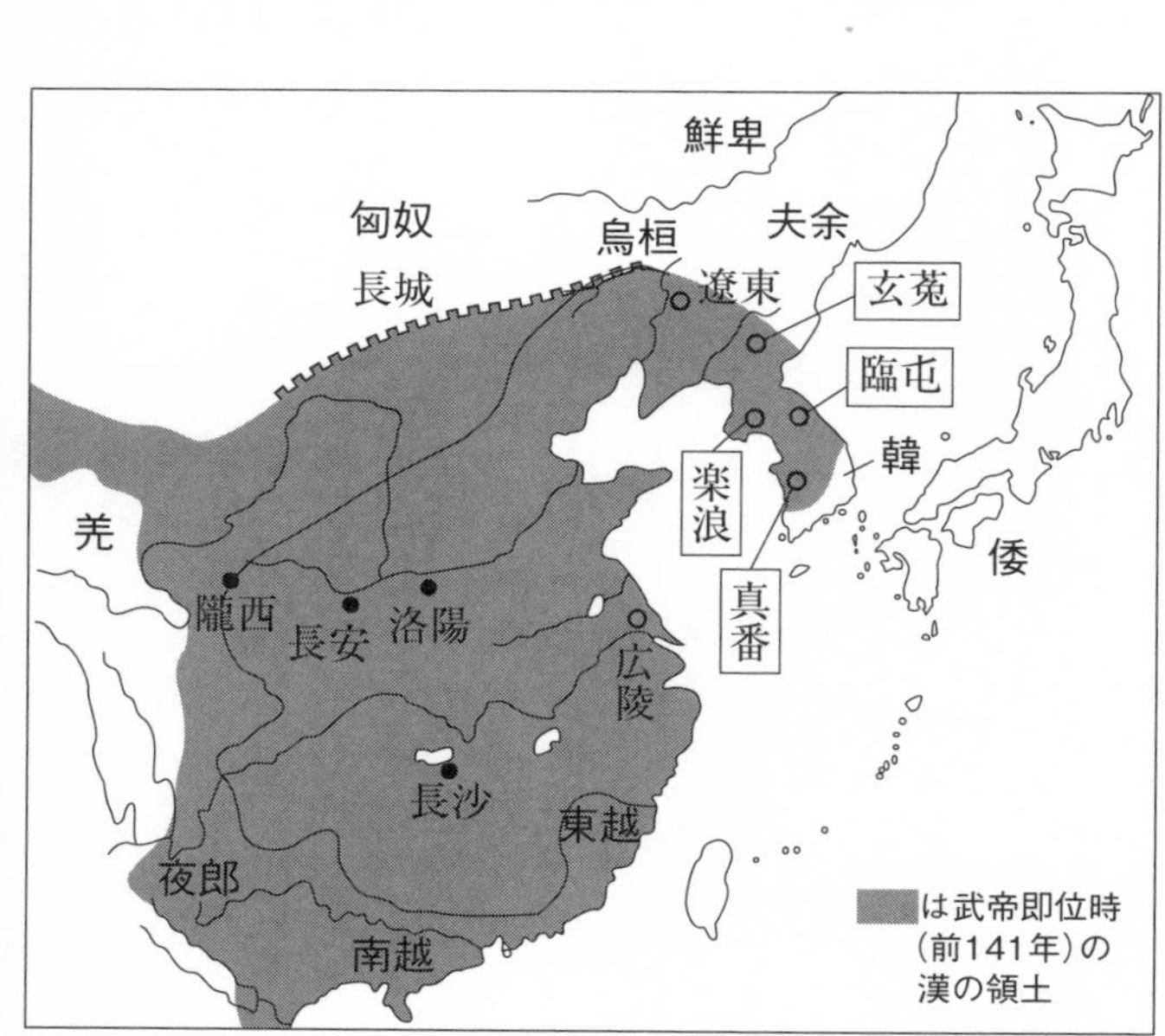

図3-9　朝鮮四郡の設置と東アジア
寺沢薫『王権誕生』2002より

売」があります。これは漢の半島経営に資するための実利的な施策であり、その結果国勢発展に繋がったと思われます。日本列島にはすでにクニがいくつもできており、幸いに設けられた楽浪郡の専売所までそれぞれの仕入れ係が競って出張したと思われます。専売所はいつまであったのか定かでありませんが、閉鎖後も朝貢外交の中で鉄取引が継続されたと思われます。

またこの頃の半島最重要の事件として、紀元前37年頃北部ツングース族の高句麗が遼寧省桓仁県に建国しました。そして313年になって、漢族に支配され続けてきた楽浪郡を滅ぼしました。これより半島は半島人自身によって統治されることとなりました。

（3）クニから邪馬台国へ

ムラ、クニ、国

クニ・国の果たした最も大きな役割は水田開拓でしょう。前述のように、水稲は縄文後半期に始まりました。考古学では、稲を運んだ渡来人が到着次第即座に当然として水田耕作を開始したといわれますが、このノートでは、水稲は緩慢に受容されたところ、弥生後半期にクニ・国の強制力が列島に広く適用されるに及んで水田開拓が急速に波及したとしました。

やがて水稲の宿命である土地占有権・水利権をめぐる勢力争いが活発となり、ますます開拓が推進される中、北部九州では末盧国、伊都国、奴国などと、次第に国といってよい規模に拡大しました。紀元前1世紀頃には百余国あったと史書にありますが、これは北部九州だけであったかもしれません。その頃すでに出雲では文字が使用され、越の国などがあっても不思議ではないでしょう。

邪馬台国の成立

「邪馬台国」の文字は今日一般的に使用されているので、このノートでもそうしていますが、この「台」は、初めに書かれた『三国志魏書』では「壹」、それが後漢書に踏襲され、宋代に「臺」に訂正されました。ヤマタイコクという読み方の根拠を探しますが、よく分かりません。

これまでに邪馬台国はどこにあったのか、国民的な議論が戦わされてきました。北部九州の中にあったと考える人が大勢あります。初期の邪馬台国はそれでもよいでしょう。しかしそれは地域連合であって、列島規模でいうのが大和王権なのだと寺沢薫と白石太一郎はいっています。

一つ疑問なのは、『魏書倭人条』などの史書に登場した倭国の範囲はどこまでであったのか。また、使者を派遣したのはどの辺りの国であったのか、ということです。

表3-4　比較年表

	朝鮮半島	日本列島
前3	前222 ？箕氏朝鮮建国？ （前221 秦建国。前202 前漢建国）	戦争頻発。クニの統合。朝鮮製青銅武器の副葬
前2	前194 ？衛満、箕準を追い出し建国 前108 漢武帝、楽浪郡ら4郡を設置	玄界灘沿岸、クニから国へ
前1	前82 真番・臨屯2郡を廃止、 楽浪郡、この頃鉄の輸出解禁 前75 玄菟郡西北方の新賓県に移る この頃 高句麗遼寧省桓仁県に建国	鍛冶工房出現。西日本に「百余国」。北部九州に戦争激化広域に（吉野ヶ里等）。本州にも戦争頻発、近畿に多重環濠。奴国・伊都国強大に
後1	30 楽浪郡復活（25 後漢始まる）、 32 高句麗朝貢、高句麗王に冊封 44 韓廉斯人貢献、邑君（村長）に冊封	響灘に箱式石棺墓 57「漢委奴国王」金印
2	190 高句麗楽浪郡に侵攻。韓族濊族強大、郡県の民衆多く韓に入る 遼東太守公孫度独立 高句麗・烏丸・山東半島を攻略	107 師升等生口160人献ずる この頃　伊都国盛大、狗奴国台頭 「倭国乱れ相討伐すること暦年」 146 卑弥呼倭国女王に共立さる
3	204 公孫康南の荒地に帯方郡新設 238 魏、公孫氏を滅ぼす 240 魏、高句麗の王都国内城を陥落	239 卑弥呼男女の生口10人貢献 「親魏倭王」 266 台与男女の生口30人献ずる

史書が伝聞を極力避けたとすれば、北部九州中心であって、中国地方以東などを含んだ全体像は描けていなかったでしょう。

『魏志』に卑弥呼は2回（146大王共立、239親魏倭王）登場します。共立大王を初代卑弥呼とすると、「親魏倭王」は93年後ですから、素直に考えて4代目くらいです。また邪馬台国を地域連合体とするのか、列島規模の連合体とするのかで意見が分かれますが、いずれの場合の国も存在し、いずれも開闢以来の画期であったと思われます。

帥升等、卑弥呼、邪馬台国の実体はすべて伊都国ではなかったかという説が出されました。伊都国が1世紀までに北部九州を1国に纏めたようです。そして、そこから遥々瀬戸内海を東遷したとすると、3世紀大和王権成立には200年しかありません。

禰宜田佳男（文化庁、考古学）は、大和王権が大きくまとまる前段階に九州、出雲、大和の3勢力が分立する様相を銅鐸の出土分布から推測しました（2005）。紀元前1世紀にはこうした時代が始まり、西暦2世紀・3世紀までには、吉備・因幡、さらに北陸・東海・関東にも地方政権あるいは地域連合体が林立した状況があったと想定されます。史書に記載があるのは朝貢した国とその周辺までとすることに合理性があります。

そして、大和王権に覇権が収束したことは、何万年も戦争をしなかった遺伝子たちが復権して首長たちを誘導したのかもしれません。のちの聖徳太子の十七条の憲法や仁徳天皇の竈の煙とも、あながち無関係ともいえないでしょう。ともかく大勢の王たちが集合して大王を共立した時、そこには共通語を必要としました。クニ・国が纏まる都度、言語も収束に向かったと思われます。

―付　記―　人口推計

人口は社会の消長を知る基本的指標です。小山修三（国立民族学博物館）は遺跡数を根拠に縄文早期から土師器時代までの各期における地域別の人口を割り出しました（１９８４）。要約しますと、温暖といわれる縄文中期がピークで26万人、その後は減少に転じて後期が16万人。晩期が寒冷のため8万人弱（西日本全体でわずか1万人ほど）としました。

先史時代の人口に触れた説は他になく、これが数々の論証に利用されました。それだけに過去には批判もありました。小林達雄（国学院大学、考古学）は「晩期の人口がそんなに減少するほど縄文文化はひ弱でない」と注文を付けました。具体論に対する抽象論ですから、議論としてかみ合わず、泉拓良（奈良大学、考古学）が具体論に加わりました。泉も同じような表をつくりましたが、内容は小山とほとんど変わるところがなく、相違は晩期が異常値として削除された程度でした（１９９９）。

そこで小林は、後期の人口減少が事実であれば、天然痘などの疫病大流行が原因したのだろうといいました。ただし、その発生源まで言及しませんでした。晩期の低温については長年議論されましたが、最近中川毅は「最後の氷期は1万１６００年前頃に終わった」、その後は温暖化

表3-5　人口推計（小山1984、各欄上段は人、下段1km²当たり人口密度）

地方	早期	前期	中期	後期	晩期	弥生	土師器
全国	20,100 0.07	105,500 0.36	261,300 0.89	161,300 0:55	75,800 0.26	594,900 2.02	5,399,800 18.37

註1）原表には地方別の明細があるが、ここでは割愛した。
註2）小山は小林達雄との論争中に、弥生時代には大型住居が導入されたとして1遺跡当たりの人数を増加し、60万人から100万人に訂正した。
註3）土師器時代には制度的な無戸籍者や僻地住民が脱漏している。取り敢えずキリのよい600万人に増加させた。

したといっています（図2‐1〈102頁〉）。図3‐10、図1‐6（71頁）からも長期に大きく寒冷化した様子がありません。やや中期的な見方として、松島義晃が1万年ほど前から6000年前までの一方的急激な海進と5000年前前後における軽い寒冷を述べています。

前著で、小山の推計は各時代区分内における生存者数に関する数字であって、決して人口ではないと指摘しました。今回新たに、表3‐5における各期中の平均増加年率を算出したところ、縄文前期0・11%（1・0011）、縄文中期0・082%（1・00082）、問題のある縄文後期・晩期・弥生時代を一括りにして0・031%（1・00031）、土師器時代0・553%（1・00553）を得ました。この増加率を比較すると、縄文前期から縄文中期、弥生時代まで順番に減少し、土師器時代だけが爆発的に増加するという、あり得ない、奇妙な大変化を描いていることが分かりました。

その原因はまず期間の長さにあり、そうした前著の指摘がすでに認められています。小林が唱えた疫病大流行は第二波が持ち込んだとも考えられますが、それによる人口減少は通常短期間であって、何百年も減少し続けることはないでしょう。その点、疫病説も無理があります。

ここに分かりやすい問題がもう一つあります。それは土師器時代の

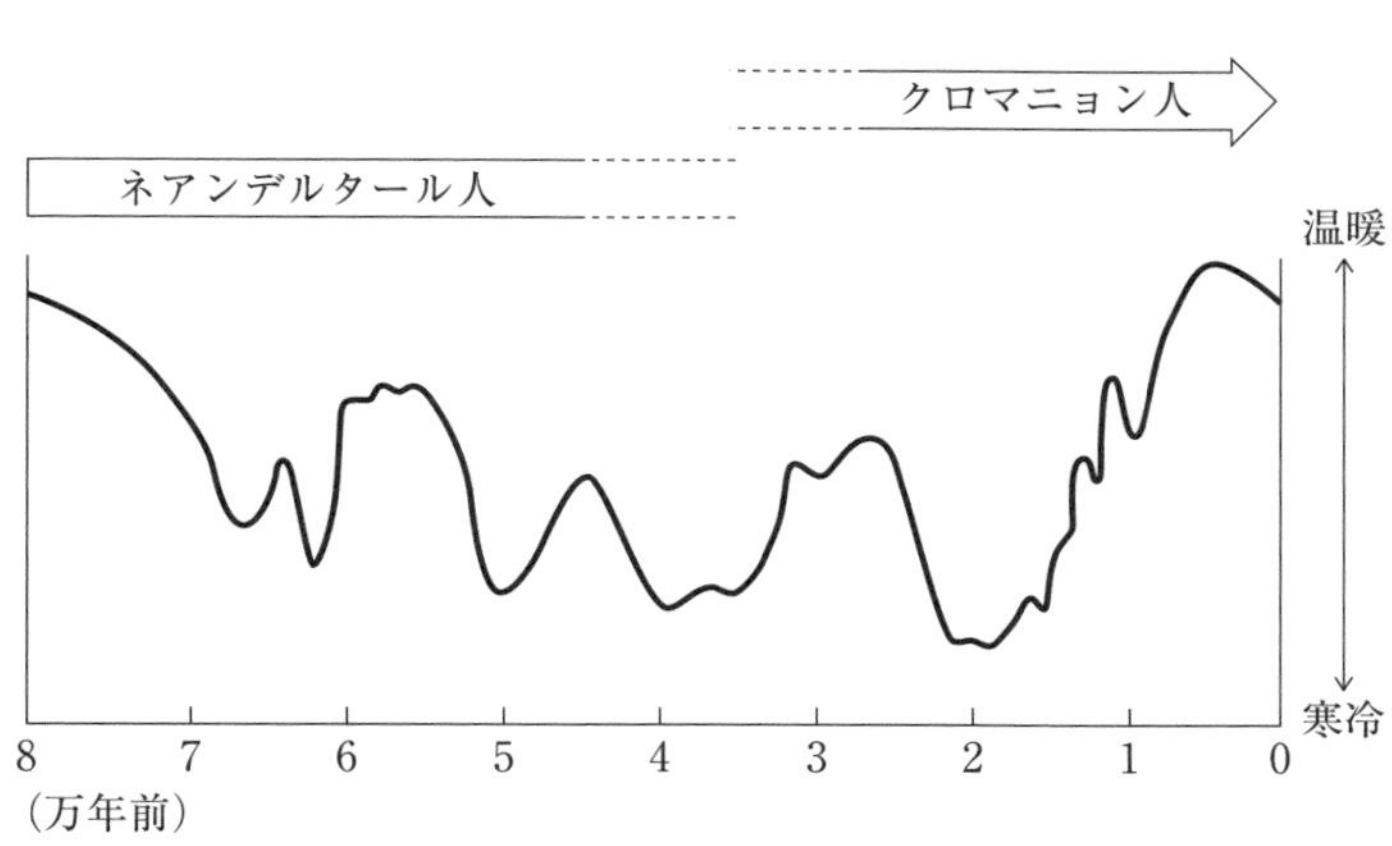

図3‐10　気候変動　尾本恵市『ヒトはいかにして生まれたか』2015より

0・5%超という高い増加率です。これは近年でこそ実現可能ですが、この古い時代には不可能です。つまり、弥生時代辺りの人口が異常に低いという不合理を演じてしまっています。それには小山自身も何らか気付いており、推計表発表後、弥生時代だけを修正して、人口を増加させています。その原因は、弥生時代まで遺跡数を根拠としたことに対して土師器時代だけを戸籍によるという質的に全く異なる比較をしたことにあります。

もう一つ根本的な間違いがあります。それは遺跡数です。小山が根拠とした遺跡数は、当然ながら、当時までに掘り当てた遺跡です。すべての時代に亘って実際に存在した遺跡数に対して発掘割合が同じ割合であればよいのですが、そんな保証はどこにもありません。また、各期における各遺跡の住民数が不変であることが条件となっていますが、それもありえません。すなわち、遺跡数は正当な根拠とはなりません。その上、海面低下による遺跡海没の問題があります。縄文前半期以前は低温で、低地における遺跡海没は無視できません。これまで小山案の間違いを放置したことは遺跡捏造(2000年事件発覚)を許したことと基本的に変わりません。それは一説だけをもって真理性を信じたことにも関係します。

考古学では、言説に対して敬意を払う風習があります。他の専門家はそれを尊重して触れようとしないので、結局は一説だけとなってしまいます。それは殊の外美しい風習ですが、遺跡捏造事件の場合には文部省までもその陥穽に落ちました。回復するのにどれほどの犠牲を払ったのでしょうか。

このような危険を避けるために、近年の知見を総合して代替案を検討してみました。まず、下記の人口統計があり、目標とします。

①700年頃(奈良時代始期)　約540万人
②1870年頃(江戸時代終期)　約3247万人
③1945年頃(終戦)　約6848万人

④2020年頃（現在）　　　　　　約1億1911万人

上記数字について、下記のような制約があります。

①…小山が使用した土師器時代の戸籍人数は約540万人ですが、これには制度的な無戸籍者や僻地住民の記載がありません。僻地というのは北海道・沖縄のみならず、津軽・蝦夷・熊襲・隼人・奄美もあるはずですが、全く資料がなく、推定方法もないので、不本意ですが、全期から北海道・沖縄を除外します（資料不足のため、やや不正確ですが、大きくは間違わないと思われます）。

②…明治初期の人口統計は1873年以降しかないので、上記は類推です。

③…北海道・沖縄の人口を除外しました。

④…③と同様。

上記期間の人口増加率は下記の通り算出できます。

①～②（奈良～江戸）　　　1・00155

②～③（明治維新～終戦）　1・010105

③～④（終戦～現在）　　　1・00735

ここに得られた奈良～江戸の年間増加率1・00155はそれ以前を想定する要となります。

ここでは始原期から現代に至る超長期の人口を推計します。資料が全く不足していますので、甚だ恣意的ですが、各期について次のように条件設定をしました（表3‐6の修正人口推計はやや大雑把な増加率を適用したため、誤謬を生じた。但し実質的な悪影響はほとんどないと思われます）。

〈イ〉最初に始原期の渡来人数が必要です。参考とする数字としては、篠田謙一のアメリカ大陸初期渡来人口5000人説があります。日本列島の場合はアメリカ大陸より国土が狭く、かつ奥行きが浅いので、それ以下でよいでしょう。

前述のように、言語集団の規模についてロビン・ダンバーがトライブの規模を１５００人と規定しています。そして、これを言語単位としています。言語は文化伝承に必須要件ですから、日本列島に入った当初人口を１トライブ１５００人としました。多分これが最低単位でしょう。日本列島の人口はこの人数を基数として、逓増することとします。

世界の後期旧石器時代では道具類の発達によって生業が改善されます。日本列島でも同様の傾向が続いたでしょう。まず黎明期の増加率を前述の世界標準にならって１・００００５（61頁参照）とします。そして、ナイフ形石器・細石刃・土器と、新しい生業技術が開発される度ごとに人口増加率が逓増するモデルを想定します。

〈ロ〉ナイフ形石器は６種類に発達しました。１文化集団を１５００人とすれば、分化後の６集団は９０００人です。これは細石刃文化開始期の目標数

表3-6　修正人口推計表

時代区分	開始（年前）	期間（年）	増加年率	期間倍率	推定人口（期首）
黎明期	40,000	5,000	1.00005	1.2840	1,500
ナイフ形石器Ⅰ	35,000	5,000	1.00008	1.4918	1,926
ナイフ形石器Ⅱ	30,000	10,000	1.00011	3.0040	2,873
細石刃	20,000	4,000	1.00015	1.8220	8,631
土器Ⅰ	16,000	4,000	1.00020	2.2254	15,726
土器Ⅱ	12,000	5,000	1.00025	3.4898	34,997
園耕Ⅰ	7,000	2,600	1.00050	3.6681	122,132
園耕Ⅱ	4,400	2,000	1.00070	4.0532	447,992
農耕（弥生）	2,400	700	1.00100	2.0130	1,815,809
農耕（古墳）	1,700	400	1.00125	1.6482	3,655,312
奈良／江戸	1,300	1,150	1.00155	5.2925	6,024,709
明治／昭和	150	75	1.01025	2.1486	31,885,821
終戦	75	75	1.00740	1.7384	68,511,274
現在（2020年）	0	—	—	—	119,098,977

であり、各文化期ごとにおおよそ1・00003（0・003％）ずつ逓増させることによってその人口を得ます。この段階で増加率は1・00015となります。

〈ハ〉その後、奈良時代までは使用可能な参考資料がありません。そこで、人類発展の真ん中の情報がほしくなります。幸いにもユヴァル・ノア・ハラリが「約1万年前のヨーロッパにおける農業革命は地球最大の経済的発達だった」「人為的な食糧獲得方法が画期的な経済効果をもたらして人口増加をもたらした」という趣旨を述べました（『サピエンス全史』2016）。同様の説はほかにも複数以上あります。前述のように、日本列島における農業の適用はヨーロッパより遅れて縄文後半期です。したがって、7000年前を境にして、以前を採集時代、以降を農業時代として前後2区分し、増加パターンも変化させます。

〈ニ〉農業時代開始時の増加率を1・0005としました。これは黎明期の10倍であり、現在はさらにその10倍になるという中間の値です。これを中心点として前後の増加率を決めます。以降については奈良～江戸の増加率1・00155に向かって逓増させて奈良時代の戸籍に繋げます。

〈ホ〉縄文時代前半期は草創期、早期の2小文化期に分けられ、文化的発達があったとされています。ここでは斎藤の意見もあることから後半期も2区分します。

以上、恣意的な主張が目立つかもしれませんが、ある程度規則的な増加パターンを案出することができました。左記に若干補足説明してご批判の材料とします。

ここにある増加率はそれぞれ他の増加率と相関関係にあります。すなわち、縄文前半期以前の人口と増加率を前表より大きくすれば、縄文後半期以降の増加率は小さくすることになります。逆に縄文前半期以前の増加率等を小さくすれば、縄文後半期以降は大きくしなければならないことになります。増加率はこのような自律的相関関係にあるので、一定の制限内に落ち着くことになります。

本案の弥生時代の人口は小山説の3倍程度です。他の時代についても決してかけ離れた数字ではありません。最近考古学で述べられている弥生時代の様相は戦争など賑やかさを増しています。戦争は人口増が原因となることがあります。首長が登場し、古墳時代に向かって数多くの国が誕生しました。これらは人口増があってこそと思われます。

以上のように、とりあえずの超長期モデルを作成しましたが、小山の本旨を生かすためにも、今後とも資料を充実させて本格的に再検討されることが期待されます。

なお、先程遺跡数について述べましたので、遺跡存在の蓋然性について若干触れます。火山噴火による埋没と海水準変化による海没については前著でも述べました。近年諸説にみられる変化の一つに、アメリカ大陸西海岸沿いの海底遺跡問題があります。現在でも海底遺跡が海岸伝いに見つかっているわけではありませんが、アメリカ大陸制覇の主要ルートとして多数意見となったと思われます。

遺跡不存在が確定するには総ての遺跡存在が確定しなければなりません。未調査地域における未発見遺跡の評価はゼロではないはずです。

4. 弥生時代の言語

村山七郎の言語混合

前述のように、日本列島語は縄文後半期末までにすでに成立していました。そして、弥生後半期に遼寧勢力の第三波が朝鮮半島経由で入り、岩宿以来の日本列島語の語順などを確認しました。村山七郎は日本語の基本的構造について次のように述べました。

「日本語はツングース語的要素と南洋語要素を内包していることは疑いをいれず、その意味で、『混合言語』と言えるが、（中略）ツングース語要素が中核を形成している。ツングース語的中核が南洋語要素を吸収した結果、日本語が成立するにいたるのである」

（村山七郎『日本語の起源と語源』三一書房、1988 「南洋語」は南島語と同義語：引用者註）

村山は、南洋語とツングース語の要素共存を証明し、南洋語要素の後からツングース語的言語が入ったとしました。南洋語要素の話者集団は第二波であり、ツングース語的言語の話者集団は第三波なので、順序は正にその通りです。崎山理の場合は、第一波と第二波の混合を唱えました。二人の論はどちらも証明であり、双方ともに正しいとする外ありません。

ただつくづく、村山は比較言語学の真髄を培った使徒だったと思われます。当時はそれをいうのが精一杯だったのでしょう。また、引用文から分かるように、日本列島には4万年の昔から言語があったことを無視しました。どうして無視したのかも説明しませんでしたが、比較言語学者として「原始日本語」が遡及限界であり、それ以前は論外として何の疑いも持たなかったのでしょう。

ツングース族も漢族も第三波の一部ですから、列島人における人口割合はそれぞれ数%です。この少数では言語変容は起こらないとせざるをえません。前述のように伊都国に漢製文物が出土するのであれば、漢語の関与が予想されます。もう少し言語的影響が残ってもよさそうですが、専門家による論述もありません。察するに、支配階級だけに文字が使用されたように、ある時期まで特定空間だけに漢語が使用されたかもしれません。

統合と方言

各クニは領域と共に言語域も拡大しました。勝ち残ったいくつかの国が大きく育って地域連合体の国となり、さらに統合されてついに大和王権とその言語となって定着しました。

近畿に収束する以前の地域語は当然地域性を持っていました。大和王権が大きく一つに纏まった時、言語の普遍性が求められました。すなわち、中央部ほど普遍性が求められ、各種の方言性に浄化作用が働きました。中央言語は進化脱皮し、周辺部に方言性が生き残りました。国語学では、裏日本方言と称する音韻が日本海側に広く共通するとし、方言の特徴が近畿に近い所ほど失われるといいます。

表3-7　弥生時代までに入った言語

時代		渡来文化	西日本			東日本	
			九州南部	九州北部	本州南西部	本州北東部	北海道
岩宿		石刃系	Y2	Y2	Y2	Y2	Y2
縄文	前半期						
	後半期	長江文化	Z1 W1 X2	Z1 W1 X2	Z1 W1 X2	Z1 W1 X2	
弥生	前半期						
	後半期	首長	T	T	T	T	

コラム　金印をめぐって

志賀島で発見された金印は『漢書』にも記載があるので、本物と認められています。篆刻された「漢委奴国王」の読み方は一般的に「漢の倭(わ)の奴国(なこく)」ですが、そのまま「漢の委奴国(いとこく)」とも読めます。『後漢書』の倭国関係の記事に、1世紀には奴国と伊都国ともに強大、57年金印交付、107年倭国王師升等貢献生口160人、この頃伊都国盛大、146年邪馬台国に卑弥呼共立があります。注目すべきは、2世紀の記事に「伊都国」はありますが、「奴国」は『漢書』の視野から消えました。

伊都国の遺跡には漢製の文物が多く、後漢と強いつながりを持っていたといわれます。糸島では硯も出土しています。一大率(いちだいそつ)があったのも伊都国ですから、北部九州の中心は伊都国だったでしょう。この一大率が漢の出先機関であったとする説がありますが、もしそうであったとすれば、それ以上の発展はのぞめず、大和とは無関係となります。また、奴国はそんな伊都国とは抗わず、神武天皇のように夢を本州に託して東遷したかもしれません。

その後史書には、3世紀に卑弥呼（『魏志』）と壱与（『晋書』）、4世紀に半島征伐（『日本書紀』）、5世紀に「倭の五王」（『宋書』など）、6世紀に磐井征伐（『日本書紀』）と移って行きます。

博多湾は天然の良港で、舟が多用された古代にはここが北部九州の玄関であり、奴国は勿論、「盛大」となった伊都国もここを拠点としたに違いありません。志賀島は博多湾を囲む「海の中道」とよばれる半島の先の、やや外海側にある半孤島です。今でこそ半島と永久橋で繋がっていますが、数十年前には橋がなく、満潮の度に半島から切り離され、結構な隠れ家的雰囲気を醸し出していました。志賀島なら、箱崎辺りに何か事件が起きても舟で如何ようにも対処できますし、湾内への出入も監視できます。奴国であれ伊都国であれ、志賀島を要衝として使用したと思われます。

第4章　古墳時代以降

1. 概　観

邪馬台国連合

大和王権は国々の王たちが一つに纏まって誕生したといわれます。日本列島最大の政治的画期であり、これより古墳時代が始まります。大和方面に大型古墳が多いことから、この地域が王権の誕生地とされています。卑弥呼を祀る「冢（ちょう）」（『魏志』、大きな塚の意）もそこにあるとされ、箸墓古墳・纒向遺跡・ホケノ山古墳が有力候補です。

239年に卑弥呼は「親魏倭王」に封ぜられました。その旨の〃お墨付き〃が持ち帰られ、時によって開示されたはずです。そして266年に「倭の女王壹與（晋に）朝貢」となります。朝貢には必ず鉄挺や武具などの返礼品があります。その在り処についても様々に議論されています。いずれにしても、九州王朝と考えられる国と大和王権といわれる国とでは規模が異なると思われます。

大和王権の版図拡大によって、言語も伊都国から狗奴国に至る広い範囲で方言的特徴を調整しながら共通化に向かったと思われます。この共通語は、その後少々の混乱があっても、国の規模拡大に伴って使用範囲を拡大し、古代日本語の祖先となっていきました。

史書

古墳時代に入ると俄然文献史料がふえます。しかし、文献資料は潤色や過度の修飾が多く、さらに虚飾や改変すらありで、真実のみ抽出することは容易ではないようです。史実としての客観性、信憑性を保証するにはやはり考古学の裏付けが必要でしょう。

史書はあった方がよいに違いありませんが、厄介な問題も生じています。倭とか倭国とかいわれるのもその一例です。倭は蔑称といわれていますが、よい解決方法がなく、今なお問題です。

また、史書には不一致があります。すなわち、倭が遣使した回数が5世紀前後の宋書などに13回記載され、五王が登場しますが、日本国の公式史書である『日本書紀』にはこれらの記事が全くありません。どちらも真実という外ありませんが、具体的裏付けがほぼ無いという問題があります。

前著の時代には、文献学が外国史書を優位に置いて、宋書記載の倭王某を『日本書紀』の何々天皇に比定し、業績についても事細かく解説するという大議論を独自に展開しました。前著で、「宋書などの記述では倭・倭国の場所と領域が明確でない。近畿の王朝に統治の行き渡っていない地域が多くあり、倭国を一つとする必要はない」としました。

これに関して、白石太一郎（考古学）が「もう一つの倭国」が九州有明海沿岸地域に存在したとしました（『考古学からみた倭国』２００９）。書名からも文献学に対向する意気込みが窺えます。その後の考古学は白石説を受け容れ、倭国や五王の名をそのまま呼んだり、あるいは五王には全く触れなかったりしています。「もう一つの倭国」が九州内に存在したとしても、九州内の各地域がいつ大和に帰順したのでしょうか。『日本書紀』に隼人帰順に関する記事があります。西暦５４０年に最古の記事がありますが、これは修飾的な記事ではないかと異議が唱えられています。その次が６５５年の「隼人内属」です。これが事実であってもまことにわずかな記述しかなく、しかも邪馬台国建国から遥かに遅れます。

いくつかの問題と解決

①従来は大陸や朝鮮半島との使節往来は〝権威付け〟が目的とされていましたが、前著で鉄交易を中心目的としました。最近多数意見が鉄交易目的を認めるところとなり、お伽噺の世界から脱した感となりました。

②倭の五王問題を議論する所在が文献学なら、問題を解決するのも、しないのも文献学かもしれません。しかしこれが日本国の問題である限り、外交的にも早晩解決しておくべきです。そんなに難しくないはずです。

③古墳時代に日本列島が朝鮮半島と親密な関係をもったのは朝鮮半島西側です。古墳時代併行期には弁韓と百済がありました。7世紀新羅の半島統一によって百済が崩壊し、日本列島との親交関係は無と化しました。その後国交を始めた新羅は百済と異なる民族であり、文化と言語も違っていたので、日本は半島との関係が不連続となってしまいました。考古学ではこの関係を全く無視しています。日本の歴史を明らかにするためにも、真摯な取り組みが求められます。

なおこれまでに延べてきた、水稲伝来に関係しそうな半島の事象を次に纏めます。

①朝鮮半島は、いつまでとは言えないが、人口が少なく、渡来する力があったのか疑問である。
②人類学的にも半島・列島間に親縁性が低い。
③朝鮮半島の現在に繋がる住民は東北アジアの無文土器文化人（アワ農耕系）に由来する。
④弥生時代後半期に日本列島にやって来た首長集団は半島で水稲技術を身に付けたといわれない。
⑤弥生早期の夜臼式土器の由来は長らく半島とされてきたが、江南の可能性が浮上した。

以上のその後についても、可能な限りふれてまいります。

2. 朝鮮半島との交渉

三韓時代

3世紀には、大陸中央部では220年に魏が建国されて三国時代に入り、日本列島では大和王権が成立しました。『魏書韓条』は、朝鮮半島に「三種の韓」があったと伝えています。辰韓、弁韓がそれぞれ12国ずつ、馬韓が五十余国。戸数は弁韓と辰韓合わせて4～5万戸、馬韓が十余万戸としています。仮に1戸当たり平均8人とすると120万人となります。前章における人口推計で、日本列島古墳時代始期の人口をほぼ300万人と推計しました。

朝鮮半島南部で半島人自身によるクニ造りが可能となったのは、晋（魏を継承）や北方勢力など周辺の手が及ばなくなったという政治的背景に守られたからです。三韓

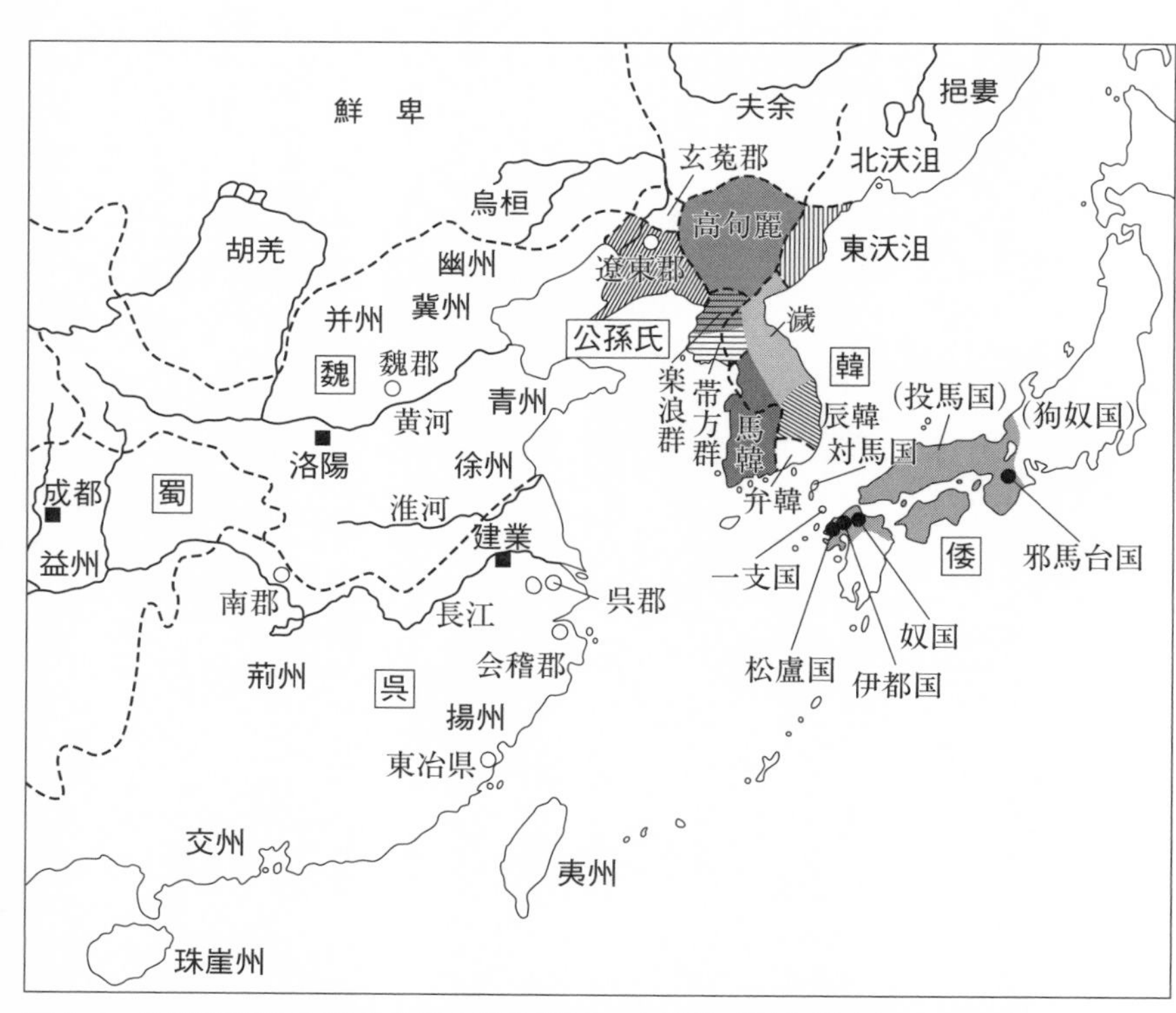

図4-1　3世紀前半の東アジアの政治構図　寺沢薫『王権誕生』2002より

は文化水準が北部の楽浪郡や高句麗とは同列とならず、三国時代の前段階の意味で原三国時代とも呼ばれます。日本列島はすでに大和王権という列島規模に纏まっているのに対し、朝鮮半島はいまだ小国がひしめく二段階前の状態にあり、ひたすら新しい秩序を求めて懸命であったと思われます。なお、全国統一は7世紀であり、大和王権から400年ほど遅れます。

史書に、辰韓は秦の圧政から逃れてきた人たちが住みついたもので、秦語を使ったという話があります。仮にそのような渡来があったとしても、秦から辰韓まで400年間経過しており、秦語が原始韓語を変容させた様子がありません。秦人が遥々辰韓の地にやって来たとしても、埋没してしまったのではないでしょうか。『魏書韓条』にはほかに言語に関する興味ある記事があり、馬韓だけは言語が違っていたといいます。朝鮮半島西側には揚子江下流域から第二波のヒトが渡来したことが日本列島と共通しており、言語も同一要素を受容していました。したがって、その渡来語の流れをくむ馬韓語が古代日本語と語彙などを共有していた可能性があると推定されます。

三国時代

4世紀中頃、馬韓に百済、直ぐ続いて辰韓に新羅が建国されました。日本列島では近畿に統一政権が成立してからほぼ100年、卑弥呼の邪馬台国からほぼ200年経っています。

前述のように、弁韓地方には、倭人が楽浪郡や帯方郡に出向いた以前から鉄に関与した倭人ムラや親倭人ムラがあったと推測されます。

左記は様々な議論の基礎とされる、最も素朴な資料です（『日本書紀』）

367年　百済王の使者、朝貢する。朝廷、千熊長彦を新羅に遣わす

369年　新羅を破り、7国4邑を平定す
372年　百済の使来て、七支刀など奉る
382年　新羅を打たせる（『日本書紀』）

その頃、高句麗では第19代好太王が活躍します。広開土王碑が吉林省集安に現存しています。左記はその一部です。半島における倭人の大活躍を物語っています。

391年　倭、百残・任那（みまな）・新羅に兵を派遣して臣属させる
399年　百残、誓を違え倭と和通。倭人国境に満つ
400年　高句麗、新羅を救援。倭人退き、城帰属
404年　倭人、帯方郡の故地の境に（図4－1参照）侵入
412年　広開土王没す
414年　広開土王碑建てられる

倭は軍を百済の北辺をこえて帯方郡の「故地の境に」侵攻し、高句麗軍と交戦しました。一時は高句麗軍を北方へ追い払いましたが、その後逆に好太王に撃ち返されてしまいました。

上記広開土王碑の碑文内容に対応する記事が『日本書紀』にないことから、一時は真偽を疑われましたが、現在は真正とされています。朝鮮半島で倭が敗けた記録はこの時と白村江と2回あります。碑文は文章が短く、欠字が多いことから、疑問が残っています。

一つには、倭が半島でこのような大規模な戦闘を展開したことは、倭軍の半島常駐を髣髴とさせます。任那軍の可能性も考えられます。『日本書紀』6世紀の記事には任那を救援したとありますが、この時は救援記事がなく、百済国内部における行動記述もないことから、任那軍単独であったのかもしれません。そして、その

軍隊は任那から百済の北辺まで舟で往復したのでしょう。
この時の倭軍は反撃されて後退を強いられ、これが縄文以来交流のあった半島を放棄する分岐点となりました。事後処理として一旦は一部引き上げとなり、半島内の倭人社会の中枢をはじめ、須恵器、金銅製品、鉄製品等の工人が帰化し、乗馬も伝わったといわれることもあります。

史書記事

413年　倭王が東晋に方物を献ず（『晋書』）
421～478年　五王の記事10回（『宋書』）
470年　身狭村主青（むさのすぐりあお）、呉国の使とともに漢織（あやはとり）らを率いて帰朝す（『日本書紀』）
479年　倭王武（『南斉書』）
502年　倭王武（『梁書』）
（以上で倭の五王関係合計13項）
512年　任那の4県を百済に与える（『日本書紀』）
513年　百済五経博士をおくる（『日本書紀』）
527年　衆6万を任那にゆかせ、新羅に破られた土地を復興させようとするが、磐井に妨げられる（『日本書紀』）
537年　新羅を討たせ、任那を救わせる（『日本書紀』）
562年　新羅が任那の官家を滅ぼす（『日本書紀』）

百済は半島西部の穀倉地帯を広く領域としていましたが、高句麗の南下によって次第に北部を削り取られました。475年遂に漢城を攻略されて一時滅亡を余儀なくし、やむを得ず南の熊津（ゆうしん）に遷都して復活しました。その間高句麗の南下に対抗して、新羅と同盟したり、大和に求援を要請したりしました。6世紀前半から倭との関係が一層濃くなり、6世紀後半には高句麗とも同盟を結び、一時安定します。

大陸には数々の王朝の盛衰がありました。日本列島においても一国に纏まっていない段階では、「五王」の国が複数以上あったかもしれず、磐井もそうした勢力の一つであったかもしれません。しかしながら、北部九州の状況をそのように理解すると、『日本書紀』の4世紀の記述（半島征伐）と整合性が悪くなります。ここでは問題を提起するに留めます。

任那と伽耶（かや）

高麗国仁宗の命で12世紀に『三国史記』が編纂されました。『三国史記』は朝鮮人による朝鮮最古の史書です。この三国とは高句麗（北部）、新羅（東部）、百済（西部）の三つの地域です。半島最南部は6世紀に新羅に編入されるまでは日本人が統治していて、任那といわれていました。前述のように、それ以前の半島最南部は朝鮮に入らず、それが韓人の偽らざる認識でした。縄文時代以来縄文人が住み続けて任那に繋がったことは、任那が歴史始まって以来存在していたことからも明らかです。

任那の人々は日本列島に長らく鉄を供給してきました。その歴史はほぼ1000年あります。その長い間には当然の如く状況の変化があり、この地域と倭との関係、ひいては各国の司所とか、府とかの在り方も変遷したと思われます。

最近糸島には海外交易を生業とする海村があったといわれ、壱岐・対島や任那にも同様の村があったと想定されます。そこにおける活動が故国の消長に大きく反映したと思われます。倭にとって三韓時代以降もこの地域は大陸への中継地であり、生業とする人たちがいました。倭の主要な鉄供給地が百済に移った後は、倭との交易が縮小しました。新羅や百済が南下し、倭人が本土に引き揚げるなどの変化がありました。

併呑される前の任那は大伽耶といわれる小国の集合体でした。近年金官伽耶・小伽耶・大伽耶などに関する研究が進み、『魏志倭人伝』にある狗耶韓国も金海湾辺りに想定されました。

562年に新羅が大伽耶を併呑して大和に入貢した後は、半島に大和の出張所がなくなりました。伽耶は韓国人の統治になってから新しく付けられた呼称です。

百済との外交

まず注目すべきは馬の生産です。5世紀後半、国家事業として河内、信濃に牧を設置しました（『日本書紀』）。馬は各地の古墳から埴輪が出土するなど、渇望の的だったでしょう。鉄獲得の交換財とされた節もあります。

湿潤な日本列島は、朝鮮半島に比べて牧草の生育がよく、牧場経営に適していたのでしょう。512年（『日本書紀』継体6）には早くも百済に馬40頭を贈っています。馬は、高句麗の騎馬軍団に立ち向かう軍馬として、また平時には水田の鋤き込みに威力を発揮する農耕馬として必要でした。百済は次第に悪化する国際情勢の中で頼みの綱は大和に絞られました。

百済は早くから南朝と外交を持ち、大和とも親交を求めました。513年には五経博士、538年には仏教、554年には五経博士、易博士、医博士、採薬師、楽人などの人材と文化を伝えました。今日まで呉音が伝承されているのはこの事業の影響と思われます。このように百済は大和と蜜月状態にあったところ、589年隋が南北を統一したために南朝という掛け替えのない支柱を失ってしまいました。隋に替わった唐になぶりものにされ、663年についに亡国の憂き目に遭いました。

同年の白村江の戦いまで北部九州・朝鮮半島間に自由な往来ができたのは、オーストロネシア語要素が共通していたことが大きく貢献したと思われます。また半島の倭人は、それまで長年に亘り命脈を保っていましたが、百済が崩壊した時、最終的に、新羅人の陵辱に身をまかせるか、海を渡って大和の支配に収まるかの選択を迫られました。

その結果、王侯貴族から一般庶民に至るまで多数が大和に帰化しました。ここに伝統ある揚子江下流域文化を継承する渡来は終了しました。その間に大和は百済の持てる良いところを多く吸収しました。それより早く600年に、聖徳太子は隋との外交

表4-1　国の興亡（部分）

	北　朝	西暦	南　朝
三国時代	魏　建国	220	
		221	蜀　建国
		222	呉　建国
	魏　蜀を討つ	263	
	西晋　魏より代わる	265	
全国統一	西晋　呉を併合	280	
	北方遊牧民族から侵略	316	
		317	東晋　建国
南北朝時代		420	宋　東晋より禅譲
	北魏　建国	439	
		479	南斉
		502	梁　建国
	東魏　建国	534	
	西魏　北魏に代わる	535	
	北斉　東魏に代わる	550	
		557	陳　梁を滅ぼす
	北周　北斉を併合	577	
	隋　北周を倒す	581	
全国統一	隋　陳を併合し全国統一	589	
	唐　隋に代わる	618	
	唐　亡びる	907	

の道を拓いて新体制を構築していました。

新羅による全国統一

新羅は唐と連合軍を組んで、663年に百済・倭連合軍を敗走させ、668年に高句麗を攻略しました。そして、滅ぼす相手が半島内にいなくなったところで、居残っていた唐軍を半島から追い出しました。唐もそれ以上半島支配にコストをかけることを避け、日本に続いて半島経営を放棄しました。ここに朝鮮半島の統一が初めて実現し、朝鮮半島は名実ともに朝鮮人のものとなりました。新羅の巧妙な外交が功を奏しました。

韓民族が大陸の一部に地歩を築けたことと、現在国際紛争を起こしながら自国を維持している情況と、基本的に変わるものはないと思われます。弱小民族が生き残るためにチュチェ思想を中心に置き、国の分裂状態をも民族繁栄のために活用しようとしています。

日本と大きく違う点の一つに、世界各地に多くの朝鮮人租界地を持っています。外国籍をとることも多く、外国の組織人となって祖国民族のために貢献します。もし万一故国を失うことがあっても、民族が滅びないように担保されています。また、天皇制がなくて、大統領がいます。ほとんどの元大統領が退任後責任追及されて投獄されることも特徴です。これは生贄の一種かもしれません。

非親縁性

古墳時代に入ってから朝鮮半島との往来が増えました。相手は百済であって、新羅とは親密な関係がありません。鉄関係だけで1000年以上も交渉が続いた西側に比べて東側とは期間・頻度・密度ともに遥かに少なく、ヒト・言語の面において比較にならない差がありました。

大和にとっては、ともに南島語の影響下にあった百済と任那が異言語の新羅によって崩壊させられたために、それまで列島・半島間に培われた文化的成果は破壊されました。その結果、両者間の親縁性は大きく損なわれました。大和はそれまであった半島の権益を放棄し、海峡を隔てて新羅を国として認め、人々の往来を管理することとなりました。

新羅は半島統一後に唐と直接国境を接するという新たな緊張関係になったため、東隣の日本国と改めて友好関係を結びました。統一新羅の時代がしばらく続きましたが、8世紀末から後百済（ごくだら）と後高句麗が建国されて後三国時代に入り、935年に新羅は滅亡しました。その時日本は数千人規模の移民を受け入れて東国に配置しました。新羅が存在した当時における日本の人口は700万人程度と考えられます。これは大人口というに充分であり、亡国の民から言語の影響を受ける余地はほとんどなかったと思われます。

朝鮮半島北部には高句麗族とその同族がほぼ常住していました。高句麗の少数の遺民が日本の中央に到来した時もあり、武蔵の国に流民が配置されたこともありました（『日本書紀』）。森浩一は高句麗の古墳と同形式（上面が平ら）のものが近畿にあるといいました（1994）。村山七郎は1960年代に高句麗語との一致要素を述べました。板橋義三も日本語・高句麗語同系論を主張したことがあり（『日本語系統論の現在』2003）、その根拠に四つの数詞3、5、7、10が似通っているとしました。これは100年ほど前に新村出が唱えたことでした。

渤海（698~926年）の興亡は新羅とほぼ同じ時期です。日本との往来には帆船で日本海を横断したといわれます。秋の北西風を利用して沿海州ないし朝鮮半島北部から若狭湾に向けて渡海します。風の吹き回しによっては東北地方に着いてしまうこともあったようです。帰りは春の東風を利用したといいます。

渤海人の渡航目的は通商といわれ、言語は高句麗語に近いものであったと推測されています。10世紀には新羅語通訳がいたようですから、度々来訪した渤海人のためにも高句麗語通訳がいたかもしれません。しかし、日本はこれら半島人の来訪を歓迎せず、一般的な文化・言語の影響もなかったと思われます。

少数派の言語的圧力に関する卑近な例として、太平洋戦争後に進駐軍による占領があります。この時米軍など20万人の兵士がかなり長期間駐留しました。ご存じの方も多いように、進駐軍による日本語への影響は、いくつかの語彙を借用しただけで、文法的な変容は全くありませんでした。進駐軍と一般国民と対話する機会が限定的で、強制的でなかったのが原因と思われます。仮に武力が発揮されたとしても、20万対8000万人では効果は限定的だったでしょう。なお、最近の英語多用傾向はグローバリズムによる政治経済的選択であり、戦争とは全く無関係です。

3. 大陸との交渉

鉄獲得競争

古墳時代最大の特色は鉄製の武器と利器という、当時としては驚くべき文明が普及したことです。鉄はすでに弥生後半期初期に供給されましたが、質、量ともに不満足なものでした。しかし鍛鉄となって強靭性が大きく改良されてから、より多く持つ者がより確実に優位にたちました。

古代の鉄を最も早く評価した人は司馬遼太郎だったかもしれません。出雲にはいつの頃からか独立政権が存在しました。『古事記』に素戔嗚尊（すさのおのみこと）がヤマタノオロチを征伐した物語があります。司馬遼太郎は数十年前に、ヤマタノオロチは実は島根山中にあった製鉄工房ではなかったかと考えました（『街道をゆく』）。そこでつくられた鉄はたとえわずかであっても大変貴重でした。鉄をおさめる者、より多く持つ者が優位に立つ新しい時代となり、たとえわずかな鉄でも素戔嗚は遥々出掛けたというわけです。

日本では砂鉄しかなく鉄産出量が乏しかったので、鉄の材質を享受するには朝鮮半島や大陸本土から輸入しなければなりませんでした。そうした現実が倭をして大陸方面へ朝貢せざるを得なくした最大の原因であり、朝鮮半島に出張したのも鉄獲得目的があったからです。考古学も前世紀末から鉄に関して言及するようになりました。

半島からのヒトや文物の流入は、弥生時代より古墳時代の方が断然増えました。初期の大和国では、構成する各国ごとに鉄を管理しており、中央政権ですら例外ではありませんでした。弁韓、辰韓で産出した鉄の量ははっきりしませんが、楽浪郡に集められた時、そこへ日本列島の各国がひしめくという、鉄獲得を取り巻く情勢は複雑だったようです。そのための交通手段と交易権は、最終的には大和王権に独占されましたが、それはまだ後のことです。

鉄ルート

下記は朝鮮半島南端部から北九州への代表的なルートです。

①釜山―比田勝（ひたかつ）（対馬上県（かみあがた））―沖ノ島―鐘崎（かねさき）（宗像神社所在地）

②固城（金海）―対馬上県―厳原（いずはら）（下県（しもあがた））―壱岐―呼子―唐津

①のルートは宗像勢力の活躍領域です。一気に渡る海路が長いので危険性は若干高くても、乗りかかれば最短距離、最短時間です。沖ノ島は、玄界灘真っ只中の小孤島で、宗像大社のご神体です。そのような環境が幸いしてか、5〜7世紀の奉納品の中にササン朝ペルシャのガラス器が残っています（森浩一、1994）。こ

れらは騎馬民族が運んだだろうなどといわれています。
②のルートはいつの頃からか松浦党が担当した、『魏志倭人伝』のルートです。楽浪郡との往復にも関わったでしょう。壱岐の原の辻遺跡が名高く、交易の拠点であったといわれ、紀元前2世紀の環濠も見つかっています。これら全体の様相から、古墳時代の遺物が質・量ともに勝り、古墳時代になってますます交易が盛んになった状況がうかがえます。

磐井と宗像

527年と528年に磐井の乱がありました。大和が新羅遠征軍を繰り出したところ、磐井の君が新羅と通じて行く手を遮ったというものです。

当時、磐井は北部九州に勢力を張っていました。その中にあった宗像は半島間を往復して鉄を輸送していましたが、その鉄はすべて磐井が実質支配していました。大和はこうした磐井の存在を排除する機会をねらっていました。

宗像勢力は、古くは「大国主命が胸形奥津宮にいます神、多紀理毘売命を娶って男女の神を生ませ」(『古事記』)、のちの天武天皇は「胸形君徳善の女、尼子娘を納して高市皇子命を生しませり」(『日本書紀』)という容易ならぬ存在です。『古事記』記載事項は神話的ですが、『日本書紀』の方は事実でしょう。「胸形の奥津宮」は沖ノ島にあります。沖ノ島は朝鮮半島との中間に位置する小孤島で、宗像は古くから沖ノ島を独自の要塞として開発し、現在でも外部からの出入りを制限しています。そうした宗像の閉鎖性にメスを入れたのが海賊といわれた男、出光佐三でした。

宗像がいた鐘崎は磐井の本拠地築後より相当東です。東方からやって来た大和の遠征軍はまず宗像に会ったでしょう。宗像は強力な船団をもち、いつでも大島（8㎞の沖合）や沖ノ島（57㎞）、さらに朝鮮半島（２０２㎞）にもいけます。大和王権は、そんな宗像を懐柔するのが最上の策でした。そして最高級の待遇を与えました。

磐井征伐では1年以上という長期間をついやし、鉄独占権を取り上げました。首領の磐井の君を国賊として斬り、息子の葛子（くずこ）には糟屋屯倉（かすやのみやけ）を献じさせました。屯倉の中身はやはり鉄だったでしょう。後にも先にも、なぜか鉄の記述はありません。以上の話は前著でも述べましたが、２０１７年になって、高田貫太（国立歴史民俗博物館、考古学）がほぼ同様に述べ、ＮＨＫも放送しました。

遣隋使、遣唐使

大陸では三国時代以降政権交代が烈しく、隋による短い全国統一を経て唐の安定政権に到達しました。その間、約４００年の歴史の流れは春秋戦国時代から秦、前漢までの経緯と酷似しています。

大陸では三国時代から南北朝を経て、隋、唐へと新しい秩序の時代に移りました。日本としても、その新時代の風や香りを感じ始めており、朝鮮半島との外交に留まることなく、より広い高度な世界である大陸本土との直接交渉を始めました。聖徳太子は６００年に使者を隋に派遣し、任那を救援して新羅を大いに破った旨の報告をしました。６０７年に初めて遣隋使小野妹子を派遣し、以後数回に亘って遣隋使を派遣して大陸文化を導入しました。６１８年に隋が唐に代ったので、遣唐使となって継続されました。

遣唐使は６３０年を第1回として平安初期まで十数回に及び、唐の制度や文化の移入と貿易を行いました。また、多数の留学生、留学僧を伴い、多い時には６００人に達したといわれます。奇妙なことに白村江戦（６６３）がその間に行われました。すなわち、白村江戦の前に第4回（往６５９、復６６１）、後に第5回（往

665、復667）が派遣されました。第4回の大使坂合部石布が長安に一時抑留されるという事件になり、これが無事帰国したり、戦後逸早く遣唐使が再開されたりしたのも大変に興味深いことです。894年、菅原道真が財政窮迫を理由に廃止を提唱し、以後は行われていません。

漢音の音韻変化

中原の音韻は時とともに変容しました。漢音・呉音・唐音など、専制君主政治の下では支配民の都合次第で次々と変化し、人民に厳しく従属を強いました。その結果、漢音使用は本場では変容してしまい、日本で使用されているという面白い現象をきたしています。

日本に入った文字は漢字一種類ですが、漢字の読み方が何種類もあるというので、受け容れ側としては混乱したようです。そこで、奈良時代の政府は漢音読み以外を禁止しました。それによって、呉音・唐音の伝播は最小限に留まりました。政府としては混乱が少なく、使用者たる国民もそれが便利であったと思われます。

日本では、平安時代末頃から和文と漢文の要素をもつ文体が使用されました。それは漢文の読み下し文から発達したといわれます。古代日本語との違いは、一部の語彙が和語から漢語に置き換えられ、和漢混淆文となったことです。これは大変優れた、便利な方法です。この文法は現代日本語でも積極的に継承され、あらゆる部分で漢語の他に外来語などのカタカナ語彙の借入が激増しています。また、日本語は支配層専用語と日常語との2言語制ではなかったかという説もありました。口語文・文語文という両刀遣いは諸外国にもあります。

4. 北海道と沖縄

（1）北海道

津軽海峡の意味するもの

北海道と沖縄はそれぞれの事情における明瞭な孤立性が認められます。双方とも日本国の支配下に収まったのは江戸時代以降です。そこに至るまでそれぞれ列島中央部とは異なる歴史をもちました。

工藤雅樹（東北歴史資料館、史学）は「海峡が文化を隔てる障壁になっていないことも重要な事実である」と複雑な言い回しで津軽海峡の存在を評価しました（１９８６）。

渡来で変容した西日本と異なり、北海道はあくまで北海道らしく、岩宿時代以来変わらぬ静寂な時間がゆったりとした自然と共生したまま鎌倉時代まで、場所によっては江戸時代～明治時代まで続きました。岩宿時代・縄文時代の平和については前述しましたが、アイヌは完璧に平和な民族であり、武器を持たなかったといわれます。

表４－２は細石刃以降の本州との交渉をまとめたものです。

表4-2　北海道と本州との接触

①縄文前期～中期半ば	道南の円筒土器が一時東北北部にも分布
②縄文後期中頃	関東地方の土器の影響が道東や道北に
③縄文晩期	亀ヶ岡式土器が東北から道南に。遮光器土偶が釧路市と稚内市にも
④続縄文文化期	一部に鉄使用。恵山式土器の文様が同期の東北とよく似る。南海産の貝製腕輪
⑤古墳時代	後北式土器が全道に分布。全道が一つの文化圏にまとまる。ただし、後北Ｃ式土器、北大式やこれにともなう石器が東北地方にも断片的に分布
⑥７世紀末～	擦文文化期に本州の文化が渡る。米を本州から持ち込んで食べる

津軽海峡はヒトや文化の交流を完全に隔てた障壁ではありませんでしたが、大きく妨げたことも事実です。北海道と本州とは、向こうに山が見えているほど近いのですが、かなり疎遠だったようです。ある時には海峡を隔てて同一小文化圏を構成したこともありましたが、渡島半島までに限定されたようです。そこには環境の差もありますが、もっと根本的には、本州との双方向において交流、交渉の必要性がなかったことが挙げられます。

表４‐２が交渉の総てということではありませんが、如何にも断片的です。その特徴とすることは渡来が一方通行的であり、どの動きも往来を繰り返した感じが希薄です。北海道の歴史にはまだ判らないことが多く、今後の充実が待たれます。

「アイヌと他の日本人とは、縄文早期に分岐したと思われる」（根井正利、Ｓ・クマー『分子進化と分子系統学』培風館、２００６）

斎藤成也は６００世代（1世代30年とすると、1万８０００年）前の縄文人・アイヌ分岐を唱えました。現在まで北海道の分離時期が不明確でしたが、これが唯一関係する言及となります。

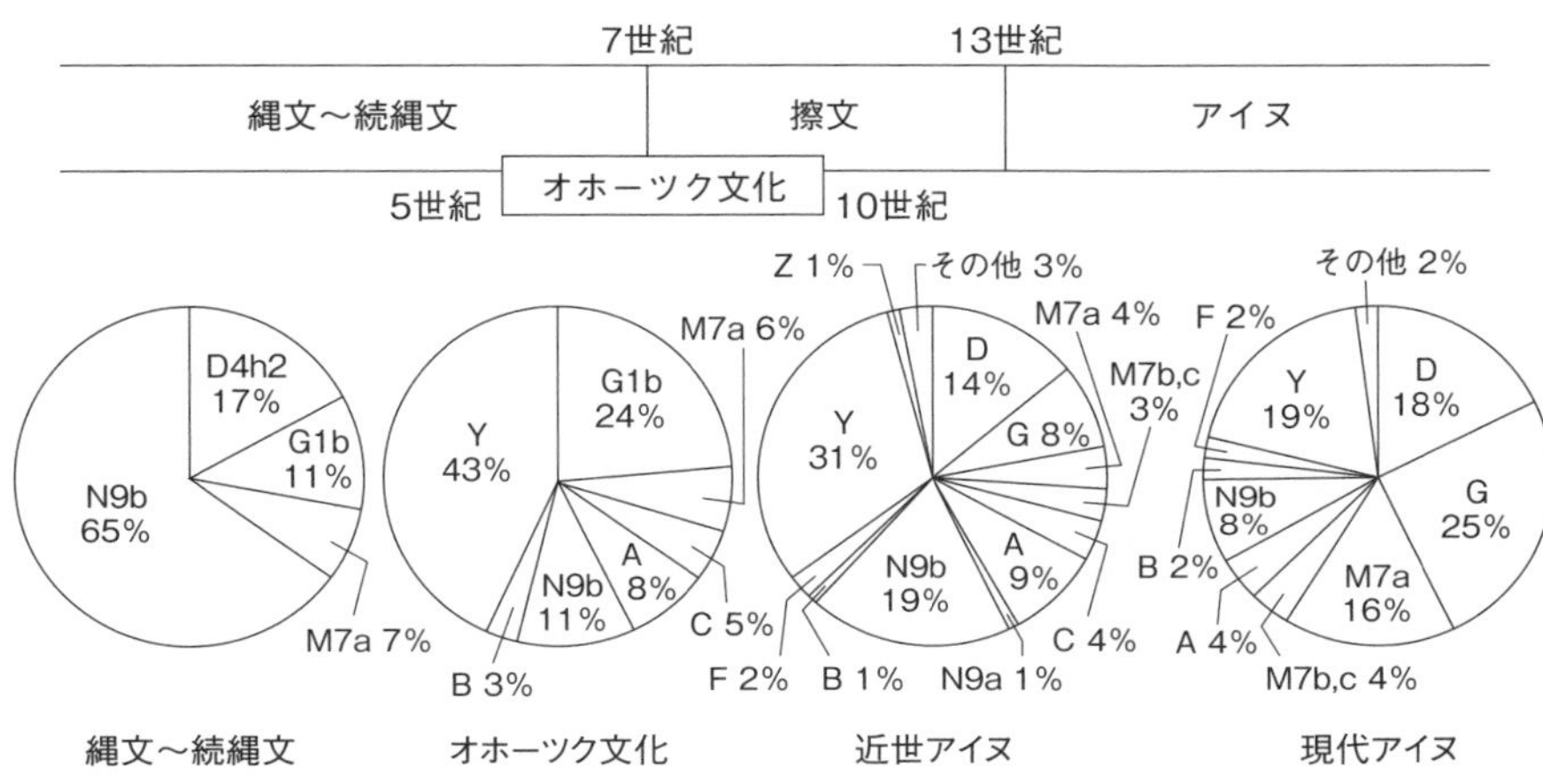

図4-2　北海道の各時代におけるミトコンドリアDNAハプログループの変遷　篠田謙一『DNAで語る　日本人起源論』2015より

続縄文文化（紀元前3～7世紀）

北海道では、縄文的時代が列島中央部でいわれる弥生時代まで、次の続縄文時代が平安時代初頭までとされています。北海道の歴史が本州と異なる最大の特徴は初期の水稲文化が届いていないことです。古い渡来としては、2～3世紀に鉄と碧玉製の管玉が渡ったという動きがあります。逆に紀元前1世紀に恵山（えざん）文化が水稲の行われなくなった東北地方北部に南下し、海洋漁撈を促したというかなり大きな動きがありました。

オホーツク文化（5～10世紀）

オホーツク文化は海洋性の文化で、擦文文化とほぼ併行します。オホーツク文化人は一体どこから来たのかが長年の問題でした。これについて、ニヴフ（ギリヤーク語話者）説を最初に唱えたのが菊地俊彦（〈北海道大学、歴史学〉１９９５）でした。アイヌ語にギリヤーク語要素が指摘されており、さらに最近では、ＤＮＡ解析によって、近世アイヌにオホーツク人の因子ｍｔ‐Ｙが大量に見つかっています（１９９５）。ｍｔ‐Ｙはｍｔ‐Ｎ９から分岐したものなので、一昔前は同族だった者同士の交流です。

オホーツク文化人の遺跡は網走、稚内などを中心にオホーツク海に面する海岸地帯にあります。大陸系の文化であり、海洋適応性をもっていました。青銅製の腰飾りはハバロフスクのものとよく似ているそうです。クマを信仰してクマ祭を行い、それが近世アイヌに伝承されたといわれます。９世紀に忽然と姿を消しました。樺太に帰ったといわれます。

擦文（さつもん）文化（8～12世紀）

擦文土器は土師器の影響をうけて縄文の文様がなくなったといわれます。擦文文化は、オホーツク海沿岸を除く地域に遺跡が分布し、先住民による続縄文文化を受け継ぐものです。住居は一辺約8mの四角形で、2ヶ所のカマドを持ちます。本州の古墳時代の住居がそのまま伝わったと考えられています。出土品として、擦文土器と紡錘車とごく少数の鉄器があります。

「道東のアイヌ文化の中にはオホーツク文化からの流れもかなり入っているが、主要な生活はといえば、擦文文化と近世アイヌ文化とは大変よく似ている」

（藤本強『もう二つの日本文化』東京大学出版会、1988）

欠史時代の解消

室町時代に併行する時代の北海道は以前には欠史時代といわれていましたが、鎌倉時代には和人（本州人）が渡海して渡島半島に和人の領地をつくり、室町・戦国時代には渡海者が増大し、十二館をつくったといわれるようになりました。また、続縄文文化期にも本州文化が侵攻したといわれました。

前著で、「日本語によるアイヌ語への介入があった」と指摘しましたが、以上によって裏付けられました。欠史時代の間に混入していたとは皮肉な話です。

近世アイヌ文化（13世紀～明治維新）

近世アイヌ文化では、住居が平地に掘立柱式となり、遺跡としてつかまえようがなくなります。そのうえ遺物は、15～16世紀に終わる内耳土器（器内壁に取手が付く）という粗製土器以外は本州から運ばれる鍋や漆器に取って代わられ、地場でつくられる遺物が見つからなくなってしまいます。遺構としてシャーマンなど個人の墓があり、そこから狩猟、漁撈の道具が出土します。北海道では細石刃文化以降を語ってくれる遺跡は決して多くありません。

近世アイヌ語

細石刃文化以降の北海道の本州との明らかな交渉は、擦文文化期末ころにおける人的・文化的接触です。鎌倉時代に本州の渡海者が本州式の住居を建てたり、米食などを運んだりしました。米食はアイヌにも受容されました。室町時代には渡海者がさらに増加しました。北海道はこの辺りを転換点として本州に向かって大きく舵を切りました。すなわち、日本という強文化の支配圏に入ることとなり、弱文化の言語であるアイヌ語はこの時退出へのレールに乗ったのです。これによって、北海道のみならず、日本列島全体としても北方文化から最終的な別れを告げました。

このようにアイヌをみてくると、アイヌ語を一定の言語とすることはできなくなります。ここでは近世アイヌ文化期を境に、その前を仮に古代アイヌ語とし、以後を近世アイヌ語とします。そうすることがアイヌ語に対して新視点を提供します。

池上二良（北海道大学、言語学）によると、アイヌ語には日本語からの借用語がかなりあるといいます（2004）。「カムィ」ですら日本語の「神」がアイヌ語に入ったというのですが、中川裕（千葉大学、アイヌ語）は反対です。また、池上は逆にアイヌ語から日本語に入ったものもあるといいます。しかも借用の時期を室町時代頃としていますので、考古学とほぼ一致します。

北海道は、歴史的に差のある道南、道北、道央、道東などの地域に分けることができます。近世アイヌ語はその各地の中でさらに細分化された数多くの方言で成立していたといわれます。

日本語との分岐

述べてきたように、旧石器時代末から鎌倉時代までは本州との往来が少なく、疎遠な関係が1万年以上も続きました。大陸からもオホーツク文化以外は孤立していました。その間に言語とDNAは変容し、特に言語は無縁といえるほど乖離しました。

服部四郎と安本美典によって、日本語とアイヌ語との親縁性が子音対応則によって検定されましたが、これは指摘したように重大な欠点があります（関連：233頁）。現在知ることのできる最も古いアイヌ語でも近世アイヌ語ですから、これと比較する対象は同時代の近世日本語となります。純粋に比較するには分岐後に混入した相互間の借用語を全部除去しなければなりません。しかしながら、述べたように両語間の交渉が鎌倉時代以降にあったのですから、双方向に借用語があったと予想されます。この新しい借用語を全部見つけ出して除去しなければなりません。それが正しく行われなければ、語彙レベルの比較ですら不可能となります。したがって、比較可能な方法は一段階上の類型比較となりますが、親縁性がよいとは決していわれません。本州は北東アジアから見た場合、最奥になることはアメリカ大陸と同様です。

改めて日本語とアイヌ語を比較します。①語順はほとんど同じ。O＋V語順。形容詞は前につく。②母音は同じ5個。③子音は少ない。この傾向はアイヌ語と日本語が同系統であることを示唆します。

アイヌ語とオセアニア語

アイヌ語はオセアニア語の影響を受けているから南島語（AN）系であり、したがってアイヌはオセアニア人だという説があります。それでは北海道では言語もヒトも入れ替わったことになってしまいます。このような大きな悩みはこの際ぜひ解消しておかなくてはなりません。

オセアニア語はオーストロネシア語の分枝であり、その歴史は古くても3000〜4000年です。北海道には旧石器時代の昔から継続して住人がおり、オセアニア人などではありません。

北海道のオセアニア語要素は日本海ルートを伝って本州から伝播したと思われます。縄文時代にも「貝のみち」が確認されています。揚子江下流域沖合から対馬暖流に乗って日本海に入り、しばらく本州から離れて漂着する突き当たりは北海道です。北海道まで何日で到達できるのか、響灘の沖合から漂流物を発進させて人工衛星で追跡する実験をした人もいます。長旅の途中で何回か乗り換えたでしょう。

オセアニアの可能性を強いて探ると、ラピタ文化複合があります。スプリッグスは、ミクロネシア、メラネシアの多島海に進出した先駆者であるラピタ文化人の文化複合の成立過程を説明しました。この説はヒトと文化がよく一致すると評価されています。しかし、環北太平洋がその範囲に入っているのでもなく、北海道にラピタ文化複合が関係した遺跡もありません。それより下記を注目すべきでしょう。

①中間型弥生人が北海道に到達した（松村博文、2001）

②第二波がわずかに混入（斎藤成也、2017）

③鎌倉以降の本州人渡来

上記①と②は同一事象かもしれません。これらは総て第二波あるいはそれを含む要素をもっていますから、具体的根拠はここにあります。

北海道の人口は漁撈中心の生業に相応しい自然な均衡状態を維持しました。「縄文中期には2万人、それ以降の約5000年間に人口の極端な変化はなかった」「19世紀初頭の人口は0・38人／㎢（北海道全域換算で約22万人）」などの報告があります。縄文中期から江戸末期までの5000年間における増加が10倍であれば、自然増といえます。

なお、幕末の探検家松浦武四郎（1888〈明治21〉死去）が自らの体験を通じてアイヌの状況を詳しく伝えました。松浦の資料は再び得られない貴重なものです。明治新政府の要請に応じて、「北加伊道（ほっかいどう）」の命名を提案しました。

（2）沖　縄

南北論争

太平洋戦争末期の破壊とそれに続く基地化の影響なのか、あるいは遺跡が海没したのか、人骨化石が目立つのに反して沖縄の遺跡出土は限られます。大戦前に鳥居龍蔵らによる研究がありますが、その後1972（昭和47）年に沖縄が米軍統治から返還されるまで中断され、本格的研究は1975年以降です。30年の立ち後れがあります。

鳥居龍蔵は坪井正五郎（東京帝大、人類学）から人類学を学び、一時帝大の助教授となりましたが、あえなく辞職し、生涯好事家的な〝総合人類学者〟と呼ばれました。19世紀末から大東亜戦争後に至るまでに、シナ東南部・台湾・シナ東北部・蒙古・朝鮮・千島列島・カムチャツカ半島最北部という広範囲の調査をおこないました。大戦晩期に空襲にあいましたが、幸いにも調査資料が焼失を免れ、貴重な調査実績となっています。

過去に南北論争というものがあり、九州文化が南下したとする北方説と、台湾などの南島文化の北上を重視する南方説とが対立しましたが、北方説が優位に立ったといわれます。

沖縄は弥生時代まで水稲を受け容れず、後に「貝塚時代」を迎えるほど海の資源が利用されます。西南諸島に関する研究は数少ないですが、次のような高宮廣衞のすぐれた報告があります。

「奄美諸島から沖縄諸島へと九州本土から離れるに従って九州の文化色が薄まる。沖縄本島には熊本、鹿児島方面と交流があったことが共通する文化面から推測され、古くは縄文早期に遡ることができる」

「沖縄本島の縄文土器は九州に繋がる」

「九州から沖縄諸島にいたるルートの開発は意外と古く、縄文早期初頭に遡ることが近年の調査で分かってきた」（以上、高宮廣衛「南島文化概論」所収『縄文文化の研究 5』雄山閣出版、1994）

要するに、沖縄は九州と古くから繋がりがあるが、先島諸島の間には一線を画すというもので、沖縄人と南九州縄文人との古い交流を浮き彫りにしています。曾畑式土器を中心に九州本土の土器が何種類も沖縄と一致しています。

人口問題と南九州交易

北海道は沖縄県の面積の36倍も広く、基本的に陸生食物による自給自足が成り立っていました。それに対して沖縄は陸域が狭いために陸生食物が少なく、人口支持力が低いという根本的な問題がありました。

高宮広土（ひろと）（札幌大学、考古学）は、港川人絶滅論を唱え、「（沖縄本島で）ある程度の人口を維持し、その人口には再生産可能な男女が何人か必要だが、これを維持するのに困難がともなった」といいました。

更新世の終わりの海進によって、沖縄は現在の島々にそれぞれ分離孤立して矮小化しました。この時、沖縄本島と近隣の島を合わせても、ムレの数は1〜2しか受け容れられなかったはずだといわれました。2ムレとすれば100人程度でしょう。前述のように、150人以下では社会集団を構成できないので、絶滅論が成り立ってもおかしくありません。九州本土に嫁取り、婿取りに出向いたという論拠がここにあり、琉球人が縄文後半期以来の南九州人の枝葉であることもすでに述べました。

沖縄の遺跡発掘調査は1980年代に入ってから進むようになりました。沖縄本島から、弥生式土器だけでなく、それに伴って鉄器やガラスのビーズ玉も出土しました。また、木綿原遺跡から数個の箱式石棺墓と人骨が出土し、これは九州の弥生時代では普通にみられるものであることから、明らかにその流れを汲むものとされています。さらに、そこから出土した貝釧（かいくしろ）（髪の毛を束ねる輪や腕輪）も九州で加工されたと考えられています（小林達雄、春成秀爾、藤本強、田村晃一『日本文化の源流』１９８８）。

一方の九州では、沖縄の暖かい海で採集される大型の貝（オオツタノハ、イモガイ、ゴホウラなど）でつくられた製品が出土します。貝製品のうちで最も多くみられるのが貝釧であり、九州のみならず兵庫県まで追跡されています。

弥生時代には、本州中央部では大型の貝が非常に珍重され、貝釧が入手できなくなった後には、銅で貝釧と同じ形を作ったりされました。古墳時代になってからも、同様に碧玉で貝釧に似せた車輪石とか鍬形石とかいわれる物も造られました。このように本州で珍重された貝釧が交易されなくなったのは、沖縄人が交易の主体者であり、中止したのは嫁取り・婿取りの必要がなくなったのだと思われます。沖縄人は縄文早期以来10世紀まで、ほぼ途切れることなく南九州との交易を継続していました。

二重構造に対して

ここでは沖縄の成立に関する最も基本的な部分に言及します。琉球王国時代を除いた総ての時代でオキナハでした。

二重構造説が忖度されていた頃には、沖縄人の形質はアイヌととてもよく似ていて、相違する点は後の大陸交易の関係から遺伝子が混入した程度だといわれました。このノートでは縄文時代後半の西日本に西縄文人を登場させましたが、沖縄人は本来これには関わっていません。

表4-3　東アジアと沖縄比較年表

本州	記　　事	沖縄	記　　事
奈良	735 高橋某　南島に標柱をたてる	貝塚時代後期	735　鑑真　阿児奈波に漂着 10 ～ 12 世紀　フェンサ下層式土器 1187 ？ 舜天　即位と伝わる
平安時代	894 遣唐使の停止 1126 中尊寺金色堂に沖縄の夜光貝を使用		
鎌倉時代	1274 文永の役 1281 弘安の役 1333 鎌倉幕府滅ぶ	グスク時代・三山対立時代	1260 英祖　即位と伝わる 1314 三山対立時代始まる 1317 宮古人南方貿易の帰途温州に漂着 1350 この頃、首里城完成か 1372 察度　明に朝貢す 1390 宮古・八重山中山に入貢 1392 閩人 36 姓帰化す 1403 御物城を築く
室町時代	1342 天竜寺船の派遣		
	1403 沖縄船六浦に漂着 1404 勘合貿易開始 1467 ～ 1477 応仁の乱	第一尚氏時代	1429 尚巴志　全島を統一 1458 阿麻和利の乱 1466 喜界島を討つ
	1510 三浦の乱 1528 寧波事件 1543 鉄砲伝来 1549 ザビエル来日 勘合貿易廃止 1571 スペイン マニラを占領 1592 この頃朱印船貿易盛ん	第二尚氏時代	1470 尚円　王位に就く 1477 朝鮮漂流民与那国に着く 1500 八重山のオヤケ赤蜂の乱 1522 与那国の鬼虎の乱 1537 奄美大島を討つ 1553 屋良座森城を築く
江戸時代	1602 オランダ東インド会社 1635 鎖国令を出す 1853 ペリー艦隊来航	薩摩藩支配	1609 薩摩の島津　沖縄に侵入 1650「中山世鑑」なる 1853 ペリー 帰途に沖縄に立ち寄る
近代	1868 明治維新		1879 琉球処分

左記のような説もあります。

「アイヌと沖縄人は、少なくとも１２０００年間は互いに分離していた。両集団とも本土の縄文人集団とは多少の交流があった可能性がある」

（宝来聰『ＤＮＡ人類進化学』岩波書店、１９９７）

百々幸雄（東北大学、解剖学）は全く新しい解析法を構築しました。「頭蓋の非計測形質22項目」という視点であり、発表当時には大変意外視されました。図４‐４によれば、縄文、アイヌは接近して他の総てから離れています。奄美、沖縄（南西諸島）は縄文・アイヌと遠く、現代日本人に近いところにいます。百々は土肥直美（沖縄大学）とともに「沖縄・アイヌ同系統」の信奉者に対して強烈なインパクトを与えました。

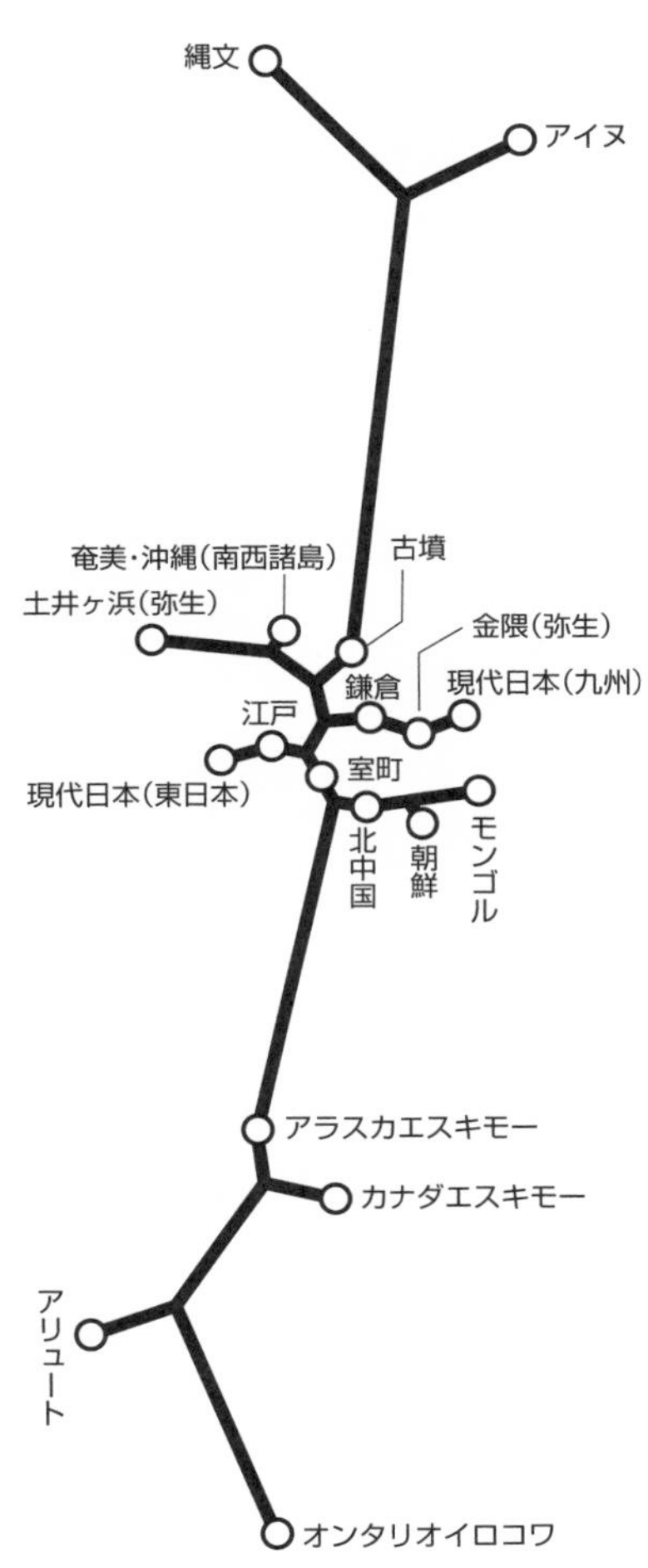

図4-4　頭骨の形態小変異にもとづく19集団の類縁関係　百々幸雄『頭蓋形態小奇異からみた日本列島の人類史』1988より。土井ヶ浜は山口県、金隈は福岡県の遺跡から出土した弥生人骨

沖縄語と南九州語

述べてきたように、高宮廣衛の南九州沖縄交流説（１９９４）と斎藤成也の第三波渡来説（２０１７）とは九州の南北それぞれの地域におけるヒトを矛盾なく説明します。第三波は、北部九州に渡来し、その後東方の本州方面に拡散し、南部九州以南に侵攻したのは遥か後のことでした。

沖縄人は南九州縄文人を祖先とし、沖縄語も南九州語を受け継いでいます。６００世代前に分岐したといわれるアイヌ遺伝子・アイヌ語とは交流の歴史が異なり、それが親縁性に差を生じたと思われます。現在みられる沖縄語と南九州語との乖離は平安時代以降の中断が主な原因です。

ここで明確にしておきたいことがあります。村山七郎がオーストロネシア語の後に入ったというツングース語的組織は斎藤のいう第三波が運びました。第三波のツングース語的組織は遺伝子と共に北部九州語には入りましたが、南部九州以南には直接入りませんでした。それでも沖縄語はツングース語的組織（Ｏ＋Ｖ構文など）を持っていました。それは親言語である南部九州語が岩宿時代以来のツングース語的組織を相続していたからです。したがって、第三波を被らなかった沖縄語は原日本語の最も正当な子孫だったのです。沖縄語を子言語とする日本列島語のツングース語的組織もまた岩宿語から伝承したものです。

沖縄語の周辺に同系統の言語は日本語以外にありません。日本語の母音は5個であり、世界標準に比べて非常に少ないといわれています。南島語群には日本語より母音数が少ないものは全くなく、例えば台湾語は11個であり、文法も違います。ところが、沖縄語は3母音しかなく、世界中にも例外的な存在です。小泉保（国語学）によれば、その3母音は日本語における5母音のうちの3個であり、失われた2母音も存在していた形跡があるといいます（１９９８）。

服部仮説は成り立たない

沖縄語の起源について近年でも服部四郎説が参考にされますので、触れなければならないでしょう。

服部の要旨は次の通りです。

「沖縄方言を含む現代日本語諸方言の言語的核心部の源となった日本祖語は、北九州に栄えた弥生式文化の言語ではないか。そして紀元後2、3世紀の頃、北九州から大和や沖縄へかなり大きな住民移動があったのではないか」（服部四郎『日本語の系統』岩波書店、1959）

安本美典も次のように述べました。

「私は、服部四郎氏のこの見解に、大略において賛成である。首里方言と本土方言との分裂の時期が、約千七百年まえ、すなわち、弥生代となることについては、（中略）ややくわしく述べたことがある」

（安本美典「日本語の古層を統計的に探る」所収『日本語の起源』河出書房、1991）

安本は「数理言語学」を唱えて独自の算式によって年代を算出し、首里方言と京都方言の分裂の時期を1700年前と推定しました。ただし、この時使用した共通残存語率は1957年以前に服部が専門的見地から算定したものでした。「北九州に栄えた弥生式文化の言語」を基点とする場合、日本祖語から京都方言と首里方言とが、1700年余り前に分裂したというのです。今日ではそれには疑問がありますが、安本はそのまま踏襲したので、上記2説の核心部は一人の説です。

最近でも斎藤成也が「おそらく大和朝廷による支配がおよんだことによって、それまでの言語と置換したのが、沖縄語の始まりだったと考えられる」といっています（2017）。「弥生式文化の言語」に置換されたのであれば、沖縄人と弥生人とは濃厚に遺伝子交流していたはずです。言語の置換を起こすには、最近内モンゴルに課せられている強権圧力、あるいは絶対多数話者による干渉の持続が必要です。「大和朝廷による支配」

が言語置換を起こすにも充分な強制力、あるいは一定以上の期間にわたる支配継続を説明する必要があります。

またすでに述べたように、「大和朝廷による支配」は南部九州でさえ北部九州より1000年も遅れますから、さらに南に位置する沖縄に及ぶようなことは決してありません。その上、斎藤自身もオキナワ人に第三波の遺伝子はないとしており、大陸から直接入ることもありませんでした。

小山修三の人口推計もそうでしたが、沖縄古言語の由来についても服部以外に言及がなく、それが陥穽と知らなければ、当然そこに落ちてしまいます。それを避けるのはやはり複数意見と〝総合〟です。

その後

沖縄では島ごとに古くから小部族が散在していました。735年に中央から来た人が標柱を立て、遣唐使の海路調査をした記録があります。遣唐使らも度々漂着して助けられたようです。遣唐使が停止された10世紀にやっと水稲耕作を開始し、経済的変革と人口増を遂げて行きます。その間に中央の支配が及んだ記録はありません。

沖縄本島では1187年に舜天が王位につき、強文化への歩みを始めました。1291年と1296年の2回に亘って異民族の元(げん)に侵攻されましたが、いずれも撃退しました。人口が増加して国力が増進した結果です。三山時代を経て、1429年沖縄全島統一が初めて実現しました。以後日本、朝鮮、大陸と交易して国を維持しました。

1609年に島津義久が江戸幕府の了解のもとに「琉球入り」を果たしました。薩摩藩はそれに際して3000人を繰り出し、薩摩藩が統治することになりました。その後は少数の藩士が出張した程度でした。薩摩藩による統治以前の沖縄は完全な独立国でした。統治前には大陸と南海貿易を行って大陸の言語にやや傾倒していたものが鹿児島方言によって日本語の方に多少引き戻されたといわれます。
19世紀中頃には、欧米列強による植民地政策の脅威に曝されましたが、明治政府による琉球処分となりました。過去に他国に従属した歴史は全くありません。

5．古代日本語の成立

ツングース語的組織

前述のように、日本列島語の最も基本的な組織であるO＋V構文は岩宿時代以来一貫して変わることなく、また沖縄語が縄文時代以来の流れを最も多く伝承している可能性があります。日本列島語は「ツングース語的組織」を第一波以来持続しており、遥か後の2400年前以降になって第三波によって旧い時代の親縁関係が再来しました。

村山七郎も崎山理も、語順で系統を論ずることはできないとしていました。

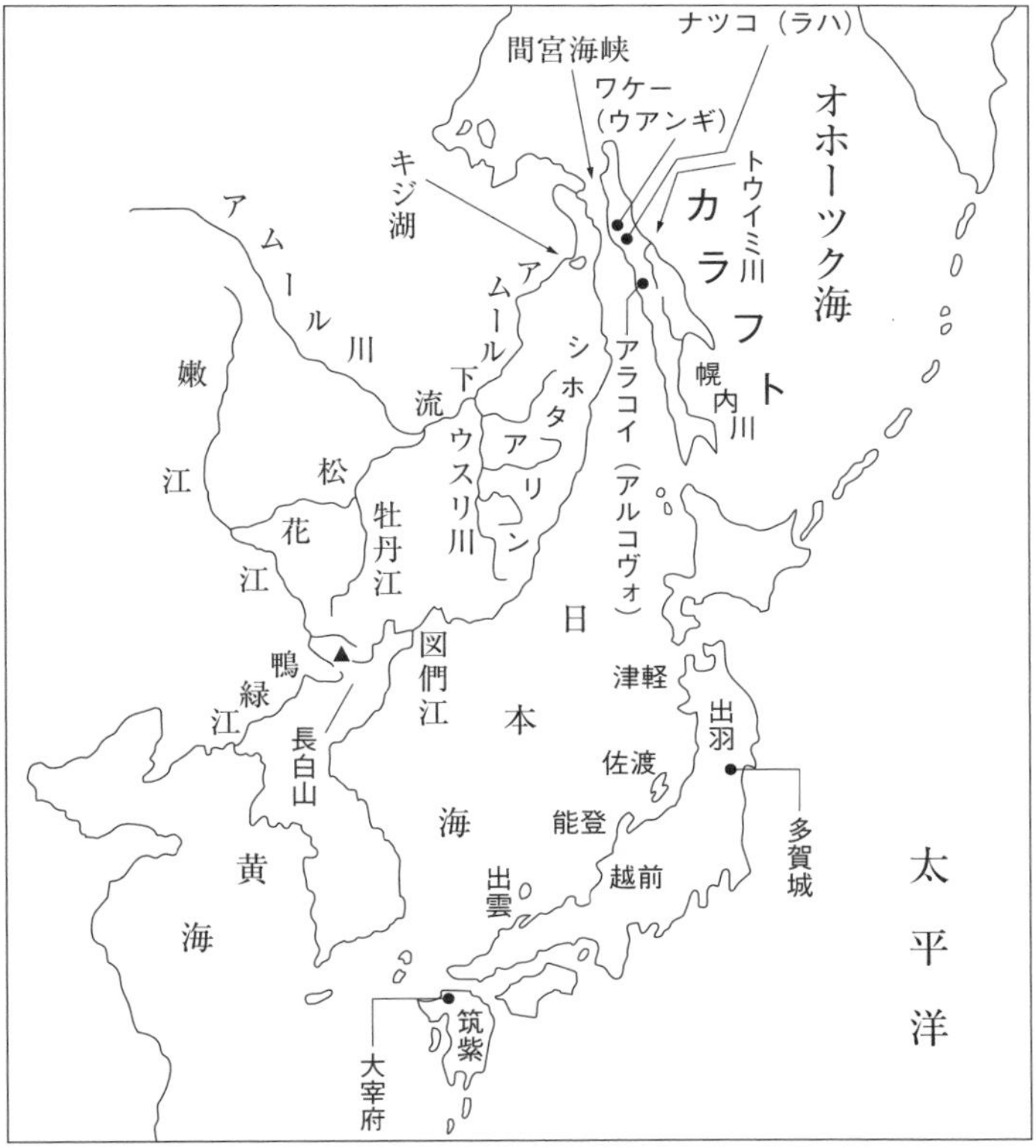

図4-5　松花江・アムール川下流地域と日本列島
池上二良『北郊言語叢考』2004より

そう言わざるを得なかったのは、南島語の構文が日本語と異なるV+Oであったからでしょう。また村山が「後からツングース語的組織が入った」としたのは、村山の解析方法における遡及限界が最古でも南島語到来だったからと思われます。泉井久之助も村山と同じ立場をとりました。川本崇雄はその逆です。崎山は以前は川本と同様でしたが、最近は両面を執るようになったと思われます。

村山は、二つの言語の特徴を組み合わせる混合言語論を初めて日本語成立に適用しました。当時の印欧語比較言語学は言語の混合を全く認めませんでしたので、その殻を破った勇気と努力と純粋な学術精神は大いに評価されなければなりません。

村山はもともとアルタイ語学者でしたので、ツングース諸語や古アジア語と日本語との比較を行いました。村山が日本語と一致する要素を持つとした言語を抽出します。

a　エヴェンキ語
b　ラムート語
c　ナーナイ語
d　満州語

（村山七郎『日本語の起源と語源』三一書房、1988）

上記も語彙の比較ですが、充分有意と思われます。村山が日本語

表4-4　古墳時代までに到来した言語要素

時代		渡来文化	西日本			東日本	
			九州南部	九州北部	本州南西部	本州北東部	北海道
岩宿		石刃系	Y2	Y2	Y2	Y2	Y2
縄文	前半期						
	後半期	長江文化	Z1 W1 X2	Z1 W1 X2	Z1 W1 X2	Z1 W1 X2	
弥生	前半期						
	後半期	首長	T	T	T	T	
古墳		国	T	T	T	T	

と共通要素を見つけた言語は東シベリア東部、アムール川下流域と満州にあります。もっと内陸部にあるブリャト語とか、海岸部や樺太のウイルタ語との比較はありません。

池上二良も比較を行っているので、これとも照合してみます（旧シベリア諸言語　アルタイ諸語　ツングース・満州語系に分類されています）。いずれも何万年の昔に日本語とは分かれていても共通点を持っているという魅力があります。池上二良の『東北アジアの土着言語の分類』より抜粋します。

・東シベリア――エヴェン語（ラムート語）、エヴェンキー語

・アムール川下流地域――ネギダル語、ナーナイ語（ゴルディ語）、オルチャ語（ウルチャ語）

・満州――鄂倫春語（エヴェンキー語）、鄂温克語（エヴェンキー語）（索倫語、通古斯人の言語、いわゆる雅庫特人の言語）、赫哲（ヘジェン）語（ナーナイ語）、満州語（新疆ウイグル自治区　錫伯語）所収『北方言語叢考』

両者の一致するものはエヴェンキー語、ラムート語、ナーナイ語、満洲語です。これらは日本列島語と何らかの関係があった証左です。であれば、それはいつ、どのルートから日本列島に入ったのでしょうか。第一波の残影なのでしょうか。

崎山は当初、村山を語彙研究者だと評して自説との差を際立たせようとしました。村山亡き後、村山を師泉井久之助と同じく最も尊敬する先学とし、その後を追ってツングース諸語にも手を伸ばしています。最新書でもツングース語要素についてかなり述べています。

それらのうち、新しく入ったものもあるようで、第三波の影響ということになりましょうか。アムール川下流域とｍｔ - Ｎ９ｂを共有する関係にあるものはオホーツク文化人だけです。前述のように、この影響は本州まで来ていないので、ｍｔ - Ｎ９ｂを共有した原因は結局第一波まで遡ってしまいます。歴史的な説明はそこ

以外にありません。従って、アムール川下流域までは追求できます。

斎藤成也は前述のように「日本人は東アジアのどこにもない形質」「南北に分岐する前までさかのぼる」といっています。さらにその源流はというならば、それはアフリカのどこかにあったサピエンスの揺り籠の中かもしれず、当時周辺にいた人も万年単位の地域変容にさらされて、今は比較する対象からすべて消え去ったのかもしれません。O＋V語順などは縄文後半期に人口の4倍に達する大量渡来を被っても、堅持されました。

このような奇跡的に強靭な言語要素は多分非常に根源的なものであり、出アフリカ語の語順もきっとO＋Vだったのでしょう。

コラム　新時代区分

時代区分の変更というとんでもない大きな問題があります。

本文で述べたように、各時代共に真ん中あたりに大きな変化があります。旧石器時代では３万年前を境にして新しい石器文化が誕生します。縄文時代においては7000年前から江南文化が渡来して新しい文化要素が一段とふえます。弥生時代においては前４世紀から首長集団が武器をもって登場して激しく時代相を変化させました。このような画期が期中にあるので、本文では、各時代を前半期と後半期に分けました。そして下表のように大胆な区分案を試みました。

この案は在野だからこそであり、当分の間専門家から提起されることはないでしょう。7000年前とか2400年前とかいうのは一昔前によく見かけた数字です。小中学校の教科書にも受け入れられやすいのではないでしょうか。教科書を正すことは何よりも大切です。歴史認識を正しくすることは世界平和に通じます。勿論各時代の定義を新しくする必要があります。

旧時代区分	旧年代（年前）	新時代区分	新年代（年前）
旧石器時代	40,000 ～ 30,000	黎明期	40,000 ～ 30,000
岩宿時代	30,000 ～ 16,000	岩宿時代	30,000 ～ 7,000
縄文前半期	16,000 ～ 7,000	縄文時代	7,000 ～ 2,400
縄文後半期	7,000 ～ 3,000		
弥生前半期	3,000 ～ 2,400	弥生時代	2,400 ～ 1,700
弥生後半期	2,400 ～ 1,700		
古墳時代	1,700 ～ 1,300	古墳時代	1,700 ～ 1,300

エピローグ

世界中の言語に、なぜ日本語に似ているものがないのか。日本語は孤立語だ、いや、日本語と朝鮮語は兄弟のはずだ、アイヌ語はオセアニア語だ。沖縄語が日本語に似ているのはおかしい。などなど、すべてこのノートで解明しました。主なストーリーをもう一度列記します。

①4万年前、大陸から石刃をたずさえた第一波のヒトが入った。

②7000〜3000年前に、第二波が揚子江下流域方面から多数回渡来し、オーストロネシア系統のヒト・文化・言語をもたらした。両者が混合した言語を原日本語とすることができる。

③北海道と本州とは鎌倉時代まで1万年以上に亘って疎遠であった。そのために、ヒトと言語はそれぞれの地域に分岐した。

④沖縄のヒトと言語が日本列島中央部と親縁性があるのは沖縄の住民が縄文時代から平安時代まで九州と交易・交流したからだ。

⑤弥生後半期〜古墳時代にかけて朝鮮半島を経由して第三波が入った。そのヒトも言語も多様であった。百済など半島西南部の言語が日本列島語と親縁関係にあった。その百済が新羅に駆逐されたために、朝鮮半島との親縁性が大きく損なわれた。

⑥北海道には、第二波・第三波の影響が少ない。その為に第一波の成分が最も大きく残っていると予想される。沖縄には、第二波が入ったが、第三波が直接入らなかったために、成立時の日本語の姿が残っている可能性がどこよりも高い。

⑦外来語借用は日本語の大きな特徴の一つといえる。鎌倉時代に和漢混淆文が確立し、現在では欧米語借用に留まらず、新造語利用も盛んである。

極東最果ての島国という環境が外来要素の受容・滞留と内的発達にほどよい揺り籠となったと思われます。大陸の真ん中と違って接触が少なく、成立過程は比較的単純であったといえます。日本語もヒトも類例のない古い要素を温存していると期待されます。

斎藤成也は第一波・第二波・第三波とも、由来についていまだ充分に説明していません。説明の方式として遺伝子記号ならば可能でしょうが、人種とか系統、地域とかルートと結び付けないと一般的な理解に繋がりません。それが可能になるのはいつでしょうか。

述べてきたように、比較言語学の推論が優れて先駆しましたが、言語学でさかのぼれるのは数千年であり、十二分に役目を果たしました。その後発達した分子人類学、分子植物学も優れて、只今は大空中戦を展開して制空権を握りました。考古学は、今は、物証に恵まれず、苦戦を強いられていますが、いずれ地上戦時代が必ず到来します。世界の考古学界では、レンフルーが新考古学を標榜して他分野との谷間を埋めようとしたこともありました。

言語の由来を尋ねる時は各分野の成果を生かす学際が求められます。それが実行された時、比較言語学、考古学、民族学、人類学、自然科学など、総ての分野が一致するでしょう。先を急ぐ在野の私は学際の理想が実現するのをただ座して待つことができず、精一杯〝総合〟を進めてみました。

参考文献

1．日本人の由来に関するもの

日沼頼夫『新ウイルス物語』中央公論社、1986年
埴原和郎編『日本人の起源』朝日新聞出版、1994年
尾本恵市『分子人類学と日本人の起源』裳華房、1996年
多田富雄『生命の意味論』新潮社、1997年
宝来聰『DNA人類進化学』岩波書店、1997年
中橋孝博『日本人の起源　古人骨からルーツを探る』講談社、2005年
斎藤成也『DNAから見た日本人』筑摩書房、2005年
中堀豊『Y染色体からみた日本人』岩波書店、2005年
根井正利、S・クマー、大田竜也、竹崎直子訳『分子進化と分子系統学』培風館、2006年
篠田謙一『日本人になった祖先たち』日本放送出版協会、2007年
崎谷満『DNAでたどる日本人10万年の旅』昭和堂、2008年
崎谷満『DNA・考古・言語の学際研究が示す新・日本列島史』勉誠出版、2009年
尾本恵市『ヒトはいかにして生まれたか 遺伝と進化の人類学』講談社、2015年
篠田謙一『DNAで語る　日本人起源論』岩波書店、2015年
中川毅『人類と気候の10万年史』講談社、2017年
斎藤成也『核DNA解析でたどる　日本人の源流』河出書房、2017年

2．日本語の由来に関するもの
服部四郎『日本語の系統』岩波書店、１９５９年
中本正智、大島一郎、平山輝男『琉球方言の総合的研究』明治書院、１９６６年
村山七郎、大林太良『日本語の起源』弘文堂、１９７３年
小沢重男『シンポジウム　古代日本語の謎』毎日新聞社、１９７３年
村山七郎、大林太良『日本語の起源』弘文堂、１９７４年
『月刊　言語』1月号第3巻第1号、大修館書店、１９７４年
村山七郎『国語学の限界』弘文堂、１９７５年
西田龍雄『倭と倭人の世界』毎日新聞社、１９７５年
安田徳太郎『日本語の祖先』大陸書房、１９７６年
安本美典、本多正久『日本語の誕生』大修館書店、１９７８年
村山七郎『日本語の起源と語源』三一書房、１９８８年
川本崇雄『縄文のことば、弥生のことば』岳書房、１９８８年
小池清治『日本語はいかにつくられたか？』筑摩書房、１９８９年
中本正智『日本列島言語史の研究』大修館書店、１９９０年
崎山理編『日本語の形成』三省堂、１９９０年
崎山理、佐藤昭裕編『アジアの諸言語と一般言語学』三省堂、１９９０年
佐々木高明、大林太良編『日本文化の源流　北からの道・南からの道』小学館、１９９１年
『ことば読本　日本語の起源』河出書房新社、１９９１年

村山七郎『アイヌ語の起源』三一書房、１９９２年
村山七郎『アイヌ語の研究』三一書房、１９９３年
宮岡伯人編『北の言語―類型と歴史』三省堂、１９９２年
中本正智『改訂　日本語の系譜』毎日新聞社、１９９３年
コリン・レンフルー、橋本槙矩訳『ことばの考古学』青土社、１９９３年
堀井令以知『比較言語学を学ぶ人のために』世界思想社、１９９７年
佐原真、田中琢編『古代史の論点　６　日本人の起源と地域性』小学館、１９９９年
宋敏、菅野裕臣・浜之上幸他訳『韓国語と日本語のあいだ』草風館、１９９９年
大野晋『日本語の形成』岩波書店、２０００年
ロン・E・アシャー、Ch・モーズレイ／福井正子訳『世界民族言語地図』東洋書林、２０００年
西田龍雄『東アジア諸言語の研究Ⅰ』京都大学学術出版会、２０００年
千野栄一『言語学　私のラブストーリー』三省堂、２００２年
スティーヴン・ロジャー、フィッシャー、鈴木晶訳『ことばの歴史』研究社、２００１年
宮岡伯人編『「語」とはなにか―エスキモー語から日本語をみる』三省堂、２００２年
アレキサンダー・ボビン、長田俊樹編『日本語系統論の現在』国際日本文化研究センター２００３年
池上二良『北方言語叢考』北海道大学図書刊行会、２００４年
崎山理『日本語「形成」論』三省堂、２０１７年

3．日本列島の自然と文化に関するもの

樋口隆康『日本人はどこから来たか』講談社、１９７１年
佐々木高明『日本の歴史① 日本史誕生』集英社、１９９１年
木村英明編『北方ユーラシアにおける細石刃石器群の起源と拡散』国際シンポジウム実行委員会、１９９３年
森浩一『考古学と古代日本』中央公論社、１９９４年
加藤晋平、小林達雄、藤本強編『縄文文化の研究 5』雄山閣、１９９４〜１９９５年
菊地俊彦『北東アジア古代文化の研究』北海道大学図書刊行会、１９９５年
小林達雄『縄文人の世界』朝日新聞社、１９９６年
小野昭編『シンポジウム更新世・完新世移行期の比較考古学 発表要旨』
国立歴史民俗博物館春成秀爾研究室、１９９８年
早乙女雅博『朝鮮半島の考古学』同成社、２０００年
ＮＨＫスペシャル「日本人」プロジェクト『日本人はるかな旅』全5冊
日本放送出版協会、２００１／２００２年
ＮＨＫ、国立科学博物館『日本人はるかな旅展』ＮＨＫプロモーション、２００１年
片山一道『海のモンゴロイド―ポリネシア人の祖先をもとめて』吉川弘文館、２００２年
佐原真編『稲・金属・戦争―弥生』吉川弘文館、２００２年
寺沢薫『日本の歴史02 王権誕生』講談社、２００２年
安田喜憲『世界史のなかの縄文文化』改定第3版、雄山閣出版、２００４年
神社本庁研修所編『わかりやすい神道の歴史』神社新報社、２００５年

森岡秀人、中園聡、設楽博己『稲作伝来』岩波書店、２００５年
コリン・レンフルー、小林朋則訳『先史時代と心の進化』講談社、２００８年
白石太一郎『考古学からみた倭国』青木書店、２００９年
木﨑康弘『列島始原の人類に迫る熊本の石器・沈目遺跡』新泉社、２０１０年
堤隆『最終氷期における細石刃狩猟民とその適応戦略』雄山閣、２０１１年
甲元眞之、寺沢薫編『弥生時代』上・下、青木書店、２０１１年
高倉洋彰、田中良之、宮本一夫他『ＡＭＳ年代と考古学』学生社、２０１１年
安蒜政雄『旧石器時代人の知恵』新日本出版社、２０１３年
加藤謙吉、仁藤敦史、設楽博己『なぜ、列島に「日本」という国ができたのか』ＮＨＫ出版、２０１３年
堤隆『狩猟採集民のコスモロジー・神子柴遺跡』新泉社、２０１３年
エドワード・Ｏ・ウィルソン、斉藤隆央訳『人類はどこから来て、どこへ行くのか』化学同人、２０１３年
稲田孝司、佐藤宏之編『講座日本の考古学　旧石器時代』上・下、青木書店、２０１０年
今村啓爾、泉拓良編『講座日本の考古学　縄文時代』上・下、青木書店、２０１４年
藤尾慎一郎『弥生時代の歴史』講談社、２０１５年
海部陽介『日本人はどこから来たのか？』文藝春秋、２０１６年
ロビン・ダンバー、鍛原多惠子訳『人類進化の謎を解き明かす』インターシフト、２０１６年
中川毅『人類と気候の10万年史』講談社、２０１７年
高田貫太『海の向こうから見た倭国』講談社、２０１７年
小林青樹『弥生文化の起源と東アジア金属器文化』塙書房、２０１９年

あとがき

日本は元来地下資源が乏しい上に、近年では少子化・人口減少の結果、人的資源にも問題が生じているといわれます。その上にデフレの後始末や相次ぐ自然災害、最近は新型コロナウイルスによって、経済は想像以上に悪い事態に陥っているかもしれません。こうした試練を乗り切るには学問や行政においても生産性向上が求められるでしょう。それを実現するためには〝総合〟を活用すべきです。

前著の頃、〝総合〟は全くといってよいほど行われていませんでしたが、この問題に関する専門家による「統合的論考書」として崎谷満が『DNA・考古・言語の学際研究が示す新・日本列島史』（2017）などを著しました。また、斎藤成也は『核DNA解析でたどる　日本人の源流』（2017）で他分野の活用について将来の取り組みや展望を表明しました。同等レベルの成果がいくつかあって、比較できればよいのですが、なかなかそうならないのはその道がいかに険しいかを物語ります。しかしながら、あらゆる困難に打ち勝って、冒頭に掲げた西成活裕が期待するような運動が展開されれば、必ずや途方もなく広い地平が拓かれましょう。

前著と同様に本著においても、多くの仮説を提供しました。それらが近い将来、必ずや専門家によって裏付けられることを期待します。「総合」は無限の価値を生みます。そこに日本国と学問の進展があります。

なお、これまでに寄せられた貴重なご意見やご教示、さらには前著を引用して下さった諸先生方のご理解に対して深甚の感謝を申し上げます。

2021年重陽

著者しるす

著者プロフィール

宮崎 嘉夫（みやざき よしお）

1934年　愛知県生まれ
1958年　慶應義塾大学経済学部卒業
50年間 製陶業経営に携わる
創作オペラ「民吉」を2回プロデュース

著書
『日本人と日本語のルーツを掘り起こす　考古学からDNAまで』
（2009年、文芸社）

私たちはどこから来て言葉はどう生まれたか
考古学からDNAまでⅡ

2021年12月15日　初版第1刷発行

著　者　宮崎 嘉夫
発行者　瓜谷 綱延
発行所　株式会社文芸社
〒160-0022 東京都新宿区新宿1－10－1
電話 03-5369-3060（代表）
03-5369-2299（販売）

印刷所　株式会社フクイン

ISBN978-4-286-22982-9